실담자기역해

悉曇字記譯解

중국 당대 실담자모의 음운론

실담자기역해

悉曇字記譯解

지광 찬

강대헌 역해

올리브그린

《실담자기》 역해(譯解)를 시작하며

《실담자기(悉曇字記)》는 중국의 중당(中唐)시기에 사문 지광(智廣, 760?-830?)이 쓴 책이다. 이 책은 당시 인도 등지로부터 전해졌던 실담범자(悉曇梵字)의 기초적인 음운에 관하여, 실담범자 51자의 음운과 이들이 서로 결합하여 음절을 이루는 법칙, 그리고 이들을 읽을 때 정확한 발음과 한자독음(漢字讀音) 표기 등을 밝혀 놓은 책으로서, 중국인이 쓴 최초의 범자음운에 관한 요약서라고 할 수 있다. 다시 말해 중국인이 외국어로서의 범어를 말하고 실담범자를 쓰기 위한 가장 기본적인 음운적 규칙으로부터 제자원리(製字原理)에 이르기까지, 범자음운의 정확한 발음과 각각의 음운이 서로 결합하는 방법 등을 상세하게 밝혀놓은 책인 것이다. 이와 같은 범자 학습을 위한 기초적인 교본의 형식을 실담장(悉曇章)이라고 한다. 따라서 중국에서 간행된 최초의 실담장은 《실담자기》라고 할 수 있다.

《실담자기》에서는 먼저 실담의 연원과 전개에서부터 오천축(五天竺)과 그 주변의 지리적·문화적 상황을 모두(冒頭)에서 밝힌 다음 실담과 체문(體文)의 상세한 음운적 결합 및 총 18장으로 구성된 실담장을 상단과 하단으로 나눠 기술하고 있다. 경우에 따라서 상단이 하단을, 또는 하단이 상단을 서로 보충 설명하거나 실질적인 결합의 예를 들고 있다. 또한 《실담자기》에는 범자의 발음을 표기하는 두 가지 방법이 나타나고 있는데, 그것이 '직음'(直音) 표기와 '반절음'(反切音) 표기이다. 즉 한 범자를 발음하고 표기하기 위하여, 전자는 비슷한 발음을 가진 한자(漢字)를 들어 그와 같이 발음하는 것을 말하고 후자는 두 글자의 한자를 한 글자로 변환시켜 한 범자를 발음하고 표기하는 방법을 말하는데, 앞의 한자는 성모(聲母) 역할을 하고 뒤의 한자는 운모(韻母) 역할을 함으로써 한 자의 한자독음을 완성시키는 방법이라고 할 수 있다. 따라서 전자가 후자보다 시대적으로 앞선 표기방법이지만, 후자가 일반인들에게 널리 통용되었을 때에도 이들 두 가지 방법은 서로 병행하여 사용되었다.

이에 본서에서는 《실담자기》의 직음과 반절음을 살펴보기 위해 대략 세 가지 문헌[字典類]을 참고하였다. 먼저 《경전석문(經典釋文)》이 있다. 이 문헌은 《실담자기》가 편찬되기 이전의 문헌으로 《주역(周易)》, 《예기(禮記)》 등 여러 경서(經書)의 한자를 발음하기 위하여 반절음 등으로 표기된 것으로서, 유학자인 육덕명(陸德明, 556-627)에 의해 583년에 찬술된 전 30권의 책이다. 특히 이 책에는 서막(徐邈, 171-249), 곽박(郭璞, 276-324), 이궤(李軌, ?-619) 등 당시의 유명한 한학자 20명의 음절을 고증하고 있다. 다음은 《설문해자(說文解字)》이다. 이 책은 원래 후한(後漢)의 허신(許愼, 58?-147?)이 영원(永元) 12년(100년)에 편찬한 중국의 가장 오래된 자전이지만, 북송(北宋)의 서현(徐鉉, 916-991)이 986년에 교정·완성한 판본[大徐本]과 서현의 아우인 서개(徐鍇)의 《설문해자계전(說文解字繫傳)》[小徐本]이 현재 전해오고 있다. 마지막으로 《용감수감(龍龕手鑑)》이 있다. 이 책은 요대(遼代)의 승려 행균(行均, n.d.)이 997년에 편찬한 불교도를 위한 자전이다. 원래의 명칭은 《용감수경(龍龕手鏡)》으로 '용감'이란 불전을 말한다. 즉 불전의 한자를 읽기 위한 책으로서, 원본인 《용감수경》은 현재 남아있지 않고 남송대(南宋代)에 《용감수감》으로 이름이 바뀌어 전하고 있다. 특히 이 책은 고려에서도 간행되었는데, 고려본 《용감수경》은 금강산 유점사(楡岾寺) 소장 권1 부분의 1책과 최남선(崔南善, 1890-1957) 소장 권3과 권4가 한데 묶인 1책이 있다. 따라서 《경전석문》은 《실담자기》 편찬 이전의 한자독음을 살펴볼 수 있는 자료이며, 《설문해자》와 《용감수감》은 《실담자기》 편찬 이후의 한자독음에 대한 비교자료가 될 것이다.

따라서 본서에서 이들 세 문헌에 나타나고 있는 한자독음과 《실담자기》에서 지광이 설명하고 있는 범자 51자에 대한 한자독음을 비교·대조해 봄으로써, 지광이 《실담자기》를 쓸 당시 외국어로서의 범어를 말하고 실담범자를 쓰고 읽기 위한 엄청난 노력을 엿볼 수 있을 것으로 생각되며, 실질적으로 본서를 통하여 당대(唐代)에 유통되었던 실담범자의 양상을 알 수 있음은 물론 한자의 성운(聲韻)을 이용한 실담범자의 정확한 발음의 이론적인 기준을 살펴볼 수 있을 것이다.

2017년 7월 26일 강대현

일러두기

1. 본서에서는《실담자기》의 전체적인 기술방식인 상단과 하단을 하나의 장으로 묶어 해설하였다. 경우에 따라서 상단이 하단을, 또는 하단이 상단을 서로 보충 설명하거나 실질적인 결합의 예를 들고 있기 때문이다. 또한《실담자기》의 전체적인 字句의 수는 그리 많지 않으나 생소한 개념에 대한 해설을 필요로 하는 부분에서는 다소 반복되는 느낌이 있더라도 상세하게 부가하여 해설하였다.

2. 이 중 상단에서는 제시되어 있는 결합방식으로 만들어질 수 있는 실제 글자의 수가 명기되어 있다. 따라서 본서의《실담자기》실담장 총 18장 각각의 해설에서는 범자음운이 서로 결합하여 생성되어지는 실담범자를 각각의 로마자 발음과 함께 모두 구현하였다. 다음은《실담자기》의 실담장 초장 중에서 제1구 12전성의 예를 들어 보았다.

   ① ka𑖎 kā𑖎𑖯 ki𑖎𑖰 kī𑖎𑖱 ku𑖎𑖲 kū𑖎𑖳 ke𑖎𑖸 kai𑖎𑖹 ko𑖎𑖺 kau𑖎𑖻 kaṃ𑖎𑖽 kaḥ𑖎𑖾

3. 본서에서는《실담자기》에서 언급되고 있는 실담자모에 대한 한자독음 및 반절음 표기에 대하여 국제음성기호(IPA: International Phonetic Alphabet)의 음가에 적용하였다. 이를 위해《실담자기》전후에 간행되었던《설문해자》,《용감수감》,《경전석문》등의 중국 자전류에서 표기하고 있는 한자독음을 참고하였으며, 현재 국내의 중국어학자인 최영애(2000), 이재돈(2007), 심소희(2013) 등의 중국어 음운학 관련 저술을 참고하여 IPA 표기를 구현하였다. 이중에서《경전석문》의 반절음은 김현정(2001)의 박사학위 논문 중에서 '《경전석문》반절표(167-282쪽)'를 참고하였다.
   실담범자 음운의 한자독음은 다음과 같은 형식으로 표기하였다.

1) 직음(또는 한 자의 한자로만 나타나 있는 경우의 한자독음) ⇨ [IPA의 음가+한자]

예) 惡 : [ʔak惡]

2) 한자독음과 반절음이 함께 표기되어 있는 경우 ⇨ 로마자나이즈+실담범자+한자독음+[IPA의 음가+(반절음 표기)]

예) 羅字羅鑒反 : llaṃ 羅[lɑm(羅監反)]

3) 이들의 IPA 표기는 특히 이재돈(2007)의 저술에서 정의해 놓은 음가를 적용하여 표기하였다.

4. 본서는 총 9장으로 구성되어 있다.《실담자기》의 실담장은 모두 18개의 장으로 이루어져 있으므로 이 실담장 18장 내용의 구성에 맞게 9장으로 나눈 것이다. 즉《실담자기》의 실담장은 초장[제1장]을 字體로 하여 제2장-제7장이 전개되고 있고, 半體 ra ▼ 囉와 초장[제1장]이 결합한 자체를 근거로 하여 제8장-제14장까지 이어지고 있다. 그리고 이들과는 결합의 방식이 다른 제15장, 제16장, 제17장, 제18장을 각각 별도의 한 장으로 구분하였으며, 특히 마지막 장인 제18장은 이른바 '孤合章'이라고 부를 만큼 초장[제1장]-제17장까지의 장에서도 벗어난 예외적인 내용을 담고 있는 중요한 장이다. 여기에는 모두 15가지의 예외적인 규정이 소개되고 있다.

5. 본서의 말미에서는 전체적인《실담자기》(T. 54, No. 2132)의 내용 파악을 위하여《실담자기》원문 전체를 거듭 실었고, '국제음성부호표', '모음과 혀의 위치', '수당 음계의 성모와 그 추측 음가', '수당 시기 운모에 대한 음가 추측 결과' 등을 부록에 실어 본서에서 간혹 언급되는 (중국)음운학 등의 관련 개념을 참고하도록 하였다.

목 차

1. 《실담자기》 해제

1.1.《실담자기》 책명에 대한 한자표기

《대정신수대장경》에 있는 《실담자기》(T. 54, No. 2132)의 한자표기는 《悉曇字記》이다. 이 중에서 '記'의 표기에 대해서 오래전부터 이견이 있었다. 즉, 지광이 《실담자기》를 쓸 당시에는 《悉曇字紀》로 표기하였을 가능성이 있다는 것이다. 일본의 언어학자인 馬淵和夫(2006: 11)는 "《悉曇字紀》가 예전에 쓰던 표기가 아닌가하고 여겨진다. 일본 安然(841-915)의 《悉曇藏》에도 《悉曇字記》와 《悉曇字紀》가 같이 쓰이지만, 《悉曇字紀》로 쓰이는 경우가 더 많다. 高野版 이후 江戶時代의 模刻本과 그 외 주석서 등의 판본은 전부 《悉曇字記》로 되어 있다."라고 하였다. 또한 일본 헤이안(平安)기의 石山寺 淳祐(890-953)의 《悉曇集記》(T. 84, No. 2705)에서는 《悉曇字紀》로 일관되게 나타나고 있는 등 《悉曇字紀》로 쓰고 있는 문헌들이 훨씬 많이 보인다. 따라서 지광의 원래 책명은 《悉曇字紀》였을 것으로 추정해 볼 수 있다.

일본 에도(江戶)기의 靈雲寺 淨嚴(1639-1711)은 《悉曇字記講述》 1권에서 《悉曇字記》로 쓰이고 있는 현재 책명에 대한 語義를 10가지로 구분하였는데, 이를 표로 나타내면 다음과 같다.

표 1.《실담자기》 책명의 의미

①	能所 1對	悉曇字(所釋)	記(能釋)
②	梵漢 1對	𑖭𑖰𑖟𑖿𑖠𑖽(梵言)	字記(漢名)
③	摩多體文 1對	悉曇(摩多)	字(體文)

④	五句遍口 1對	𑖭𑖰(遍口)	𑖟𑖿𑖠𑖽(五句)
⑤	初後 1對	𑖭𑖰(初章𑖭字第3轉)	𑖟𑖿𑖠𑖽(孤合章字也)
⑥	單重 1對	𑖭𑖰(單字)	𑖟𑖿𑖠𑖽(異體當句重)
⑦	悲智 1對	𑖭𑖰(觀音大悲)	𑖟𑖿𑖠𑖽(文殊大智)
⑧	定慧 1對	𑖭𑖰(妙觀察智卽定)	𑖟𑖿𑖠𑖽(慧)
⑨	菩提涅槃 1對	𑖭𑖰(理·胎, 涅槃點音)	𑖟𑖿𑖠𑖽(智·金, 大空菩提點)
⑩	自利利他 1對	𑖭𑖰(諦義自證)	𑖟𑖿𑖠𑖽(施與法界化他)

이상의 10가지는 다음과 같은 의미를 함축하고 있다.

① 能所 1對

'悉曇字'는 실담범자 51자 각각을 먼저 제시하고[所釋], 이어서 '記'는 이에 대한 한자독음 등 제반에 대한 설명이라고 할 수 있다[能釋]. 따라서 실담자기는 51자의 실담범자에 대한 소개와 각각의 한자독음 및 그에 대한 해석을 의미한다.

② 梵漢 1對

'siddhāṃ(𑖭𑖰𑖟𑖿𑖠𑖽)'[1]은 실담범자의 모든 음운, 즉 51자를 말하고, '字記'는 이에 대한 한자독음의 표기를 밝힌 것이다. ①에서와 같이 실담범자 51자와 한자독음을 실담자기라고 할 수 있다.

③ 摩多體文 1對

'悉曇'은 摩多를 말하는 것이고, '字'는 '字母'를 나타내는 體文을 말하는 것으로서, 실담자기는 실담[마다]과 字[자모]를 기록해 놓은 것이다.

④ 五句遍口 1對

'si(시)'는 遍口聲에 속하는 글자 sa(사)에 i(◌ி)가 결합하였고, 'ddhāṃ(ddhāṃ)'은 五類聲[五句]에 속하는 글자[d+dha]에 제12마다인 (a)ṃ(◌ं)이 결합되고 있음을 보여줌으로써 실담(자기)은 이러한 음운적 결합의 본보기를 보여주는 것이다.

⑤ 初後 1對

'si(시)'는 제1장[初章]의 sa(사)에 제3전성인 i(◌ி)가 결합된 글자이고, 'ddhāṃ(ddhāṃ)'은 제18장인 孤合章에 속하는 글자[d+dha의 결합]라는 것을 보여줌으로써 초장으로부터 마지막 고합장까지의 예를 모두 포함하고 있는 것이 실담(자기)이다.

⑥ 單重 1對

'si(시)'는 sa(사)에 제3전성인 i(◌ி)가 결합한 單字이다. 그리고 'ddhāṃ(ddhāṃ)'은 da(da)와 dha(dha), 그리고 (a)ṃ(◌ं)이 결합한 이체자 끼리의 결합으로 이루어진 重字임을 말한다. 따라서 단자는 물론 자모끼리 결합한 중자도 포함되어 있는 것이 실담(자기)이다.

⑦ 悲智 1對

관세음보살의 種子字는 hrīḥ(hrīḥ)과 sa(사) 등이 대표된다. 따라서 'si(시)'는 sa(사)에 i(◌ி)가 결합하여 전성하였으므로 'si(시)'가 관세음보살 대자비의 방편적 전개를 나타내는 것이다. 또한 문수보살의 種子字는 mañjuśrī(mañjuśrī)에서의 maṃ(maṃ)과 5자 진언인 oṃarapacanadhīḥ(oṃarapacanadhīḥ)에서 마지막 dhīḥ(dhīḥ)이 대표된다. 그러므로 'ddhāṃ'[d+dha+(a)ṃ]에서 'dha'가 문수보살 지혜의 종자자인 'dhīḥ'의 字

體인 것이다. 따라서 관세음보살의 대비심와 문수보살의 대지혜를 모두 포함하고 있는 것이 실담(자기)이다.

⑧ 定慧 1對

제6의식의 轉依(āśraya-parāvṛtti)를 통한 妙觀察智(pratyavekṣā-jñāna)는 三昧를 뜻하는 samādhi𑖭𑖦𑖯𑖠𑖰[禪定]에서 증득하는 지혜이다. 곧 'siddhāṃ𑖭𑖰𑖟𑖿𑖠𑖽'의 'si𑖭𑖰'는 '定'과 같은 것이고, '慧'는 지혜(prajña)인 dhī𑖠𑖱라고 할 수 있으므로 'ddhāṃ𑖟𑖿𑖠𑖽' 또한 제6의식에서 이루어지는 수승한 지혜를 말한다. 따라서 '定'과 '慧'가 곧 실담(자기)의 의미를 함축하고 있다고 할 수 있다.

⑨ 菩提涅槃 1對

보리와 열반열반이 'siddhāṃ𑖭𑖰𑖟𑖿𑖠𑖽' 안에 함께 있다는 것이다. 즉 'si𑖭𑖰'는 sa𑖭에 일종의 涅槃點이라고 할 수 있는 i□가 결합하여 열반음으로서 理法을 나타내는 태장만다라의 세계를 나타내고 있고, 'ddhāṃ𑖟𑖿𑖠𑖽'은 ddha𑖟𑖿𑖠에 大空點 (a)ṃ□이 결합되어 菩提音으로서 智法을 나타내는 금강계만다라의 세계를 나타내고 있다. 따라서 보리와 열반이 실담(자기)에 함축하고 있다.

⑩ 自利利他 1對

'si𑖭𑖰'는 siddha(√sidh; 달성하다, 성취하다' 등의 과거수동분사)의 si𑖭𑖰로서 사성제 등 부처님의 가르침을 스스로 깨달은 뜻이고, 'ddhāṃ𑖟𑖿𑖠𑖽'의 (a)ṃ□은 그 字義가 遍際로서, 깨달은 바를 널리 베풀어 중생 또한 깨달음으로 인도하는 것이다. 따라서 실담(자기)는 自證과 化他가 함축되어 있는 의미이다.

1.2. 《실담자기》의 저자와 성립 시기

《실담자기》의 冒頭에 '大唐山陰沙門智廣撰'이라고 함으로써 이 책은 唐代 山陰의 智廣이라는 沙門이 찬술한 것이다. 여기서 '산음'이라는 지명에 대해서 여러 가지 견해가 있다. 무로마치(室町) 중기 宥快(1345-1416)의 《悉曇字記聞書》 권제1에서는 '산음'이란 지광이 모처의 산림에 은둔하고 있다는 설, '산음'의 '음'은 북쪽을 뜻하므로 지광이 오대산의 북쪽 변방 어딘가에 머물렀다는 설 등이 있으나, '산음'은 지광이 머물렀던 어딘가를 가리키는 곳이라고 하였고, 일본 남북조시대 杲寶(1306-1362)의 《𑖭𑖰𑖟𑖿𑖠𑖽字記創學抄》 권제1에서는 이 해설에 덧붙여 '산음'이 《周禮》에서의 예를 들어 會稽(지금의 江蘇 蘇州 지역)가 '산음'에 있고, 《地理志》에서는 지금의 江南道 越州를 '산음'이라고 하였고, 《華嚴大疏》에서 澄觀(738-839)은 본래 월주 '산음' 사람이라고 하였으므로,[2] '산음'이란 회계의 '산음'으로서 지광은 이 곳에서 머물렀다고 결론을 내리고 있다.

이와 같은 회계의 '산음'이라는 지명이 일본 나라(奈良)기의 삼론종 승려 安澄(763-814)이 쓴 《中論疏記》에 다음과 같이 등장하고 있다.

> 《中觀論疏》에서 묻는 '問若爾攝山大師' 등에 대해서 말하자면, 楊州의 남쪽 攝嶺山에 止觀寺가 있다. 오래전 양무제가 처음 공부를 시작했을 때 여기서 성실론과 비담을 배웠다. 듣기로는 고려국의 道朗法師가 북쪽에서 여기로 와서 섭산의 지관사에서 머물렀다고 한다. 도랑법사는 삼론에 해박하고 대승법의 묘한 이치를 통달하여

智寂 등 10여명의 스승들이 그에게서 배웠고, 양무제에게도 가르침을 주어 이로 인하여 무제는 소승을 거두고 대승법을 따랐다고 한다.[3] 도랑법사는 이후에 섭산의 산기슭에 있는 栖霞寺에서 좌선 수행을 하였으므로 섭산대사라고 부르는 것이다. 생각해 보건데, 慧均僧正의《大乘四論玄義記》제10에서는 도랑법사가 會稽의 山陰에서 칩거하고 설법처에 잘 나오지 않자 여러 법사가 그를 청하였고, 이후에 섭산으로 온 것으로 보인다. 섭산은 양주에서 70리를 가야하고, 그 지관사에서 수행하면서 삼론을 널리 설하였던 것으로 보인다.[4]

이처럼 회계의 '산음'은 당시 고덕들의 이름난 수행처로 인식되고 있었던 지명이라고 할 수 있다. 따라서 지광도 이들과 어깨를 견줄만한 수행자였을 것으로 짐작된다.

이와 같은 지광과 관련된 당시 주변의 정보는 어느 정도 파악이 가능하지만, 정작 지광 자신에 관한 행적 등은 알 길이 없다. 贊寧等撰,《宋高僧傳》(T. 50, No. 2061, 777c16; 882a20)에서 '禪林寺智廣' 내지 '唐雅州開元寺智廣傳' 등의 검증이 불가능한 이름만 등장할 뿐이다. 따라서 불전을 통한 그의 행적이나《실담자기》의 성립시기는 가늠하기 어려운 실정이다.

이러한 지광에 대해서 중국의 언어학자 周祖謨(1914-1995)는 "현존 唐人의 저작 중에서 德宗貞元(785-804)간에 사문 지광이 쓴《실담자기》안에 字母라는 명칭이 있다."[5]고 하는 기사가 있다. 그리고 일본의 空海(774-835)가 중국으로 들어간 해도 덕종정원의 마지막해인 804년이다. 따라서 공해가 자국으로 돌아갈 때《실담자기》를 가져간 것을 고려해 볼 때 지광은 《실담자기》를 800년 전후에 저술한 것으로 보인다.

1.3. 《실담자기》의 구성

따라서 《실담자기》는 800년 전후에 사문 지광이 쓴 실담범자 51자문에 대한 중국적 음운학의 기초교본이라고 할 수 있다. 즉 실담[마다] 12자와 자모[체문] 35자를 차례로 열거하면서 각각의 범자표기에 대한 한자독음 방법, 그리고 발음되는 반절음 등을 실담장 초장[제1장]으로부터 제18장에 걸쳐서 나타내고 있기 때문이다. 더욱이 각 장마다의 성격에 걸맞게 마다와 체문이 결합하여 완성되어지는 글자의 수를 일일이 밝히고 있다. 이처럼 《실담자기》는 일반적인 불전의 형식을 갖추지 않은 범자 음운에 대한 요약서의 형태를 띠고 있다. 그러므로 불전의 3단 형식, 즉 序分, 正宗分 및 流通分의 구조에서 유통분은 생략되고 서분과 정종분만의 2단으로 구성되어 있다. 또한 《실담자기》는 전체적인 실담장 제1장으로부터 제18장까지의 내용을 상단과 하단으로 반복하는 이중구조로 기술하고 있다. 따라서 상단 각각의 장은 당해 장의 개략적인 내용을 이론적으로 기술하였고, 이를 보충·심화하거나, 실담범자의 예를 나타내 보이는 등은 각각의 장 하단에서 기술하고 있다.

다음의 표는 이러한 상·하단으로 구성된 《실담자기》의 구성을 정리하여 나타내 보인 것이다.

표 2.《실담자기》의 구성

상단		하단	
서문 도입[음운체계]		귀경게 실담 12자와 체문 35자	
初章	체문 34자와 실담 12자의 결합	제1장	迦·迦 등
제2장	也의 半體인 祇耶와 제1장 迦·迦 등의 결합	제2장	己也·紀耶 등
제3장	囉와 제1장 迦·迦 등의 결합	제3장	迦略·迦略 등
제4장	攞와 제1장 迦·迦 등의 결합	제4장	迦攞·迦攞 등
제5장	嚩와 제1장 迦·迦 등의 결합	제5장	迦嚩·迦嚩 등
제6장	麼와 제1장 迦·迦 등의 결합	제6장	迦麼·迦麼 등
제7장	曩와 제1장 迦·迦 등의 결합	제7장	迦娜·迦娜 등
제8장	囉의 半體인 囉와 제1장 迦·迦 등의 결합	제8장	阿勒迦·阿勒迦 등
제9장	半體 囉와 2장 己也·紀耶 등의 결합	제9장	阿勒已也·阿勒枳耶 등
제10장	半體 囉와 제3장 迦略·迦略 등의 결합	제10장	阿勒迦略·阿勒迦囉 등
제11장	半體 囉와 제4장 迦攞·迦攞 등의 결합	제11장	阿勒迦攞·阿勒迦攞 등
제12장	半體 囉와 제5장 迦嚩·迦嚩 등의 결합	제12장	阿勒迦嚩·阿勒迦嚩 등
제13장	半體 囉와 제6장 迦麼·迦麼 등의 결합	제13장	阿勒迦麼·阿勒迦摩 등
제14장	半體 囉와 제7장 迦娜·迦娜 등의 결합	제14장	阿勒迦娜·阿勒迦娜 등

제15장	迦와 哦의 결합·者와 若의 결합·吒와 拏의 결합·多와 那의 결합·波와 麼의 결합 등 체문 句의 마지막 자가 앞의 4자 각각과 결합하거나, 耶 등 9자와의 결합	제15장	盎迦·盎迦, 盎佉·盎佉, 盎伽·盎佉, 盎伽·盎佉, 安者·安遮, 安車·安車, 安社·安闍, 安社·安闍, 安吒·安吒, 安侘·安侘, 安茶·安茶, 安茶·安茶, 安多·安多, 安他·安他, 安拕·安拕, 安陀·安陀, 唵跛·唵跛, 唵頗·唵頗, 唵婆·唵婆, 唵婆·唵婆, 盎也·盎耶, 盎擺·盎囉, 盎攞·盎攞, 盎攞·盎囄, 盎捨·盎奢, 盎灑·盎沙, 盎娑·盎娑, 盎訶·盎訶, 盎·盎 각각 12자 등
제16장	제1장 迦·迦 등과 別摩多 紇理와의 결합	제16장	訖里·乞里·佉里·佉里·齕里·齒里·質里·實里·實里·日里 등
제17장	제1장 迦·迦 등과 체문 33자의 결합	제17장	阿索迦·阿索佉·阿拕伽·阿拕伽·盎迦怛囉 각각 12자 등
제18장	이상의 正章[제1장–17장]과 구별되는 孤合章으로서, 같은 글자가 중복된 경우의 발음에 대한 예 등의 제1장–제17장과 구별되는 총 15종류 예외	제18장 孤合之文	阿跛多·阿吒迦·阿娜薩囄·阿吒瑟車囉, 當體重字 多·社·吒·拏·那, 部林·齒林·吽, 半體文 多達·秖耶, 印文字 등

하지만 위와 같은 상·하단의 구조는 지광이 처음부터 의도한 집필은 아니었던 것으로 보인다. 우선 상단과 하단의 구성상 상단의 내용이 하단보다 더 자세하게 기술되어 있는 장도 있으며, 특히 실담장 제18장의 경우, 상단의 제18장은 하단보다 더욱 상세하고 그 내용도 세밀하지만, 이에 비

해 하단의 제18장[孤合之文]은 내용상 상단의 순서와도 맞지 않게 기술되어 있거나, 상단의 내용을 생략하여 기술하고 있다. 또한 제1장-제18장 전체의 기술에서 같은 개념을 쓰면서 상단과 하단의 한자독음의 표기가 일치하지 않는 경우도 여러 번 발견된다. 이와 같은 《실담자기》의 상·하단 이중구조로 보았을 때, ①처음부터 치밀한 계획에 입각한 집필은 아니었던 것으로 보이고, ②내용상으로도 상·하단이 조화롭지 못하며, ③전체적인 구성상 하단이 오히려 상단에 배치되면 이해가 용이할 수 있을 것으로 보이는 장도 있다.

따라서 《실담자기》의 상·하단의 구성은, 먼저 상단을 집필하고 약간 년이 경과 한 후 하단을 집필하였다고 볼 수 있다. 즉 상·하단 집필의 시기가 달랐을 것으로 보인다. 그 이유로는 먼저 같은 개념의 다른 한자독음 표기를 들 수 있는데, 예를 들면, 실담 12자를 이르는 개념인 '마다(mātṛkā)'가 《실담자기》에 총 16회 등장한다. 이 중에서 상단에는 모두 '摩多'로 5회[別摩多 1회 포함] 나타나고 있는 반면, 하단에는 모두 '麼多'로 표기하여 10회 나타나고 있다. 또한 𑖋囉를 설명하면서 상단에서는 '𑖋囉(曷力遐三聲合也)'로 하면서 하단에서는 '𑖋囉(曷力下反三合)'로 반절음으로서 운모의 반절표기가 서로 다름을 알 수 있다..

1.4. 《실담자기》와 중국 음운학

전통적으로 중국에서는 '雙聲'과 '疊韻'을 이용한 反切, '讀若'과 '直音'

등으로 한자독음을 표기하였으나, 불교가 전래된 이후 불교문화를 통한 범어의 병음원리를 터득하고 반절법은 더욱 성행하였다. 또한 불교의 유입으로 인하여 四聲調를 발견하였고, 또한 1908년 돈황석실에서 발견된 《歸三十字母例》(斯0512)와 《守溫韻學殘卷》(佰2012)이라는 자료에서 唐代의 말기에 '30자모'가 통용되고 있었음을 알 수 있다. 특히 《守溫韻學殘卷》의 30[36]자모는 승려였던 守溫(ca. 9c)이 여러 韻書를 참고하여 만든 일종의 체계적 韻圖로서, 《반야경》, 《화엄경》 등에서 범자 42자문으로 일컬어지는 문자열과 《열반경》 등에서 나타나는 범자 50자문, 그리고 《切韻》 등의 운서를 참고하여 만든 것이라고 할 수 있다. 따라서 수온의 30[36]자모는 불교가 인도에서 전래된 이후 중국 음운학에 영향을 끼친 큰 증거라고 할 수 있다.

중국의 周祖謨(1983: 957-958)는 《守溫韻學殘卷》의 시작 부분에 '南梁漢比丘守溫述'이라는 제목을 분석하여 '晚唐시기, 즉 836-907년간에 남양의 사문 守溫이 쓴 것'으로 파악하였다. 이 30자모는 이후 宋代에 가서 36자모로 증가하게 되지만, 기존의 30자모에 非, 敷, 奉, 微, 娘, 牀 등 6자모가 더해진 것이다.

이들 세 종류의 자모를 표로 정리하면 다음과 같다.

표 3. 《歸三十字母例》(斯0512)와 守溫의 30자모(佰2012) 및 36자모

照	邪	心	日	禪	穿	審	泥	定	透	端
周	囚	修	仍	乘	稱	昇	寧	亭	江	丁
章	祥	相	穰	常	昌	傷	囊	唐	湯	當

脣音	不芳並明	
舌音	端透定泥	是舌頭音
	知徹澄日	是舌上音
牙音	見溪羣來疑	等字是也

<table>
<tr><td>征</td><td>餳</td><td>星</td><td>忝</td><td>神</td><td>瞋</td><td>申</td><td>年</td><td>田</td><td>天</td><td>顚</td><td rowspan="2">齒音</td><td>精清從</td><td>是齒頭音</td></tr>
<tr><td>專</td><td>旋</td><td>宣</td><td>任</td><td>諶</td><td>眈</td><td>深</td><td>拈</td><td>甜</td><td>添</td><td>故</td><td>審穿禪照</td><td>是正齒音</td></tr>
<tr><td rowspan="2">影</td><td rowspan="2">匣</td><td rowspan="2">曉</td><td rowspan="2">疑</td><td rowspan="2">羣</td><td rowspan="2">磎</td><td rowspan="2">見</td><td rowspan="2">喻</td><td rowspan="2">從</td><td rowspan="2">清</td><td rowspan="2">精</td><td rowspan="2">喉音</td><td>心邪曉</td><td>是喉中音清</td></tr>
<tr><td>匣喻影</td><td>亦是喉中音濁</td></tr>
<tr><td>纓</td><td>刑</td><td>馨</td><td>吟</td><td>琴</td><td>欽</td><td>今</td><td>延</td><td>前</td><td>千</td><td>煎</td><td rowspan="2">脣音</td><td>重脣</td><td>帮滂並明</td></tr>
<tr><td>烏</td><td>胡</td><td>呼</td><td>迎</td><td>擎</td><td>鄉</td><td>京</td><td>羊</td><td>牆</td><td>槍</td><td>將</td><td>輕脣</td><td>非敷奉微</td></tr>
<tr><td>剜</td><td>桓</td><td>歡</td><td>言</td><td>褰</td><td>褰</td><td>犍</td><td>鹽</td><td>朁</td><td>僉</td><td>尖</td><td rowspan="2">舌音</td><td>舌頭</td><td>端透定泥</td></tr>
<tr><td>煙</td><td>賢</td><td>祆</td><td>鮌</td><td>渠</td><td>祛</td><td>居</td><td>寅</td><td>秦</td><td>親</td><td>津</td><td>舌上</td><td>知徹澄娘</td></tr>
<tr><td colspan="3" rowspan="6"></td><td rowspan="2">明</td><td rowspan="2">並</td><td rowspan="2">芳</td><td rowspan="2">不</td><td rowspan="2">來</td><td rowspan="2">澄</td><td rowspan="2">徹</td><td rowspan="2">知</td><td rowspan="2">齒音</td><td>齒頭</td><td>精清從　心邪</td></tr>
<tr><td>正齒</td><td>照穿牀　審禪</td></tr>
<tr><td>綿</td><td>便</td><td>偏</td><td>邊</td><td>良</td><td>長</td><td>倀</td><td>張</td><td>牙音</td><td></td><td>見溪羣疑</td></tr>
<tr><td>莫</td><td>蒲</td><td>鋪</td><td>逋</td><td>隆</td><td>蟲</td><td>忡</td><td>衷</td><td>喉音</td><td></td><td>影　喻曉匣</td></tr>
<tr><td>民</td><td>頻</td><td>繽</td><td>賓</td><td>冷</td><td>呈</td><td>檉</td><td>貞</td><td>半舌</td><td colspan="2">來</td></tr>
<tr><td>無</td><td>符</td><td>敷</td><td>夫</td><td>隣</td><td>陳</td><td>縝</td><td>珍</td><td>半齒</td><td colspan="2">日</td></tr>
</table>

도표의 좌측 端 韻目의 四等韻으로부터 明 韻目 四等韻까지의 30자는 《歸三十字母例》(周祖謨 1983: 795)를 나타내었고, 도표 우측의 상단은 《守溫韻學殘卷》(周祖謨 1983: 803)에 나타나 있는 30자모를, 그리고 우측 하단은 기존의 30자모에 宋代의 누군가가 6자모를 보태서 정리한 36자모이다. 따라서 36자모라고 하면 수온의 30자모에 6자모가 증가한 것이므로 수온의 36자모로 간주하는 것이 일반적이다.

하지만 위 표의 韻目 한자음을 보면 이들 자모 또한 한자독음에는 유용할 수는 있으나, 외국어인 범자 한 자 한 자의 독음을 표기하기에는 한계가 있다. 반절법에서 비록 상자와 하자가 구별되기는 하나, 하자의 발음에 대한 세밀한 구분이 힘들기 때문이다. 이처럼 중국 唐代 이후의 음운학에서 언급될 개념이 바로 '字母'이다. 이 개념은 《실담자기》의 하단 도입부분에서 '體文(亦曰字母)'으로 등장하는 개념이기도 하다. 즉 마다 12자에 대한 35자의 체문을 자모로 일컫는다는 의미이다. 따라서 지광이 《실담자기》를 저술하기 이전인 800년 이전부터 이미 중국에서는 자모의 개념이 확립되어 있었다고 할 수 있다.

그렇다면 이상의 30[36]자모보다도 이전(800년 전후)에 저술된 《실담자기》에 나타나고 있는 실담자모의 양상은 어떠한가? 다음의 표에서 실담자모 51자문과 각각의 한자독음을 나타내었다.

표 4. 《실담자기》의 51자문

通摩多	短阿𑖀	長阿𑖁	短伊𑖂	長伊𑖃	短甌𑖄	長甌𑖅
	短藹𑖊	長藹𑖋	短奥𑖌	長奥𑖍	短暗𑖀𑖽	長痾𑖀𑖾
別摩多	紇理𑖆	紇梨𑖇	里𑖈	梨𑖉		
牙聲	迦𑖎	佉𑖏	迦𑖐	伽𑖑	哦𑖒	
齒聲	者𑖓	車𑖔	社𑖕	社𑖖	若𑖗	
舌聲	吒𑖘	侘𑖙	茶𑖚	茶𑖛	拏𑖜	
喉聲	多𑖝	他𑖞	陀𑖟	陀𑖠	那𑖡	
脣聲	波𑖢	頗𑖣	婆𑖤	婆𑖥	麼𑖦	

遍口聲	也𑖧	囉𑖨	羅𑖩	嚩𑖪	奢𑖫
	沙𑖬	娑𑖭	訶𑖮	濫𑖩𑖿𑖩𑖽	叉𑖎𑖿𑖬

위 표와 같이 지광은 총 51자의 자문을 《실담자기》에서 소개하고 있다. 즉 통마다 12자와 별마다 4자, 그리고 체문 35자 총 51자의 실담범자와 이를 읽는 한자독음을 《실담자기》에서는 併記하고 있는 것이다. 이러한 51자는 중기 대승불전인 《열반경》에서부터 이미 이루어지고 있었던 구분으로서, 이후 《대일경》에서부터 이른바 眞言敎法으로 자리를 잡게 된다.

따라서 《실담자기》의 51자문은 범자와 이를 바르게 읽기 위한 한자독음을 병기한, 당시로서는 실담범자에 대한 매우 정교한 교본이었다고 할 수 있으며, 804년 일본의 공해가 이 책 등을 자국으로 들여감으로써 실담학이라는 분야가 생겨나게 하는, 실담학 구축의 매우 중요한 책이었다고 할 수 있다.

미주

1) 'siddhāṃ𑖭𑖰𑖟𑖿𑖠𑖽'은 원래 [sid]과 [dhāṃ]의 결합이지만 한역하여 표기할 때에는 悉曇, 肆曇, 悉檀, 悉談 등으로 표기한다. 소리글자인 범자를 뜻글자인 한자로 표기하는 과정에서 '[si]𑖭𑖰悉-[ddhāṃ]𑖟𑖿𑖠𑖽曇'과 같이 구분하여 중복자음으로 표기한 것이다. 여러 한역자음 가운데 《說文解字》에 근거한 肆曇을 보면, '肆(息利切)-曇(徒含切)'의 반절로 나타나 '[si]𑖭𑖰肆-[ddhāṃ]𑖟𑖿𑖠𑖽曇'으로 표기된다. 따라서 이에 대한 원래의 표기인 [sid]과 [dhāṃ]이 [si]와 [ddhāṃ]으로 표기되는 '[si]𑖭𑖰悉'과 '[ddhāṃ]𑖟𑖿𑖠𑖽曇'은 용인될 수 있으며, 본서에서 해설될 실담범자의 구분 및 한역자음 표기 또한 이를 근거로 하였음을 먼저 밝혀둔다.

2) 志磐撰,《佛祖統紀》(T. 49, No. 2035, 293b3)에도 "法師澄觀會稽(山陰)人"이라고 하고 있고, 賛寧等撰,《宋高僧傳》(T. 50, No. 2061, 737a5)에서도 "釋澄觀 姓夏侯氏 越州山陰人也."라고 하고 있으며, 이외에도 '會稽山陰' 내지 '越州山陰'이란 지명이 불전에 무수히 많이 등장하고 있다.

3) 吉藏撰,《維摩經義疏》(T. 38, No. 1781, 912a12-14)에도 "梁武初學成實毘曇 聞攝山栖霞寺高麗朗法師 從北山(=杞土)來 善解三論 妙達大乘 遣智寂等十人 就山學之 而傳授梁武 因此遂改小從大."라는 내용이 나타나고 있다.

4) 安澄撰,《中論疏記》(T. 65, No. 2255, 71b7-16).

5) 周祖謨 1983,《唐五代韻書集序》, 北京: 中華書局出版, p.955.

2. 《실담자기》 〈서〉

《실담자기》의 冒頭에는 주된 〈서〉와 여기에 부가된 〈서〉의 두 부분으로 나누어 기술되고 있다. 주〈서〉에서는 悉曇[1]의 연원과 오천축 등지의 언어적 상황 등이 나타나고 있고, 부〈서〉에서는 梵文과 胡文의 정확한 구별을 위한 인도와 胡國, 그리고 그 주변국 등의 상황을 주석의 형태로 나타내고 있다.[2]

다음은 이러한 《실담자기》 주〈서〉의 내용이다.

2.1. 《실담자기》 주〈서〉 원문 및 번역

원문

悉曇字記南天竺般若菩提悉曇

大唐山陰沙門智廣撰

悉曇天竺文字也。西域記云。梵王所製。原始垂則四十七言。寓物合成隨事轉用。流演支派其源浸廣。因地隨人微有改變。而中天竺特爲詳正。邊裔殊俗兼習訛文。語其大較本源莫異。斯梗概也。頃嘗誦陀羅尼。訪求音旨 多所差舛。會南天竺沙門般若菩提。齎陀羅尼梵挾。自南海而謁五臺寓于山房。因從受焉。與唐書舊翻兼詳中天音韻。不無差反。考覈源濫所歸悉曇。梵僧自云。少字學於先師般若瞿沙。聲明文轍將盡微致。南天祖承摩醯首羅之文。此其是也。而中天兼以龍宮之文。有與南天少異。而綱骨必同。健馱羅國喜多迦文獨將尤異。而字之由皆悉曇也。因請其所出研審翻註。即其杼軸科以成章。音雖少殊文軌斯在。効絶域之典弗尚詭異。以眞言唐書召梵語髣髴而已。豈若觀其本文哉。俾學者不逾信宿而懸通梵音。字餘七千功少用要。懿夫聖人利物之智也。總持一文理含衆德其在玆乎。雖未具觀彼史誥之流別。而內經運用固亦備矣。然五天之音或若楚夏矣。中土學者方審詳正。竊書簡牘以記遺文

번역

실담자기(남천축 반야보리의 실담)

대당 산음의 사문인 지광이 찬술하였다.

실담은 천축문자이다.《대당서역기》에서 말하기를, "범왕께서 겁초에 만든 47개의 문자를 만들었다. 만물이 더해지고 상황에 맞게 전용됨에 따라 근원이 널리 퍼지고 그 갈래가 번져나감으로써 그것을 쓰는 지역이나 사람에 따라 약간씩 변형되었다. 그래도 그 중에서 특히 중천축이 상세하고 정확한데 비해 주변국은 독특한 그들만의 문자도 함께 쓰고 있다. 하지만 그들이 쓰는 언어도 넓은 범위에서는 그 연원이 크게 다르지 않다."고 하였다. 이것이 대강이다.

근자에 다라니를 염송하다가 문득 그 원음을 찾아보았더니 많은 차이가 있었다. 마침 남천축의 사문 般若菩提가 다라니 梵挾을 가지고 남해로부터 오대산으로 들어와 산방에 머물기를 청하거늘, 이러한 인연으로 받은 것이다. 唐의 舊譯 번역서와 중천축의 음운을 자세히 비교해보면 서로 차이가 없지 않으나 그 근원은 모두 실담에서 연유한 것이다. 이 천축의 승려가 말하기를, "내가 처음 공부를 시작했을 때 스승인 般若瞿沙로부터 聲明과 문장의 도리를 배웠는데, 너무나 자세하여 정교하기 이를 데 없었다. 남천축에서 대대로 전승된 摩醯首羅의 문자가 그것이다. 그런데 중천축에서는 용궁의 문자도 함께 쓰는 것이 남천축과는 약간 다르지만 그 골격은 분명 같은 것이다. 健陀羅國에서 쓰는 憙多迦 문자는 유독 다르지만 이 문자의 유래 또한 모두 실담이다."라고 하였다.

청하여 받은 것을 꼼꼼히 살펴보니 곧 씨줄[抒]·날실[軸]·베[科]로서 章을 이루고 있었다. 또한 각각의 음마다 약간씩 다른 것은 문자의 규칙[軌]에 맞게 천축[絶域]의 법을 그대로 밝혔을 뿐 다른 어떤 것도 더하지 않았다. 진언을 쓴 唐書[한자]로서 범어를 비슷하게 안다면 어떻게 그 본문을 조금이라도 이해할 수 있겠는가? 배우는 자로 하여금 이틀 밤[信宿]도 채 걸리지 않아 범음에 통할 수 있는데 칠천 여 자의 한자가 무슨 소용이 있겠는가? 무릇 성인[범왕]께서 만물에 준 지혜를 찬탄하노라. 총지[다라니] 한 자의 도리에 많은 덕이 함축되어 들어있느니라. 비록 저 역사에 대해서는 잘 알 수 없지만 불전 안에서의 쓰임새를 알기에는 부족함이 없을 것이다. 그런즉 오천축의 음은 楚夏[중국]와 비슷한 부분도 있기에, 中土[인도]에서 두루 배우고 있는 상세하고 정확한 것을 조심스럽게 써서 기록하여 남긴다.

2.2. 《실담자기》 주〈서〉의 해설

《실담자기》는 남천축의 사문 般若菩提(Prajñā-bodhi)가 전한 실담으로서, 唐 會稽 山陰의 사문 지광이 지은 책이다.[3)]

실담은 천축, 즉 인도의 문자이다. 玄奘(602-664)의 《대당서역기》의 내용을 요약하면[4)] 겁초에 범왕께서 天·地·人 三才를 다스리기 위하여 만든 모음[麽多] 12자와 자음[體文] 35자, 총 47개의 글자이다. 이 47자의 글자 각각이 서로 결합함으로써 그 수가 늘어나고, 같은 글자끼리의 결합 내지 다른 글자와의 결합 등으로 변용되어, 원래의 글자로부터 셀 수없이 많이 글자의 갈래가 두루 퍼져나가게 된 것이며, 더욱이 이를 쓰는 오천축 등지의 지방이나 사람에 따라 약간씩 차이를 보임으로써 그 원류를 분간하기 어려울 정도이다. 하지만 그 중에서도 중천축 지방이 특히 상세하고 정확한 반면 주변국의 사람들은 중천축과는 다른 그들만의 독특한 글자도 대대로 쓰고 있다. 그렇지만 그들이 쓰는 언어와 문자도 넓게는 중천축의 그것과 다르지 않다고 하였다. 이상이 반야보리가 지광에게 전수한 실담의 대강이다.

다음은 지광이 반야보리로부터 남천축의 실담을 전수받은 경위와 오천축 실담의 양상과 전개에 관한 반야보리의 말을 옮겨놓고 있다.

내가 일찍이 다라니를 염송하다가 올바른 음을 찾아보았더니 책마다 많이 달랐다. 마침 남천축의 사문 반야보리가 다라니 梵挾(palm-leaf scriptures)을 가지고 남해를 통해 오대산으로 들어와 산방에 머물기를 청하거늘, 이러한 인연으로 남천축의 실담을 처음으로 접하였다. 중국의 舊譯 번역서와 중천축의 음운을 자세히 보면 서로 차이가 없지 않으나 그 근원은 모두 실담에서 연유한 것이다. 이 천축의 승려가 직접 말하기를, 내가 어렸을 때 스승인 般若瞿沙(Prajñā-kośa)로부터 聲明(linguistic and grammatical studies)과 문장의 도리를 배웠는데, 그 대부분이 너무나 자세하고 정교하기 이를 데 없었다. 남천축에서도 摩醯首羅(Maheśvara, 大自在天)[5)]의 문자를 이어받아 사용하고 있다. 그런데 중천축에서는 용궁의 문자도 함께 쓰는 것이[6)] 남천축과는 약간 다르지만 그 골격은 틀림없이 같은 것이다. 비록 북천축의 健陀羅國(Gandhāra)[7)]에서 쓰는 憙多迦의 문자[8)]는 유독 다르나 이 또한 글자의 유래는 모두 실담인 것이다.

다음은 지광이 스스로 깨친 실담의 원리와 실담을 통한 현실적 이익에 대해서 말한다.

이에 반야보리에게 청하였던 실담 한 자 한 자의 한자독음과 그 주석을 꼼꼼히 살펴보니 그것은 곧 씨줄[抒]과 날실[軸]의 베[科]로서 章을 이루고 있었다.[9)] 음마다 약간씩 차이가 있는 것은 문장의 규칙[軌]에 부합하는 것으로 천축[絶域]의 범자를 그대로 밝혔을 뿐 다른 어떤 것도 더하지 않았다. 실담범자로 쓴 원래의 진언이 아닌 唐書[한자]로 쓴 진언을 비슷하게만 안다면 어떻게 그 본문을 조금이라도 이해할 수 있겠는가? 실담을 통하여 진언 쓰는 법과 범어를 터득한 자는 이틀 밤[信宿]도 걸리지 않아 범음을 통하는데, 칠천 자 이상의 한자가 무슨 소용이 있겠는가? 무릇 성인[범왕]께서 만물에 명호를 붙여준 지혜로움을 찬탄한다. 총지[다라니] 한 자의 도리에 많은 덕이 함축되어 거기에 있기 때문이다.[10)] 비록 실담을 통하여 천축의 역사는 잘 알 수 없지만 불전 내의 다라니 등을 읽고자 함에는 부족함이 없을 것이다. 그런즉 오천축의 음은 楚夏[11)]와 크게 다르지 않기에, 中土[인도]에서 일반적으로 배우고 있는 실담을 상세하고 정확하게 써서 후학을 위해 이를 남긴다. 여기까지가 지광이 쓴 《실담자기》의 주〈서〉이다.

다음은 부〈서〉에 대한 내용이다.

2.3. 《실담자기》 부〈서〉 원문 및 번역

원문

古謂楚(=梵)書曰胡文者。案西域記。其閻浮地之南五天之境。楚(=梵)人居焉。地周九萬餘里。三垂大海北背雪山。時無輪王膺運。中分七十餘國。其總曰五天竺。亦曰身毒。或云印度。有曰大夏是也。人遠承梵王。雖大分四姓。通謂之婆羅門國。佛現於其中。非胡土也。而雪山之北傍臨葱嶺。即胡人居焉。其字元製(=制)有異。良以境隣天竺文字參涉。所來經論咸依梵挾。而風俗則効習其文粗有增損。自古求請佛經多。於彼獲之。魚魯渾淆直曰胡文謬也

번역

오래전부터 범서에서 말하는 胡文을 《대당서역기》에 근거해보면, 閻浮地의 남쪽 오천축의 경계에 梵人이 살고 있었다. 땅은 구만여리에 이르고 동·남·서쪽에는 큰 바다가 있고 북쪽에는 설산을 등지고 있었다. 전륜성왕이 없을 당시에는 모두 칠십여 나라가 나뉘어져 있었는데, 이를 통틀어서 오천축이라 불렀다. 또한 身毒이라고 부르기도 하고 印度라고도 하였다. 혹은 大夏라고 부르는 사람도 있었다. 이 천축 사람들은 오래전부터 범왕을 받들었다. 비록 四姓으로 크게 나뉘어져 있으나, 통상 바라문의 나라라고 일컬어졌다. 부처님께서는 천축에서 태어났지 胡土[胡國]에서 나지 않았다. 호국은 설산의 북방 葱嶺과 접해 있는데, 거기에 胡人이 살고 있었다. 호국에서 쓰는 문자는 천축의 문자와 원래부터 차이가 있었으나, 천축과 아주 가까이 위치해 있기에 천축의 문자도 받아들여 함께 쓰고 있었다. 천축에서 전해진 경론은 梵挾으로 되어 있었기 때문에 호국의 사람들은 자연히 범자를 본받고 배우게 된 것으로서, 호국에서의 범자는 천축에 비하여 더해지거나 줄어들었다고 할 수 있다. 예로부터 佛經을 구하려고 하면 대부분 호국에서 그것을 구할 수 있었다. 따라서 魚자와 魯자가 구분이 힘들 듯이 梵文과 胡文은 서로 비슷하나, 범문을 호문이라고 말하는 것은 옳지 않다.

2.4. 《실담자기》 부〈서〉의 해설

이상 주된 〈序〉에 부가된 〈序〉의 내용은 오천축과는 다른 이른바 '胡國'과 '胡文'에 대한 설명이 이어진다. 즉 오래전의 범서에서는 胡文이라는 개념이 등장하는데, 지광은 《대당서역기》에서 현장이 밝히고 있는 천축과 대비하여 설명한다.[12)] 먼저 천축에 대해서, '閻浮地[閻浮提]의 남쪽 오천축의 경계에 梵人이 살고 있었다. 땅은 구만여리에 이르고 동·남·서쪽에는 큰 바다가 있고 북쪽에는 설산을 등지고 있었다. 전륜성왕의 출세 이전에는 모두 칠십여 나라가 나뉘어져 있었는데, 이를 통틀어서 오천축이라 불렀다. 또한 身毒, 賢豆, 乾竺 내지 印度라고도 하였다. 혹은 大夏라고 부르는 사람도 있었다. 이 천축인들은 오래전부터 범왕을 받들었다. 비록 四姓으로 크게 나뉘어져 있으나, 통상 바라문의 나라라고 일컬어졌다.' 이것이 천축의 지리와 이름 등이다.

다음은 북천축의 근처에 있는 호국에 대한 설명이다.

'부처님께서는 천축에서 태어났지 胡土[胡國]에서 나지 않았다. 호국은 설산의 북방 葱嶺(Pamir Plateau)과 접해 있는데, 거기에 胡人이 살고 있었다. 호국에서 쓰는 문자는 천축의 문자와 원래부터 차이가 있었으나, 천축과 아주 가까이 위치해 있기에 천축의 문자도 함께 쓰고 있었다. 천축에서 전해진 경론은 梵挾으로 되어 있었기 때문에 호국의 사람들은 자연히 범자를 본받고 배우게 된 것으로서, 호국에서의 범자는 천축에 비하여 더해지거나 줄어들었다고 할 수 있다. 예로부터 佛經을 구하려고 하면 대부분 호국에서 그것을 구할 수 있었다. 따라서 魚자와 魯자가 구분이 힘들듯이 범문과 호문은 서로 비슷하나, 범문을 호문이라고 말하는 것은 옳지 않다'고 하였다.

여기서 언급되고 있는 호국에 대하여 法雲(1088-1158)은《翻譯名義集》에서, "胡音과 梵音은 구별된다. 漢代로부터 隋代에 이르기까지는 모두들 서역을 胡國이라고 여겼다. 唐代에 와서 彦琮法師가 胡音과 梵音으로 각각 구분하였다. 葱嶺의 서쪽은 바라문의 종족이지만, 鐵門[13]의 좌측은 모두 胡國 지방이라고 말한다."[14] 따라서 북쪽 설산의 이북지역과 동쪽 부근을 통틀어서 호국이라고 한다. 이 지역은 오래전 漢代로부터 隋代에 이르기까지 천축과 호국을 구별하지 않음으로써 언어 또한 범어를 胡語 중의 한 언어로 여겼던 것이다. 이처럼 지역적으로 가까이 접하고 있어서 호국에서는 천축의 문자도 함께 쓰고 있었으므로 주로 호국에서 불경을 구해 오는 경우가 많았던 것이다. 비록 불경을 쓴 문자가 범문과 호문이 비슷하게 보이지만, 범문과 호문은 엄연하게 다른 문자이므로, 범문을 호문으로 말하는 것은 잘못된 것임을 말하고 있다.

미주

1) 𑖭𑖰𑖟𑖿𑖠𑖽실담은 범자 자모의 명칭 또는 범자 서체의 하나를 일컫는다. 𑖭𑖰𑖟𑖿𑖠𑖽실담은 범어로서 한역하여 悉曇, 七旦, 七曇, 悉談, 肆曇, 悉旦, 悉檀 등으로 음사되어 '완성시킨 것', '완전한', '성취한', '훌륭한' 등의 뜻을 가지는데, 이는 원래는 형용사였지만 이를 명사로 사용한 것이다. 오래전 실담학자들은 이를 성취길상이라고 번역하였다. (…) 인도에서는 6세의 동자가 6개월간을 배우고 습득하는 자모표의 表題에 실담 혹은 悉地羅窣覩(siddhirastu)라고 써서 성취길상하기를 축복하는 의미를 나타내는 자모표의 題號에 썼던 것이 변하여 범자자모 자체를 형용하는 형용어로서 이 명칭이 나타나게 된 것이다. 또한 밀교의 다라니 種子에도 많이 사용되면서부터 '성취', '성취대길상'의 의미로서 본래 쓰던 명칭으로부터 변한 것이다(渡邊英明 1933, pp.88-89).

2) 이러한《실담자기》상단의 〈서〉 부분에서, 주 〈서〉에 부가된 부〈서〉가 과연 같은 시기 내지 동일인에 의해 써진 것인지에 대하여 의문이 든다. 필자가《실담자기》해제에서는 몇 가지 예를 들어 지광이《실담자기》의 상단과 하단을 같은 시기에 쓰지 않았을 가능성을 이미 조심스럽게 제기하였지만, 더 나아가 상단, 하단의 저술자가 동일인이 아닐 수도 있다는 것을 가정해 볼 수도 있을 것이다.

3) 반야보리는 원래 북천축인으로서 남천축 持明藏에서 수학했다고 전해지기도 한다. 이에 관해서는 당대의 승려 圓照(718-799?)集,《大唐貞元續開元釋教録》(T. 55, No. 2156, 755c17이하)을 참고할 만하다.

4)《大唐西域記》(T. 51, No. 2087, 876c9-14)에서의 내용은 다음과 같다. "인도의 문자를 상세히 보면, 梵天이 겁초에 이미 만든 47자의 글자가 있었다. 만물이 서로 결합하고 상황에 따라 변하면서 그 흐름이 넓게 펼쳐지고 가지가 더욱 뻗어나가 그 근원이 더욱 넓어졌으며, 지역과 사람에 따라 다소 바뀌고 변화됨은 있었으나, 대체적으로는 본원과 크게 다르지 않다고 말할 수 있다. 그 중에서도 중인도가 특히 상세하고 정확하며 언사가 조화롭고 온화한 것이 범천의 그것과 같았고, 그 기운

과 음운이 맑고 분명하여 사람들이 모범으로 삼았다. 그러나 인근의 다른 나라들은 잘못된 것을 배우고 거기에 따르므로 경박하고 세속적인 풍조가 만연했으므로 바른 법을 따르려 하지 않았다."

5) 《入大乘論》(T. 32, No. 1634, 46b7-8)에서는 2종의 마혜수라[毘舍闍摩醯首羅(Piśāca-maheśvara)·净居摩醯首羅(Śuddhāvāsa-maheśvara)]를 언급하고 있고, 《大毘盧遮那成佛經疏》(T. 39, No. 1796, 595b11-12)에서는 商羯羅(Śaṃkara)를 마혜수라의 다른 이름으로 정의하고 있다. 즉 마혜수라를 商羯羅摩醯首羅(Śaṃkara-maheśvara)라고도 한다. 淨嚴撰, 《𑖭𑖰𑖟𑖿𑖠𑖽三密鈔》(T. 84, No. 2710, 720c19)에 의하면 劫初成時의 마혜수라는 상갈라로서, 이 글 冒頭의 범왕 또한 色界의 初禪에 든 商羯羅摩醯首羅(Śaṃkara-maheśvara)를 말한다.

6) 別摩多 4자[ṛ 𑖆 · ṝ 𑖇 · ḷ 𑖈 · ḹ 𑖉]가 전체 실담에 포함되어 있는 것을 말한다.

7) 《大唐西域記》(T. 51, No. 2087, 879b21-c4)에서는 健陀羅國[健馱邏國]의 지형·기후·인물 등에 관해서 설명하고 있다.

8) 고대인도의 문자 중의 하나로서, 여기에는 여러 가지 설이 있다. 일본의 19세기 실담학 승려 行智가 말하는 憙多迦는 健馱羅國 도성의 이름 혹은 지명이거나 범문을 전해준 神의 이름일 수 있다고 하였다. 《悉曇要集記》에는 '희다가'는 '魯憙多頡沙羅'의 약칭으로서 나무껍질을 말한다. 북천축의 健馱羅國에서는 주로 이 나무껍질에 서사하였다. 이 '魯憙多頡沙羅'는 범어 rohita-ksīra이다. 즉 rohita 혹은 ksīra가 나무의 껍질을 나타낸다는 것이다. 만일 '희다가'를 범어 kītaka로 한다면, 곧 이 말의 뜻은 摩揭陀 종족의 시인을 가리키는 말이거나, 혹은 刹帝利 종족의 父와 毘舍(吠舍) 종족의 母로부터 생겨난 頌讚이었을 수도 있다. 그러나 '文'은 곧 문자의 뜻이기 때문에 마갈타족 시인이 썼던 문자였을 것이다. 이를 근거로 《悉曇字記》 중의 '健馱羅國憙多迦文' 또한 摩揭陀 종족의 시인이 북방 健馱羅國으로 이주하여 사용했던 문자이거나 원주민들이 사용하고 있었던 문자로 해석할 수 있을 것이다. 이외에 '희다가'는 혹은 kīkata(憙迦多)가 전도된 것으로도 볼 수 있다. 또한 인도 북방 健馱羅國에 살았던 종족이 사용했던 문자일 수도 있다(慈怡 主編: p.6220).

9) 즉 날실[經]인 體文과 씨줄[緯]인 麽多가 科[聲韻]를 이루어 곧 18개의 章을 구성한다는 말이다[宥快(1345-1416)著, 《悉曇字記聞書》 卷第1, pp.13-14].

10) 실담 한 자에 담겨있는 能詮은 물론 所詮으로서의 여래소설의 깊은 가르침을 말한다. 즉 실담 한 자 자체에 般若空의 深意를 담고 있다는 것이다.

11) 楚夏는 중국의 지리적 역사를 대변하는 개념이다. 즉 '하'는 중국 역사의 주축으로서 이르는 개념이며, '초'는 중국 역사상 주축이 아닌 변방을 가리킨다. 따라서 하는 중천축과 대응하고 초는 나머지 동·남·서·북천축과 대응되는 개념이라고 할 수 있다[有快著,《悉曇字記聞書》卷第1, p.16].

12)《大唐西域記》(T. 51, No. 2087, 875b16-c3)에서의 이 부분에 대한 기술은 다음과 같다. "天竺의 명칭을 상세하게 살펴보면, 예전에는 身毒 혹은 賢豆라고도 했으나, 지금은 印度라고 부르는 것이 바른 명칭이다. 인도의 사람들은 지역에 따라 각기 다른 국호로 부르고 있지만, 다른 나라의 사람들은 전체를 들어 인도라고 부른다. 인도란 당나라에서는 달[月]을 뜻한다. 달에는 여러 가지 이름이 있지만, 인도는 그 중 하나의 명칭이다. 모든 생명은 쉬지 않고 윤회하며 그 무명의 긴 밤은 새벽을 기약할 수 없다는 뜻이다. 그것은 마치 밝은 태양이 숨어 버리면 밤빛이 그것을 잇는 것과 같다. 비록 별빛이 빛난다고 하더라도 어찌 달의 밝음만 하겠는가? 이러한 이치에 따라 달을 비유한 것이다. 사실 그 곳의 성현이 전해오는 법을 이어받아 범부를 제도하고 만물을 다스리는 것은 마치 달이 비추는 것과 같은 이치로서 인도라고 하는 것이다. 인도는 종족과 성별에 따라 집단이 나뉘어 있다. 그 중에서 바라문을 특히 청정하고 귀하게 여긴다. 그 존귀한 칭호가 전하여 내려와 민중들은 거기에 따름으로써 종족의 구별 없이 통틀어서 바라문국이라고 하는 것이다. 만일 인도의 경계를 말한다면, 5인도 주위의 경계는 9만여 리이다. 3면은 큰 바다가 접해있고, 북쪽은 설산이 등지고 있다. 북쪽은 넓은데 반해 남쪽은 좁은 것이 마치 반달모양과 같다. 대지를 나누어 70여 국이 있고, 날씨는 매우 덥고 뜨거우며 땅은 못이나 습지가 많다. 북쪽의 산 속 깊은 언덕지대에 소금밭이 많다. 동쪽은 작은 강이 많아 대지는 습하고 밭은 기름지고 비옥하다. 남쪽은 초목이 무성하고 서쪽은 토지가 메마르고 척박하다. 이것이 인도에 대한 대강으로 간략하게 말하였다."

13)《大唐西域記》(T. 51, No. 2087, 871c29-872a8)에 의하면 鐵門은 羯霜那國(Kasana)과 覩貨邏國(Tukhāra) 인근에 위치한 지역으로서, 산새가 험준하여 매우 위험한 계곡에 만들어져 있는 철문짝[鐵鍋]에 많은 쇠방울 등이 달려 있는 것을 보고 철문으로 이름을 지었다고 한다.

14) 法雲編,《翻譯名義集》(T. 54, No. 2131, 1056a28-b2).

3. 《실담자기》 도입

《실담자기》의 도입부분은 悉曇章(siddhavastu)[1] 전체에 대한 개괄적인 내용을 밝히는 부분으로서, 상단과 하단으로 나뉘어 기술되고 있다. 상단에서는 실담 6자가 양분하여 12자가 되고, 별마다 4자가 있으나 제자원리에서 제외된다는 등의 기본원리와 여기에 체문 35자를 합하여 총 실담 47자가 형성된다는 등의 실담장 18장 각각의 장으로 나아가기 위한 개설의 장이라고 할 수 있다. 하단에서는 크게 두 부분으로 나뉜다. 먼저 실담 12자에 대한 한자독음 및 각각의 聲調 등에 대한 해설과 더불어 이들의 역할, 즉 실담장 18장 전체의 운모로서의 역할을 밝히고 있다. 다음 체문 35자에 대한 직음 또는 반절법의 한자독음을 밝히고, 이들을 牙音·齒音·舌音·喉音·脣音으로 구별되며, 편구성의 10자를 소개하고 있다.

따라서 제3장에서는 우선 《실담자기》 도입부분의 상단에 대한 원문과 번역, 그리고 이 부분에 대해서 해설한다. 다음은 도입부분 하단에 대해서, 먼저 실담 12자인 마다에 대한 원문 및 번역, 그리고 해설과 마지막으로 35자로 이루어진 체문 35자에 대한 원문과 번역 및 그에 대해서 해설하기로 한다.

3.1. 《실담자기》 도입 상단 원문 및 번역

원문

其始曰悉曇。而韻有六。長短兩分字十有二。將冠下章之首。對聲呼而發韻。聲合韻而字生焉。即𑖀阿上聲短呼𑖁阿平聲長呼等是也。其中有𑖆紇里二合等四文。悉曇有之非生字所用今略也。其次體文三十有五。通前悉曇四十七言明矣。聲之所發則牙齒舌喉脣等合于宮商。其文各五。遍口之聲文有十。此中𑖨囉曷力遐三聲合也。於生字不應遍諸章諸章用之多屬第八及成當體重或不成字如後具論也。𑖩羅聲全闕生用。則初章通羅除之一除羅字羅鑒反。餘單章除之二除囉羅二字。即第二第三及第八第九第十章也。字非重成簡於第一。故云餘單章也。重章除之三重成也。即第四五六七及第十一已下四章也。異章句末爲他所用。兼下除之六即盎迦章字牙齒舌等句末之第五字。爲上四字所用。亦不可更自重故除之也。自除之餘。各遍能生即𑖎迦𑖏佉等是也。生字之章一十有七。各生字殆將四百。則梵文彰焉。正章之外有孤合之文連字重成即字名也。有十一摩多。囉此猶點畫。兩箇半體兼合成文阿阿等韻生字用十摩多。後字傍點名毘灑勒沙尼此云去聲。非爲摩多。訖里章用一別摩多。里耶半體。用祇耶兼半體囉也

번역

무릇 悉曇이라고 하면, 여기에는 6개의 韻(母)가 있어서 이들이 단음·장음으로 나뉘므로 모두 12자를 두고 일컫는 말이다. 이들 운모는 아래 장의 맨 위에 붙어서 聲(母)와 함께 발음하여 운모가 드러나고, 성모는 운모와 결합하여 글자가 만들어지는 것이다. 즉 a𑖀(상성의 짧은 소리)·ā𑖁(평성의 긴 소리) 등이다. 운모 중에는 ṛ𑖆紇里(두 가지 성모의 결합) 등의 4자가 더 있으나, 실담에서는 이들이 글자를 만드는데 관여하지 않으므로 여기서는 생략하기로 한다. 다음으로 體文 35자가 있어서 앞의 실담과 합하여 모두 47자가 된다. 성모[소리]를 발생하는 곳인 牙·齒·舌·喉·脣 등은 宮·商 등에 적합한 5가지의 글자가 있고, 遍口聲에는 10개의 글자가 있다. 이 중 ra 囉(曷力遐 세 성모의 결합)에서 만들어지는 글자는 모든 장에 두루 적용되지 않는다. 여러 장 가운데 주로 제8장에 속하는데, 같은 글자의 중복 혹은 글자가 아닌 경우에 대해서는 뒷부분에서 상세히 논할 것이다. llaṃ 羅의 성모는 글자를 만드는 과정에서 완전히 배제된다. 즉 초장에서 보여줄 한 번을 제외하고는 어디에도 쓰이지 않는다. 제외되는 羅자는 (羅監反)이다. 餘單章에서는 둘 다 제외된다. ra 囉와 llaṃ 羅 두 자가 제외되는 장은 제2·제3장과 제8·제9·제10장이다. 같은 글자의 중복은 글자가 아니라고 제1장에서 간략하게 설명하기 때문에 여단장이라고 한 것이다. 重章에서도 세 가지 예는 제외된다. 같은 글자가 중복하였기 때문이다. 제4·제5·제6·제7장과 제11·제12·제13·제14장이 여기에 속한다. 異章에서는 각 구의 마지막 글자가 앞의 다른 글자와 결합되므로 아래의 자와 함께하지만 여섯 자는 거기에서 제외된다. 즉 盎迦章의 글자를 말한다. 아·치·설 등 구의 마지막 다섯 번째 글자가 앞 글자 네 자의 위에 붙는다. 또한 이들의 중복은 불가하므로 그것을 제외한다. 이와 같은 예를 제외한 나머지는 두루 글자를 만들 수 있다. 그것이 ka 迦·kha 佉 등이다. 글자를 만들어내는 장은 17개의 장으로서, 이들은 각각 거의 400자의 글자를 만들어 범문으로 드러나는 것이다. 이러한 정장 이외에 홀로 있는 글자[고합지문]가 있는데, 같은 글자가 연달아 중복하여 글자를 이루는 등을 일컫는다. 그리고 llaṃ 羅에는 제11마다가 있어서 그것은 점획과 비슷하다. 두 개의 半體가 결합하여 한 글자를 만들기도 한다. a𑖀阿·ā𑖁阿 등의 운모에서는 열 개의 마다만 글자를 만드는데 쓰인다. 마지막의 글자는 방점으로 毘灑勒沙尼라고 하는데, 이는 거성이며 마다로 여기지 않는다. kṛ𑖎𑖵訖里章에서는 하나의 별마다만 쓴다. rya𑖨𑖿𑖧里耶의 반체는 ya𑖧祇耶와 반체 ra𑖨𑖿 囉를 함께 쓴 것이다.

3.2. 《실담자기》 도입 상단의 해설

이 책의 첫 부분에서 언급하고 있는 실담에는 6개의 운모[摩多, mātṛkā]가 있다. 이들이 각각 단음·장음으로 나뉘므로 실담은 모두 12자의 운모인 것이다. 즉 ① a𑖀·ā𑖁 ② i𑖂·ī𑖃 ③ u𑖄·ū𑖅 ④ e𑖊·ai𑖋 ⑤ o𑖌·au𑖍 ⑥ aṃ𑖀𑖽·aḥ𑖀𑖾 등이다.[2] 이러한 12자의 운모는 아래의 글자를 만드는 모든 장[3]의 12글자 맨 윗부분에 붙어서 성모[체문]와 함께 어울려 발음됨으로써 맨 나중에 운모가 드러나는 것이며, 이 성모는 운모와 결합하여야만 글자가 만들어지는 것이다. 즉 상성으로 짧게 발음하는 a𑖀와 평성으로 길게 발음하는 ā𑖁 등 모두 12자의 운모가 있다. 따라서 처음에는 이러한 12자의 운모가 실담이었다고 할 수 있다. 운모 중에는 'ṛ𑖆紇里·ṝ𑖇·ḷ𑖈·ḹ𑖉' 등의 4자가 더 있으나, 이들은 글자를 만드는데 관여하지 않으므로[4] 그 용도는 생략한 것이다.

다음으로 35자의 체문이 있다. 앞의 실담 12자와 합하여 모두 47자 인 것이다. 성모의 장소인 牙·齒·舌·喉·脣 등은 宮·商·角·徵·羽에 맞게 체문 5句[五類聲, 五五聲]가 있고, 편구성에는 10개의 글자가 있다.[5] 편구성 중에서 ra (曷力遐[6] 세 성모의 결합)로부터 만들어지는 글자는 18장 모두에 적용되지 않으며, 주로 제8장[rka 阿勒迦章]에서 ra 에 관하여 많이 다루는데, 같은 글자의 중복[제2장과 제4-제7장] 내지 원칙상의 글자가 되지 못하는 실례[제9-제14장]는 뒷부분에서 상세히 논할 것이다. llaṃ 羅의 성모인 la 와 la 의 중복은 글자를 만드는 과정에 전혀 관여하지 못한다. 초장에서 보여준 한 번을 제외하고는 어디에도 쓰이지 않는다. 따라서 餘單章에서 llaṃ 羅[lam(羅監反)]자는 배제되는 것이다. 여단장에서는 ra 囉와 llaṃ 羅 두 자 모두 제외되는데, 제2·제3장과 제8·제9·제10장이다. 같은 글자의 중복은 원칙상으로 글자를 만들지 못한다고 초장에서 간단히 설명하기 때문에 여단장이라고 하는 것이다. 重章에서도 세 가지 예는 제외된다.[8] 즉 제4·제5·제6·제7장과 제11·제12·제13·14장이 여기에 속한다. 異章에서는 각 구의 마지막 자인 ṅa 등이 ka 내지 ya 등과 결합하여 글자를 만들지만 여섯 자는 거기에서 제외된다. 즉 제15장인 ṅka 盎迦章의 글자를 말한다. 아·치·설 등 구의 마지막 다섯 번째 글자가 앞 글자 네 자의 위에 붙는다. 또한 이들의 중복은 불가하므로 그것을 제외한 것이다.[9] 이와 같은 예를 제외한 나머지는 두루 글자를 만들 수 있다. 그것이 ka 迦·kha 佉 등이다. 이들은 각각 거의 400자의 범문으로 드러나는 것이다.

이러한 正章[제1-제17장]과는 달리 글자를 만드는 과정에서 배제되는 예외적인 글자[孤合之文]가 있다. 그 예로서, 같은 글자가 연달아 결합하여 하나의 글자를 이루는 등의 여러 가지를 말한다. 또한 두 개의 半體가 결합하여 한 글자를 만들기도 하는데, rya 里耶는 반체 ya 祇耶와 반체 ra 囉를 함께 쓴 것이다. 그리고 a·ā·i·ī·u·ū·e·ai·o·au

· aṃ · aḥ 등 성모 12자 중에서 a와 ā 또는 aṃ · aḥ을 제외한 10마다가 실질적으로 글자를 만드는데 쓰인다.[10)] 이들 중 맨 마지막 자인 aḥ은 방점 aḥ[□:]으로서 毘灑勒沙尼(vi-sarjanī)[11)]라고 부르며, 이 또한 거성으로도 발음된다.[12)] 따라서 이러한 10마다에 點畫[마다]과 비슷한 제11마다를 부가하였고,[13)] 그것이 kṛ訖里章에서 보여주는 하나의 별마다인 것이다. 즉 위의 10마다에 'ṛ · ṝ · ḷ · ḹ' 등 4자 가운데 한 자를 제11마다로 여겼던 것이다.

3.3. 《실담자기》 도입 하단 원문 및 번역(摩多 부분)

원문(摩多 부분)

娜麼娑上囉嚩二合社若而也反二合也悉

曇去聲已上題目悉曇

短阿字上聲短呼音近惡引

長阿字依聲長呼別體作

短伊字上聲聲近於翼反別體作

長伊字依字長呼別體作

短甌字上聲聲近屋別體作

長甌字長呼別體作

短藹字去聲聲近櫻係反

長藹字近於界反

短奧字去聲近汚別體作

長奧字依字長呼別體作

短暗字去聲聲近於鑒反別體作

長痾字去聲近惡

義浄三藏云。上之三對上短上(=下)長。下三對上長下短

右悉曇十二字爲後章之韻。如用迦字之聲。對阿伊甌等十二韻呼之。則生得下迦機鉤矩侯反等十二字。次用佉字之聲。則生得佉欺丘區侯反等十二字。次生伽其求瞿侯反等十二字。已下例然。且先書短迦字一十二文。從第二字已下加其麼多。即字形別也。用悉曇韻呼之。則識其字名也。佉伽已下至叉字例然。以成一章。舊云十四音者。即於悉曇十二字中甌字之下。次有紇里紇梨里梨四字。即除前悉曇中最後兩字。謂之界畔字也餘則爲十四音。今約生字除紇里等四字也

번역

nama sarvajñaya siddhāṃ

나마 사(상성)라바(이합)사야(而也反, 이합)야 실담(거성)

이상은 제목이다. 실담

a는 短阿자이다. 상성으로 짧게 소리 내며, [ʔak惡]의 長聲에 가깝게 발음한다.

ā는 長阿자이다. 성조에 의거하여 길게 소리 낸다. 別體[異體字] ā가 있다.

i는 短伊자이다. 상성으로 [ʔiək(於翼反)]에 가깝게 발음한다. 이체자 i가 있다.

ī는 長伊자이다. 글자에 의거하여 길게 소리 낸다. 이체자 가 있다.

u는 短甌자이다. 상성으로 [ʔok屋]에 가깝게 발음한다. 이체자 가 있다.

ū는 長甌자이다. 길게 소리 낸다. 이체자 가 있다.

e는 短藹자이다. 거성으로 [ʔIɛi(櫻係反)]에 가깝게 발음한다.

ai는 長藹자이다. [ʔæi(於界反)]에 가깝게 발음한다.

o는 短奧자이다. 거성으로 [ʔuɔ汚]에 가깝게 발음한다. 이체자 가 있다.

au는 長奧자이다. 글자에 의거하여 길게 소리 낸다. 이체자 가 있다.

aṃ은 短暗자이다. 거성으로 [ʔɒm(於鑒反)]에 가깝게 발음한다. 이체자 이 있다.

aḥ는 長痾자이다. 거성으로 [ʔak惡]에 가깝다.

義淨三藏이 말하기를, "앞의 세 묶음[對] 중에서 '전자는 단음, 후자는 장음'이고, 뒤의 세 묶음 중에서 '전자는 장음, 후자는 단음'이다."라고 하였다.

위의 실담 12자는 이후 장의 운모이다. 즉 ka迦자의 성모에 a阿·i伊·u甌 등의 12자 운모가 붙어 ka迦·ki機·ku鉤[kəu(矩侯反)] 등의 12자가 만들어지고, 다음 kha佉자의 성모에 kha佉

·khi 欺·khu 丘[khəu(區侯反)] 등의 12자가 만들어지고, 다음 ga 伽·gi 其·gu 求[gəu(瞿侯反)] 등의 12자가 만들어지는 것과 같다. 이하의 예도 마찬가지이다. 우선 단음 ka 迦자의 12자를 쓰고 두 번째 이하 글자에 마다를 붙임으로써 곧 글자의 모양이 구별된다. 실담의 운모로서 발음할 때 그것이 그 글자의 명칭임을 알게 되는 것이다. kha 佉·ga 伽 이하 kṣa 叉자까지도 마찬가지이다. 이로서 하나의 장[초장(제1장)]이 되는 것이다. 오래전부터 14음이라는 것이 있었다. 즉 실담 12자 중에서 u 甌자 다음의 ṛ 紇里·ṝ 紇梨·ḷ 里·ḹ 梨 네 글자가 더 있었다. 이러한 실담 중에서 맨 끝의 두 자인 界畔字[aṃ ·aḥ]를 제외하고 남는 것이 곧 14음이다. 글자가 만들어지는 원리에 근거한 ṛ 紇里 등의 네 자는 여기서는 제외하기로 한다.

3.4. 《실담자기》 도입 하단의 해설(摩多 부분)[14]

⓪ na 娜 ma 麽 sa 娑(상성) rva 囉嚩(이합) jña 社若[15] [ȵʑiɐ(而也反,[16] 이합)] ya 也 si 悉 ddhāṃ 曇(거성) 이상은 제목이다. 悉曇

'나마(nama)[17] 사라바사야야(sarvajñaya)[18] 실담(siddhāṃ)'[19]은 '一切智(sarva-jñāna)의 성취에 귀명합니다.'의 뜻이다. 여기서 '일체지'는 제법

의 반야공관을 逮得한 반야바라밀의 삼승 모두를 가리킨다.[20] 따라서 처음으로 여래소설의 범자를 접한 초학인의 경우, '일체지를 완전하게 성취한 모든 성자께 귀명합니다.'가 범자를 배우기 위한 온전한 귀명의 도리라고 해도 좋을 것이다. 여기에 덧붙여서 지광은 이러한 귀명의 구를 제목으로 정의하였는데, 이는 "가르침을 전하는 성자가 이 구를 책의 冒頭에 두어 배우는 이로 하여금 궁구하는 바의 결과를 성취할 수 있도록 돕기 위함이다."[21] 또한 이 구의 끝에 다시 한 번 부가된 '실담'은 '모두가 성취하기를 바란다.'라고 하는 기원을 나타낸 구절인 'si𑖭𑖰悉ddhāṃ𑖟𑖿𑖠𑖯𑖽曇ra𑖨囉stu𑖭𑖿𑖝𑖲窣都'[22]의 생략형이라고 할 수 있다.

다음은 마다에 해당하는 실담 12자에 대한 해설이다. 실담 12자는 모두 반절법의 반절하자인 운모로 쓰인다.[23]

> ① a𑖀는 短阿자이다. 상성으로 짧게 소리 내며,[24] [ʔak惡]의 長聲에 가깝게 발음한다.[25]

《설문해자》와 《경전석문》에서 'a阿'는 평성으로서 [ʔɑ(烏何反)] 또는 [ʔɑ(烏河反)]이다. 하지만 여기서의 a𑖀는 사성조에서 상성이므로 短a阿자로 정의하고 있다. 또한 상성은 입성과 더불어 단성의 聲響(an echo of voice)을 지니고 있다. 비록 상성 안에서도 장성과 단성으로 구분되기는 하지만, a𑖀는 사성조 안에서의 구별에 따름으로써 기본적으로 단성인 것이다. 이러한 a𑖀는 운모로서의 音價(phonetic value)는 [ɑ]이다. 만일 a𑖀가 성모로서 쓰인다면 음가는 [ʔ][26]이다. 게다가 이 a𑖀는 입성 내지 거성의 성향을 지닌 '惡'을 장성에 가깝게 발음해야 한다. 따라서 위의 [ʔak惡]은 입성의 성향을 지니고 있다고 할 수 있으며, 이러한 입성의 [ʔak惡]을 장성으로 발음하는 것이 바로 단a아자 a𑖀阿인 것이다. 즉 《경전석문》에서는 '惡'에 대한 반절표기로서 입성의 [ʔɑk(烏各反)], [ʔɑk(烏洛反)]으로 발음한다.[28] 따라서 a𑖀는 상성이지만, [ʔɑk惡]의 장성에 가깝게 발음해야 한다.[29]

② ā𑖁는 長阿자이다. 성조에 의거하여 길게 소리 낸다. 別體[異體字] ā𑖁가 있다.

ā𑖁는 a𑖀에 장성의 점획[◌𑖯]을 더한 글자로서 기본적으로 평성 내지 거성의 장음이다. 따라서 운모로서 a𑖀를 길게 발음함으로써 장ā아자의 ā𑖁는 단a아자의 a𑖀와 구별된다. 여기서 a𑖀는 앞에서 상성으로 나타내었으므로 그 성조를 따라 장성으로 발음하면 결국 ā𑖁는 거성의 성향이 된다. 이는 곧 앞의 제목부분에서도 나타난 바와 같이 siddhāṃ(𑖭𑖰𑖟𑖿𑖠𑖽悉曇의 ddhāṃ𑖟𑖿𑖠𑖽曇이 거성인 경우와 같은 것이다. 그리고 a𑖀자는 a𑖀, a𑖀 등의 이체자가 있다.

③ i𑖂는 短伊자이다. 상성으로 [ʔiək(於翼反)]에 가깝게 발음한다. 이체자 i𑗘가 있다.

i𑖂伊는 평성의 단i이자이다. 《설문해자》에서는 '伊'를 음가 [ʔ]인 반절상자와 음가 [iei]인 반절하자가 결합하여 [ʔiei(於脂切)]로 나타내고 있다. 이를 상성인 [ʔiək(於翼反)]에 가깝게 발음해야 한다. 여기서 음가가 [ʔ]인 반절상자 '於'는 음가 [iə]인 반절하자 '翼'과 결합하여 [ʔiək(於翼反)]으로 발음되는데, 《경전석문》에서는 반절상자의 음가 [ø]와 반절하자의 음가

[iək]이 결합하여 [øiək(羊式反)]로 발음되고 있다. 따라서 단i이자인 i는 상성의 성조로 입성인 [øiək] 또는 [ʔiək]에 가깝게 발음해야 하며, 운모로서의 단i이자의 음가는 [iə]라고 할 수 있다. 이체자에는 i 이외에도 i, i, i, i 등이 있다.

④ ī는 長伊자이다. 글자에 의거하여 길게 소리 낸다. 이체자 가 있다.

ī는 앞의 글자인 단i이자를 다만 길게 발음할 뿐이다. 따라서 i와 같이 상성의 성조이지만 장성의 거성에 가깝게 길게 발음해야 한다. 이체자에는 i 이외에도 i, i, i, i, i, i 등이 있다.

⑤ u는 短甌자이다. 상성으로 [ʔok屋]에 가깝게 발음한다. 이체자 가 있다.

《설문해자》와 《용감수감》에 따르면 반절하자의 운모 '甌'는 평성의 [ʔo(烏侯反)]이지만, 여기서는 상성의 단성이다. 이 [ʔo]은 입성인 [ʔok屋]에 가깝게 발음해야 한다. 《경전석문》에서는 '屋'을 성모로서의 음가는 [ʔ]이며, 운모로서의 음가는 나타나고 있지 않다. 이 '屋'을 《설문해자》에서 찾아보면 [ʔok(烏谷切)]으로 표기되어 있으므로 《경전석문》의 '谷'에 대한 운모의 음가인 [ok]를 대입하면 '屋'의 음가는 [ʔok]이 된다. 따라서 반절하자로서의 평성인 '甌'는 상성의 성조로 입성 [ʔok屋]에 가깝게 발음해야 한다.

⑥ ū는 長甌자이다. 길게 소리 낸다. 이체자 가 있다.

반절하자로서의 장성 운모 '甌'는 단성 '甌'의 음가인 [ʔo]를 다만 길게 발음할 뿐이다.

⑦ e𑖊는 短藹자이다. 거성으로 [ʔIεi(櫻係反)]에 가깝게 발음한다.

반절하자로서 운모 '藹'에 대하여 《설문해자》에서는 [ʔɑi(於害切)]로, 《용감수감》에서는 [ʔɑi(於盖反)]로 나타나고 있고, 《경전석문》에서는 [ʔɑi(烏害反)], [ʔɑi(於害反)], [ʔɑi(於蓋反)] 등으로 나타나고 있다. 따라서 운모 '藹'의 음가는 [ɑi]임을 알 수 있다. 이 [ɑi藹]는 사성조에서 거성으로 장성이어야 한다. 하지만 여기서는 거성의 [ai藹]를 단e애자라고 하였다. 그러므로 사성조의 각각에서도 상대적으로 장성과 단성으로 세분하고 있음을 알 수 있다. 이를 보충하여 직음의 예로서 [ʔIεi(櫻係反)]를 들고 있다. 즉 반절상자 '櫻'은 《설문해자》에서는 [ʔɑŋ(烏莖切)]으로, 《용감수감》에서는 [ʔɑŋ(烏耕反)]으로 나타나고 있고, 반절하자인 '係'는 《경전석문》에서는 [ɣIεi(戶帝反)]로서 거성인 음가 [Iεi]로 나타나고 있다. 따라서 운모 '藹'는 음가가 비록 평성 [ɑi]이지만 거성 [Iεi]에 가깝게 발음해야 한다. 더욱이 이러한 평성과 거성은 비록 장성이지만, e𑖊는 단성으로 발음해야 한다는 것이다.

⑧ ai𑖋는 長藹자이다. [ʔæi(於界反)]에 가깝게 발음한다.

ai𑖋는 단성의 '藹'를 장성으로 표기한 글자이다. 하지만 ai𑖋는 복모음 중에서도 이중모음이다.[30] 따라서 宥快는 《悉曇字記聞書》에서 "ai𑖋자 안에는 エイ[ei], アイ[ai], エ[e] 삼음이 들어있다."라고 하였다.[31] 이와 같이 ai

𑖋자는 한역자음으로 단순하게 단성의 '藹'를 장성으로 읽어서는 이중모음을 나타낼 수 없다. 이에 [ʔæi(於界反)]라는 직음의 음가 [ʔ]와 [æi]가 결합한 [ʔæi(於界反)]에 가깝게 발음함으로써 반절하자로서의 ai𑖋는 단순한 e𑖊의 장음이 아니라 음가가 [æi]인 이중모음임을 나타내 보인 것이다.

⑨ o𑖌는 短奧자이다. 거성으로 [ʔuɔ汚]에 가깝게 발음한다. 이체자 𑖌가 있다.

o𑖌奧는 《경전석문》에서 입성의 [ʔiok(於六反)] 또는 거성의 [ʔɑo(烏報反)] 등으로 나타나고 있고, 《설문해자》에서는 [ʔɑo(烏到切)]로, 《용감수감》에서는 [ʔɑo(烏告反)] 또는 [ʔiok(於六反)]으로 나타나고 있다. 따라서 o𑖌奧가 반절상자로 쓰일 때의 음가는 [ʔ], 반절하자로 쓰일 때는 [io] 내지 [ɑo]의 음가임을 알 수 있다. 이를 보충하여 직음으로서 '汚'를 나타내었는데, 《설문해자》에서는 '汚'를 [ʔuɔ(烏故切)]로 표기하고 있다.[32] 여기서 반절하자 '故'의 음가는 [uɔ]의 거성이다. 따라서 o𑖌奧의 운모로서의 음가는 [io] 내지 [ɑo]이지만, 거성의 [uɔ]에 가깝게 비교적 짧게 발음해야 하는 것이다.

⑩ au𑖍는 長奧자이다. 글자에 의거하여 길게 소리 낸다. 이체자 𑖍가 있다.

장성의 au𑖍奧는 단성인 o𑖌奧를 다만 길게 발음한다고 하였지만, au𑖍는 o𑖌의 음가 [io] 내지 [ɑo]를 단순하게 장성으로 발음하는 것이 아니다. 즉 반절상자와의 결합에 따라 이중모음으로 길게 발음해야 하며, 특히 거성의 [ʔuɔ汚]에 가깝게 비교적 길게 발음해야 한다.

⑪ aṃ𑖀𑖽은 短暗자이다. 거성으로 [ʔɒm(於鑒反)]에 가깝게 발음한다. 이체자 𑖀𑖼이 있다.

단성의 aṃ𑖀𑖽은 단성 a𑖀와 ṃ◌̇이 결합한 글자이다. 즉 상성의 a𑖀와 거성의 ṃ◌̇이 결합한 것이다. 《경전석문》에서의 반절하자 '暗'의 음가는 [Am]이며, 《설문해자》와 《용감수감》에서도 [ʔAm(烏紺反)]으로 나타나고 있다. 이를 직음으로서 거성의 [ʔɒm(於鑒反)]에 가깝게 발음한다고 하였는데, aṃ𑖀𑖽이 비록 中舌의 음가 [Am]이지만 後舌의 [ɒm]과 같이 발음해야 하는 것이다. 그리고 이 aṃ𑖀𑖽자의 대표적 이체자로는 aṃ𑖀𑖼이 있는데, a𑖀자에 ṃ◌̐이 결합한 것이다.

⑫ aḥ𑖀𑖾는 長痾자이다. 거성으로 [ʔɑk惡]에 가깝다.

'痾'가 《설문해자》에서는 [ʔɑ(烏何切)]로 나타나고 있고, 《용감수감》에서는 직음표기로 '正音阿'와 함께 [khɐ(苦嫁反)]로 표기되어 있다. 이처럼 운모로서의 '痾'는 단성의 a𑖀와 같이 원래의 발음은 [ʔɑ]이나, [ʔɑ]의 [ʔɑk惡]과 같이 발음한다. 즉 ① a𑖀에서 본 바와 같이, 《경전석문》의 '惡'에 대한 반절표기인 입성 [ʔɑk(烏各反)] 등과 거성 [ʔɑk(於嫁反)]으로 인해 [ʔɑk]으로 발음하는데, aḥ𑖀𑖾 또한 [ʔɑk惡]에 가깝게 발음해야 한다. 따라서 '痾'는 단성의 a𑖀와는 음가에서는 큰 차이를 보이지는 않는다고 할 수 있다.[33)]

이상에서 지광이 밝힌 실담 12자를 다음의 표로 정리하였다.

음가 ＼ 마다	a 𑖀短阿	ā 𑖁長阿	i 𑖂短伊	ī 𑖃長伊	u 𑖄短甌	ū 𑖅長甌
원칙적 음가	[ʔɑ]	거성 [ʔɑ]	[ʔi]	거성 [ʔi]	[ʔo]	거성 [ʔo]
실제의 음가 (近似의 음)	[ʔɑk]		[ʔiək]		[ʔok]	

음가 ＼ 마다	e 𑖊短藹	ai 𑖋長藹	o 𑖌短奧	au 𑖍長奧	aṃ 𑖀𑖽短暗	aḥ 𑖀𑖾長痾
원칙적 음가	[ʔɑi]	[ʔæi]	[ʔɑo]	[ʔuɔ]	[ʔAm]	[ʔɑ]
실제의 음가 (近似의 음)	[ʔIɛi]		[ʔuɔ]		[ʔɒm]	[ʔɑk]

義淨三藏(635-713)이 말하기를, 앞의 세 묶음 중에서 '전자는 단음, 후자는 장음'이고, 뒤의 세 묶음 중에서 '전자는 장음, 후자는 단음'이라고 하였다. 이들 앞뒤의 세 묶음을 구분하면 다음과 같다.

上三對: [a𑖀 ā𑖁], [i𑖂 ī𑖃], [u𑖄 ū𑖅]
下三對: [e𑖊 ai𑖋], [o𑖌 au𑖍], [aṃ𑖀𑖽 aḥ𑖀𑖾]

이와 같은 구분에서 의정삼장은 상삼대의 上短下長, 하삼대의 上長下短으로 음의 장단을 구별함으로써, 지광의 12마다 모두에 대한 前短後長과는 다른 견해를 이전에 이미 보이고 있었던 것이다. 따라서 지광은 반야보리로부터 전수받은 남천축의 실담 12마다의 언급 끝에 이를 비교하기 위하여 의정삼장의 견해를 부가한 것이다. 이로써 앞으로 성모와 결합하게 되는 기본적인 운모 12마다 각각의 발음 등에 대한 개략적인 소개를 마치고 본격적인 성모와 운모의 결합으로 나아가게 된다.

가장 먼저, 앞에서 밝힌 실담 12자는 다음의 장, 즉 제1장[초장]의 기본 운모로서의 중요한 역할을 한다. 즉 ka𑖎迦자의 성모에 a𑖀阿·i𑖂伊·u𑖄甌 등의 12마다가 붙어 ka𑖎迦·ki𑖎𑖰機·ku𑖎𑖲鉤[kəu(矩侯反)] 등의 12자[34]가 만들어지고, 다음 kha𑖏佉자의 성모에 kha𑖏佉·khi𑖏𑖰欺·khu𑖏𑖲丘[khəu(區侯反)] 등의 12자[35]가 만들어지고, 다음 ga𑖐伽·gi𑖐𑖰其·gu𑖐𑖲求[gəu(瞿[36]侯反)] 등의 12자[37]가 만들어지는 것과 같다. 이하 모든 체문에 12마다가 결합하는 방법은 이와 동일하다.

따라서 이들의 결합은 우선 단음의 ka𑖎迦에 해당되는 12자를 쓰고, 두 번째 글자 이하에 마다를 붙임으로써 그것이 해당 글자의 발음은 물론 그것으로 글자를 구별하는 것이다. 곧 실담의 운모로서 성모의 성조는 물론 종성의 발음까지도 구별됨으로써 그것이 그 글자의 독특한 명칭이 되는 것이다. 이러한 결합은 kha𑖏佉·ga𑖐伽 이하 kṣa𑖎𑖿𑖬叉자까지도 동일하게 적용되어 각각의 한 장으로 구성된다고 할 수 있다.

이상의 실담 12자와는 별개의 마다 4자가 예전부터 있었다. 이 4자를 실담 12자에 포함하면 총 실담 16자가 된다. 즉 실담 12자 중에서 u𑖄甌자 다음에 別摩多 ṛ𑖆紇里·ṝ𑖇紇梨·ḷ𑖈里·ḹ𑖉梨 4자를 배치하고, 총 16자의 마다 중에서 맨 끝의 界畔字인 aṃ𑖀𑖽과 aḥ𑖀𑖾을 제외하면 곧 14음인 것이다.[38] 이 14음에 포함되는 ṛ𑖆紇里 등 4자 또한 결합의 원리는 있지만, 이들 4자만 적용되는 제16장에서 다루기로 하고 여기서는 일단 생략한 것이다.

이상과 같이 실담 12자는 총 16자의 마다 안에 있다고 할 수 있다. 따라서 지광이 《실담자기》를 편찬할 당시까지는 '자본14음' 내지 총 16마다의 개념이 유용하였다고 할 수 있다. 즉 지광에 이르러서야 실담이 곧 12마다이며, 여기에 別摩多 4자는 이론적으로는 포함되지만 실질적인 결합과정에서는 배제되므로 실담의 음운을 말할 때는 포함시키지 않는 것이다. 法雲의 《翻譯名義集》에서는 "悉曇이라는 두 글자는 제목을 나타내는 장의 總名이며 나머지 장의 體[근본]이다. 이를테면 惡·阿 내지 魯·流·盧·樓"[39]라고 하였다. 따라서 별마다 4자를 포함한 16마다 전체를 실담이라고 할 수 있다. 그러던 실담이 후대에 이르러서는 35자의 체문(體文, vyañjana)까지도 실담의 범주에 포함된 것이다.

3.5. 《실담자기》 도입 하단 원문 및 번역(體文 부분)

원문(體文 부분)

體文亦曰字母

𑖎迦字居下反音近姜可反

𑖏佉字去下反音近去可反

𑖐迦字渠下反輕音音近其下反。餘國有音疑可反

𑖑伽字重音渠我反

𑖒哦字魚下反音近魚可反。餘國有音𑖒講反。別體作𑖒加麼多

已上五字牙聲

𑖓者字止下反音近作可反

𑖔車字昌下反音近倉可反。別體作𑖔

社字杓下反輕音音近作可反。餘國有音而下反別體作

社字重音音近昨我反

若字而下反音近若我反。餘國有音壤。別體作

已上五字齒聲

吒字卓下反音近卓我反。別體作加麼多

侘字拆下反音近折我反別體作

茶字宅下反輕音。餘國有音搦下反

茶字重音音近幢我反

拏字搦下反音近搦我反。餘國有音拏講反別體作加麼多

已上五字舌聲

多字怛下反音近多可反。別體作

他字他下反音近他可反

陀字大下反輕音餘國有音陀可反

陀字重音音近陀可反

那字捺下反音近那可反。餘國有音音囊。別體作

已上五字喉聲

波字盋下反音近波我反

頗字破下反音近破我反

婆字罷下反輕音。餘國有音麼字下不尖異後

婆字重音薄我反

麼字莫下反音近莫可反。餘國有音莽

已上五字脣聲

也字藥下反音近藥可反又音祇也反譌也

囉字曷力下反三合。卷舌呼囉

羅字洛下反音近洛可反

嚩字房下反音近房可反。舊又音和。一云字下尖

奢字舍下反音近舍可反

沙字沙下反音近沙可反。一音府下反

娑字娑下反音近娑可反

訶字許下反音近許可反。一本音賀

濫字力陷反音近郎紺反

叉字楚下反音近楚可反

已上十字遍口聲

右字體三十五字。後章用三十四字爲體。唯

濫字全不能生。餘隨所生。具如常章論之也

번역(體文 부분)

體文을 또한 字母라고도 한다.

ka 迦자는 [kɐ(居下反)]이다. [kɑ(姜可反)]에 가깝게 발음한다.

kha 佉자는 [khɐ(去下反)]이다. [khɑ(去可反)]에 가깝게 발음한다.

ga 迦자는 [gɐ(渠下反)]이다. 경음으로 [gɐ(其下反)]에 가깝다. 다른 나라에서는 [ŋɑ(疑可反)]로 발음하기도 한다.

gha 伽자는 중음으로 [gɑ(渠我反)]이다.

ṅa 哦자는 [ŋɐ(魚下反)]으로 [ŋɑ(魚可反)]에 가깝게 발음한다. [ŋɔŋ(魚講反)][40]으로 발음하는 나라도 있다. 이체자 ṅa가 있는데, ṅa에 마다를 더한 것이다.

이상의 5자는 모두 牙聲이다.

ca 者자는 [tɕɐ(止下反)]로 [tsɑ(作可反)]에 가깝게 발음한다.

cha 車자는 [tɕhɐ(昌下反)]로 [tshɑ(倉可反)]에 가깝게 발음한다. 이체자 가 있다.

ja 社자는 [dʑɐ(杓下反)]이다. 경음으로 [tsɑ(作可反)]에 가깝게 발음한다. [ȵʑɐ(而下反)]로 발음하는 나라도 있다. 이체자 가 있다.

jha 社자는 중음으로 [dzɑ(昨我反)]에 가깝게 발음한다.

ña 若자는 [ȵʑɐ(而下反)]로 [ȵʑɑ(若我反)]에 가깝게 발음한다. [ȵʑiɑŋ壤]으로 발음하는 지역도 있다. 이체자 가 있다.

이상의 5자는 모두 齒聲이다.

ṭa 吒자는 [tɐ(卓下反)]로 [tɑ(卓我反)]에 가깝게 발음한다. 이체자 가 있는데, 에 마다를 더한 것이다.

ṭha 侘자는 [thɐ(拆下反)]로 [dʑɑ(折我反)]에 가깝게 발음한다. 이체자 가 있다.

ḍa 荼자는 [dɐ(宅下反)]로 경음이다. [nɐ(搦下反)]로 발음하는 나라도 있다.

ḍha 荼자는 중음으로 [dɑ(幢我反)]에 가깝게 발음한다.

ṇa 拏자는 [nɐ(搦下反)]로 [nɑ(搦我反)]에 가깝게 발음한다. [nɔŋ(拏講反)]으로 발음하는 나라도 있다. 이체자로는 가 있는데, 에 마다를 더한 것이다.

이상의 5자는 모두 舌聲이다.

ta 多자는 [tɐ(怛下反)]로 [tɑ(多可反)]에 가깝게 발음한다. 이체자는 이다.

tha 他자는 [thɐ(他下反)]로 [thɑ(他可反)]에 가깝게 발음한다.

da 𑖟 陀자는 [dɐ(大下反)]로 경음이다. [dɑ(陀可反)]로 발음하는 나라도 있다.

dha 𑖠 陀자는 중음으로 [dɑ(陀可反)]에 가깝게 발음한다.

na 𑖡 那자는 [nɐ(捺下反)]로 [nɑ(那可反)]에 가깝게 발음한다. [nɑŋ 曩]으로 발음하는 나라도 있다. 이체자 𑖡가 있다.

이상의 5자는 모두 喉聲이다.

pa 𑖢 波자는 [pɐ(盋下反)][41]로 [pɑ(波我反)]에 가깝게 발음한다.

pha 𑖣 頗자는 [phɐ(破下反)]로 [phɑ(破我反)]에 가깝게 발음한다.

ba 𑖤 婆자는 [bɐ(罷下反)]의 경음이다. [mɐ麽]로 발음하는 나라도 있다. 글자 아래에 뾰족한 부분이 없는 𑖪 嚩자와 다르다.

bha 𑖥 婆자는 중음으로 [bɑ(薄我反)]이다.

ma 𑖦 麽자는 [mɐ(莫下反)]로 [mɑ(莫可反)]에 가깝게 발음한다. [mɑŋ莽]으로 발음하는 곳도 있다.

이상의 5자는 모두 脣聲이다.

ya 𑖧 也자는 [oɐ(藥下反)]로 [oɑ(藥可反)]에 가깝게 발음한다. 또한 [tɕiɛɐ 또는 giɛɐ(祇也反)]로 와전되어 발음되기도 하였다.

ra 𑖨 囉자는 [ɣɑt曷]과 [lɐ(力下反)]의 삼합이다. 혀를 말아 올려[卷舌] lɐ囉로 발음한다.

la 𑖩 羅자는 [lɐ(洛下反)]로 [lɑ(洛可反)]에 가깝게 발음한다.

va 𑖪 嚩자는 [bɐ(房下反)]로 [bɑ(房可反)]에 가깝게 발음한다. 예전의 [ɣɑ和]음이다. 간혹 글자 아래를 뾰족하게 표기하기도 한다.

śa 𑖫 奢자는 [ɕɐ(舍下反)]로 [ɕɑ(舍可反)]에 가깝게 발음한다.

ṣa 沙자는 [ʃɐ(沙下反)]로 [ʃɑ(沙可反)]에 가깝게 발음한다. [pa(府下反)]로 발음되기도 한다.

sa 娑자는 [sɐ또는 ʃɐ(娑下反)]로 [sɑ또는 ʃɑ(娑可反)]에 가깝게 발음한다.

ha 訶자는 [xɐ(許下反)]로 [xɑ(許可反)]에 가깝게 발음한다. 본래의 음은 賀와 같다.

llaṃ 濫자는 [lɐm(力陷反)]으로 [lAm(郎紺反)]에 가깝게 발음한다.

kṣa 叉자는 [tshɐ(楚下反)]로 [tshɑ(楚可反)]에 가깝게 발음한다.

이상의 10자는 모두 遍口聲이다.

위의 자체 35자는 다음 장에서는 34자를 자체로 삼는다. 오직 llaṃ 濫자는 다른 글자를 생성하지 못하기 때문이다. 나머지는 글자를 생성하는 바에 따라서 해당 장에서 그것을 논하는 것과 같다.

3.6. 《실담자기》 도입 하단의 해설(體文 부분)[42]

실담범자에서 35자의 체문을 字母(matrics)[43]라고도 한다. 체문이란 앞에서 보았던 실담 12자인 마다에 대응되는 개념이다. 따라서 체문 35자는 반절음의 표기에서 반절하자인 운모[마다]에 대응하는 반절상자 성모이다.

다음은 체문 35자를 원문에 맞추어 해설하였다.

① ka𑖎迦자는 [kɐ(居下反)]이다. [kɑ(姜可反)]에 가깝게 발음한다.

牙聲으로써 全淸音이며 평성의 ka𑖎迦자는 상성 [kɐ(居下反)]로 발음된다. 즉 음가가 [k]인 반절상자 '居'(평성)[44]와 음가가 [ɐ]인 반절하자 '下'(상성)가 결합되어 中舌의 상성 [kɐ]로 발음된다.[45] 하지만 실제로는 後舌의 [kɑ]에 가깝게 발음해야 한다. 즉 음가가 [k]인 반절상자 '姜'(평성)[46]과 음가가 [ɑ]인 반절하자 '可'(상성)의 결합으로 [kɑ(姜可反)]에 가깝게 발음해야 하기 때문이다.

② kha𑖏佉자는 [khɐ(去下反)]이다. [khɑ(去可反)]에 가깝게 발음한다.

kha𑖏佉자는 牙聲의 次淸音 평성이지만, 상성의 [khɐ(去下反)]로 발음된다. 음가 [kh]인 반절상자 '去'(평성)[47]와 음가 [ɐ]의 반절하자 '下'(상성)가 결합하였기 때문이다. 따라서 원래의 상성 [khɐ(去下反)]로 발음해야 하지만, 앞에서 보았듯이 '下'의 [ɐ]와 '可'의 [ɑ] 음가 차이로 인하여 후설의 상성 [khɑ(去可反)]에 가깝게 발음해야 한다.

③ ga𑖐迦자는 [gɐ(渠下反)]이다. 경음으로 [gɐ(其下反)]에 가깝다. 다른 나라에서는 [ŋɑ(疑可反)]로 발음하기도 한다.

牙聲의 全濁音이며 평성인 ga𑖐迦자는 음가가 [g]인 반절상자 '渠'[48]와 음가 [ɐ]인 반절하자 '下'가 결합하여 상성 [gɐ(渠下反)]로 발음된다. 여기서 [g]의 음가인 반절상자 '渠'는 탁음 중에서도 중음이 아닌 경음으로서 음가 [g]의 반절상자 '其'[49]와 음가 [ɐ]가 결합한 상성의 [gɐ(其下反)]에 가깝게 발음해야 한다. 이러한 ga𑖐迦자에 대한 발음에서 지광이 전하는 남천축 이외의 지역에서는 [ŋɑ(疑可反)]로 발음되기도 하는데, 음가 [ŋ]인 반절상자 '疑'[50]와 [ɑ]가 결합하여 [ŋɑ]로 읽기도 하는 것이다.[51]

④ gha𑖑伽자는 중음으로 [gɑ(渠我反)]이다.

牙聲의 全濁音이며 평성인 gha𑖑伽자는 상성 중음으로서 음가 [g]인 반절상자 '渠'와 음가 [ɑ]인 반절하자 '我'[52]의 결합하여 중음의 [ga(渠我反)]로 발음해야 한다. 앞의 ga𑖐迦와는 단지 음의 경중과 후설 [ɑ]와 중설 [ɐ]로 구분할 뿐이다.

⑤ ṅa𑖒哦자는 [ŋɐ(魚下反)]으로 [ŋɑ(魚可反)]에 가깝게 발음한다. [ŋɔŋ(魚講反)]으로 발음하는 나라도 있다. 이체자 ṅa𑖒가 있는데, ṅa𑖒에 마다를 더한 것이다.

ṅa𑖒哦자는 牙聲의 次濁音이며 평성으로서 음가 [ŋ]인 반절상자 '魚'[53]에 중설의 [ɐ]가 결합하여 상성의 [ŋɐ(魚下反)]의 발음을 내지만, 실질적으로는 후설의 [ŋɑ(魚可反)]에 가깝게 발음해야 한다. 하지만 남천축 이외의 지역에서는 ṅa𑖒哦를 [ŋɔŋ]으로 발음하기도 한다. 즉 음가 [ŋ]인 성모와 결합한 반절하자 '講'[54]은 음가가 [ɔŋ]이다. 따라서 중천축 등에서는 ṅa𑖒哦자를 [ŋɔŋ(魚講反)]으로도 발음하였던 것이다. 이체자 ṅa𑖒는 ṅa𑖒에 마다

[□]를 더한 것이다.

이상의 ka𑖎迦, kha𑖏佉, ga𑖐迦, gha𑖑伽, ṅa𑖒哦 등 5자는 모두 牙聲이다. 이들의 발음을 다음의 표로 정리하였다.

체문ka구 / 음가	ka 𑖎迦	kha 𑖏佉	ga 𑖐迦	gha 𑖑伽	ṅa 𑖒哦
원칙적 음가	kɐ (居下反)	khɐ (去下反)	gɐ(경음) (渠下反)	gɑ(중음) (渠我反)	ŋɐ (魚下反)
실제의 음가 (近似의 음)	kɑ (姜可反)	khɑ (去可反)	gɐ(경음) (其下反)		ŋɑ (魚可反)
예외 발음			ŋɑ (疑可反)		ŋɔŋ (魚講反)

⑥ ca𑖓者자는 [tɕɐ(止下反)]로 [tsɑ(作可反)]에 가깝게 발음한다.

ca𑖓者자는 齒聲의 全淸音이며 상성으로서 음가 [tɕ]인 반절상자 '止'[55]와 중설의 [ɐ]가 결합하여 [tɕa(止下反)]로 발음된다. 하지만 실제로는 음가가 [ts]인 반절상자 '作'[56]과 후설의 [ɑ]를 결합하여 [tsɑ(作可反)]에 가깝게 발음해야 한다.

⑦ cha𑖔車자는 [tɕhɐ(昌下反)]로 [tshɑ(倉可反)]에 가깝게 발음한다. 이체자 𑖔가 있다.

cha𑖔車자는 齒聲의 次淸音이며 평성의 글자로서 음가 [tɕh]인 반절상자 '昌'[57]에 중설의 [ɐ]가 운모로 결합하여 [tɕhɐ(昌下反)]로 발음된다. 그러나 실제로는 음가 [tsh]인 반절상자 '倉'[58]에 후설의 [ɑ]를 결합하여 [tshɑ(倉可反)]에 가깝게 발음해야 한다. 그리고 cha𑖔에 대한 이체자 𑖔는 본문의 각주에 '𑖔=𑖔'라고 하고 있다. 비록 𑖔를 [cha]로 읽기도 하지만, 𑖔는 [ccha]이기 때문에 원칙상 이들 둘은 다른 글자이다.

⑧ ja𑖕社자는 [dʑɐ(杓下反)]이다. 경음으로 [tsɑ(作可反)]에 가깝게 발음한다. [ŋ̊ʑɐ(而下反)]로 발음하는 나라도 있다. 이체자 𑖕가 있다.

齒聲의 全濁音이며 상성인 ja𑖕社자는 음가 [dʑ]인 반절상자 '杓'[59]과 중설의 운모 [ɐ]가 결합하여 경음의 [dʑɐ(杓下反)]로 발음된다. 하지만 보다 더 경음으로 읽히는 [tsɑ(作可反)]에 가깝게 발음해야 한다. 이는 음가 [ts]인 반절상자 '作'에 후설의 운모 [ɑ]의 결합이다. 이처럼 경음 ja𑖕社자는 남천축 이외의 지역에서는 음가 [ŋ̊ʑ]인 舌聲의 淸濁音이며 평성인 '而'[60]와 운모 [ɐ]가 결합하여 [ŋ̊ʑɐ(而下反)]로 발음하는 지역도 있다. 이체자 𑖕 이외에도 𑖕·𑖕 등이 있다.

⑨ jha𑖖社자는 중음으로 [dzɑ(昨我反)]에 가깝게 발음한다.

齒聲의 全濁音이며 상성인 중음의 jha𑖖社자는 음가 [dz]의 반절상자 '昨'[61]과 음가 [ɑ]의 반절하자 '我'의 결합이다. ja𑖕社자의 음가인 경음 [dʑ]와는 달리 음가 [dz]가 중음임을 말해주는데, jha𑖖社자는 후설의 [dzɑ(昨

我反)]에 가까운 중음의 발음이다.

⑩ ña𑖗若자는 [ȵʑɐ(而下反)]로 [ȵʑɑ(若我反)]에 가깝게 발음한다. [ȵʑiɑŋ壤]으로 발음하는 지역도 있다. 이체자 𑖗가 있다.

齒聲의 次濁音이며 평성인 ña𑖗若자는 반절상자 '而'와 음가 [ɐ]인 운모가 결합하여 상성 [ȵʑɐ(而下反)]로 발음되지만, 음가 [ȵʑ]의 반절상자 '若'[62]과 음가 [ɑ]의 운모가 결합한 후설의 [ȵʑɑ(若我反)]에 가깝게 발음해야 한다. 남천축 이외의 지역에서는 [ȵʑiɑŋ壤][63]으로 발음하기도 한다. 이체자 𑖗 이외에도 𑖗·𑖗·𑖗 등이 있다.

이상의 ca𑖓者, cha𑖔車, ja𑖕社, jha𑖖社, ña𑖗若 등의 5자는 모두 齒聲이다. 이들의 발음을 다음의 표로 정리하였다.

체문ca구 / 음가	ca 𑖓者	cha 𑖔車	ja 𑖕社	jha 𑖖社	ña 𑖗若
원칙적 음가	tɕɐ (止下反)	tɕhɐ (昌下反)	dʑɐ (杓下反)	dzɑ (昨我反)	ȵʑɐ (而下反)
실제의 음가 (近似의 음)	tsɑ (作可反)	tshɑ (倉可反)	tsɑ (作可反)		ȵʑɑ (若我反)
예외 발음			ȵʑa (而下反)		ȵʑjɑŋ 壤

⑪ ṭa𑖘吒자는 [tɐ(卓下反)]로 [tɑ(卓我反)]에 가깝게 발음한다. 이체

자 가 있는데, 에 마다를 더한 것이다.

舌聲으로서 全淸音의 거성인 ṭa 吒자는 음가 [t]의 상성인 반절상자 '卓'[64]에 운모 [ɐ]가 결합하여 [tɐ(卓下反)]로 발음되지만, 후설 [tɑ(卓我反)]에 가깝게 발음해야 한다. 이 ṭa 吒자는 반월형을 보이고 있다고 하여 만월형 ṭha 侘자에 대한 半字敎, 즉 대승의 滿字敎에 미치지 못하는 가르침으로 표현되고 있다. 이체자 는 에 마다[ ]를 더한 것이다.

⑫ ṭha 侘자는 [thɐ(拆下反)]로 [dʑɑ(折我反)]에 가깝게 발음한다. 이체자 가 있다.

舌聲 次淸音의 거성인 ṭha 侘자는 음가 [th]인 반절상자 '拆'[65]과 운모 [ɐ]가 결합하여 [thɐ(拆下反)]로 발음되지만, 실재로는 齒聲 全濁音의 음가 [dʑ]인 반절상자 '折'[66]과 운모 [ɑ]가 결합한 후설의 [dʑɑ(折我反)]에 가깝게 발음해야 한다. 앞의 ṭa 吒자에 대한 대승의 滿字敎를 나타낸다.

⑬ ḍa 茶자는 [dɐ(宅下反)]로 경음이다. [nɐ(搦下反)]로 발음하는 나라도 있다.

舌聲 全濁音의 평성인 ḍa 茶자는 음가 [d]의 반절상자 '宅'[67]과 음가 [ɐ]의 운모가 결합하여 상성의 경음 [dɐ(宅下反)]로 발음해야 한다. 하지만 남천축 이외의 지역에서는 음가 [n]인 반절상자 淸濁音 '搦'[68]과 음가 [ɐ]의 운모가 결합한 [nɐ(搦下反)]로 발음하는 지역도 있다.

⑭ ḍha茶자는 중음으로 [dɑ(幢我反)]에 가깝게 발음한다.

舌聲 全濁音의 평성인 ḍha茶자는 음가 [d]인 반절상자 '幢'[69]과 음가 [ɑ]인 운모가 결합하여 후설의 중음 [dɑ(幢我反)]에 가깝게 발음해야 한다.

⑮ ṇa拏자는 [nɐ(搦下反)]로 [nɑ(搦我反)]에 가깝게 발음한다. [nɔŋ(拏講反)]으로 발음하는 나라도 있다. 이체자로는 가 있는데, 에 마다를 더한 것이다.

舌聲의 次濁音이며 평성인 ṇa拏자는 음가 [n]인 반절상자 淸濁音 '搦'과 음가 [ɐ]의 운모가 결합한 [nɐ(搦下反)]로 발음되나, 후설의 [nɑ(搦我反)]에 가깝게 발음해야 한다. 남천축 이외의 지역에서는 [nɔŋ(拏講反)]으로 발음하는 지역도 있다. 이체자로는 이외에 · · · 등이 있다. 이체자 는 에 마다[]를 더한 것이다.

이상의 ṭa吒, ṭha侘, ḍa茶, ḍha茶, ṇa拏 등의 5자는 모두 舌聲이다. 이들의 발음을 다음의 표로 정리하였다.

체문ṭa구 / 음가	ṭa 吒	ṭha 侘	ḍa 茶	ḍha 茶	ṇa 拏
원칙적 음가	tɐ (卓下反)	thɐ (拆下反)	dɐ (宅下反)	dɑ (幢我反)	nɐ (搦下反)
실제의 음가 (近似의 음)	tɑ (卓我反)	dʑɑ (拆我反)			nɑ (搦我反)

예외 발음			nɐ (搦下反)		nɔŋ (拏講反)

⑯ ta 𑖝 多자는 [tɐ(怛下反)]로 [tɑ(多可反)]에 가깝게 발음한다. 이체자는 𑖝이다.

ta 𑖝 多자는 반절상자 음가 [t]인 '怛'[70]과 운모 [ɐ]가 결합하여 [tɐ(怛下反)]로 발음되지만, 반절상자 음가 [t]인 '多'[71]와 후설의 운모 [ɑ]가 결합한 후설 [tɑ(多可反)]에 가깝게 발음해야 한다. 따라서 ta 𑖝 多자는 舌聲 全淸音의 평성자로서 여기서는 상성자로 쓰였다고 할 수 있다. 이 ta 𑖝 多자에 대한 이체자는 𑖝 이외에도 na 𑖡자와 비슷한 모양의 𑖝, 𑖝 등이 있다.

⑰ tha 𑖞 他자는 [thɐ(他下反)]로 [thɑ(他可反)]에 가깝게 발음한다.

tha 𑖞 他자는 음가 [th]의 반절상자 '他'[72]와 운모 [ɐ]가 결합하여 [thɐ(他下反)]로 발음되지만, 후설 [thɑ(他可反)]에 가깝게 발음해야 한다. 이 tha 𑖞 他자 또한 舌聲 次淸音의 평성자라고 할 수 있다.

⑱ da 𑖟 陀자는 [dɐ(大下反)]로 경음이다. [dɑ(陀可反)]로 발음하는 나라도 있다.

da 𑖟 陀자는 음가 [d]인 반절상자 '大'[73]와 운모 [ɐ]가 결합하여 경음 [dɐ(大下反)]로 발음한다. 따라서 da 𑖟 陀자는 舌聲 全濁音 평성자로서 경음으로 발음한다. 남천축 이외의 지역에서는 반절상자 '陀'[74]와 후설 [ɑ]가 결합한 후설의 [dɑ(陀可反)]로 발음하는 곳도 있다.

⑲ dha 𑖠 陀자는 중음으로 [dɑ(陀可反)]에 가깝게 발음한다.

dha 𑖠 陀자는 da 𑖟 陀자와는 달리 중음으로서 후설인 [dɑ(陀可反)]에 가깝게 발음한다.

⑳ na 𑖡 那자는 [nɐ(捺下反)]로 [nɑ(那可反)]에 가깝게 발음한다. [nɑŋ囊]으로 발음하는 나라도 있다. 이체자 𑖡가 있다.

na 𑖡 那자는 반절상자 음가 [n]인 '捺'[75]과 운모 [ɐ]가 결합하여 [nɐ(捺下反)]로 발음되지만, 음가 [n]인 반절상자 '那'[76]가 결합하여 후설인 [nɑ(那可反)]에 가깝게 발음한다. 남천축 이외의 지역에서는 [nɑŋ囊][77]으로 발음하는 곳도 있다. 따라서 na 𑖡 那자는 舌聲 次濁音이며 평성자이고, [naŋ囊]은 舌聲 次濁音 상성자이다. 이체자에 𑖡와 𑖡 · 𑖡 등이 있다.

이상의 ta 𑖝 多, tha 𑖞 他, da 𑖟 陀, dha 𑖠 陀, na 𑖡 那 등 5자는 모두 喉聲이다.[78] 이들의 발음을 다음의 표로 정리하였다.

<table>
<tr><th>체문ta구 / 음가</th><th>ta
𑖝 多</th><th>tha
𑖞 他</th><th>da
𑖟 陀</th><th>dha
𑖠 陀</th><th>na
𑖡 那</th></tr>
<tr><td>원칙적 음가</td><td>tɐ
(怛下反)</td><td>thɐ
(他下反)</td><td rowspan="2">dɐ
(大下反)</td><td rowspan="2">dɑ
(陀可反)</td><td>nɐ
(捺下反)</td></tr>
<tr><td>실제의 음가
(近似의 음)</td><td>tɑ
(多可反)</td><td>thɑ
(他可反)</td><td>nɑ
(那可反)</td></tr>
</table>

예외 발음			dɑ (陀可反)		nɑŋ 囊

㉑ pa𑖢波자는 [pɐ(盋下反)]로 [pɑ(波我反)]에 가깝게 발음한다.

脣聲으로서 全淸音의 평성인 pa𑖢波자는 음가 [p]인 반절상자 ‘盋’[79]과 운모 [ɐ]가 결합하여 [pɐ(盋下反)]으로 발음되지만, 후설의 [pɑ(波我反)]에 가깝게 발음해야 한다.

㉒ pha𑖣頗자는 [phɐ(破下反)]로 [phɑ(破我反)]에 가깝게 발음한다.

脣聲 次淸音의 평성인 pha𑖣頗자는 음가 [ph]인 반절상자 ‘破’[80]와 운모 [ɐ]가 결합하여 [phɐ(破下反)]로 발음되지만, 후설의 [phɑ(破我反)]에 가깝게 발음해야 한다.

㉓ ba𑖤婆자는 [bɐ(罷下反)]의 경음이다. [mɐ麽]로 발음하는 나라도 있다. 글자 아래에 뾰족한 부분이 없는 va𑖪嚩자와 다르다.

脣聲 全濁音의 평성인 ba𑖤婆자는 음가 [b]인 반절상자 ‘罷’[81]와 [ɐ]음가의 운모가 결합하여 경음 [bɐ(罷下反)]로 발음한다. 이 발음은 남천축 이외의 지역에서는 [ma麽][82]로 발음하는 곳도 있다. 그리고 글자의 모양에 있어서, 편구성 네 번째 글자인 va𑖪嚩자와 ba𑖤婆자가 유사하다.

㉔ bha𑖥婆[83]자는 중음으로 [bɑ(薄我反)]이다.

脣聲 全濁音의 평성인 bha𑖥婆자는 음가 [ba]인 반절상자 '薄'[84]과 음가 [ɑ]인 운모가 결합하여 중음의 [bɑ(薄我反)]로 발음한다.

㉕ ma𑖦麼자는 [mɐ(莫下反)]로 [mɑ(莫可反)]에 가깝게 발음한다. [mɑŋ莽]으로 발음하는 곳도 있다.

脣聲 次淸音의 평성인 ma𑖦麼자는 음가 [m]인 반절상자 '莫'[85]과 음가 [ɐ]인 운모가 결합하여 [mɐ(莫下反)]로 발음되지만, 후설의 [mɑ(莫可反)]에 가깝게 발음해야 한다. 남천축 이외의 지역에서는 [mɑŋ莽][86]으로 발음하는 곳도 있다.

이상의 pa𑖢波, pha𑖣頗, ba𑖤婆, bha𑖥婆, ma𑖦麼 등 5자는 모두 脣聲이다. 이들의 발음을 다음의 표로 정리하였다.

<table>
<tr><th>체문pa구 / 음가</th><th>pa
𑖢波</th><th>pha
𑖣頗</th><th>ba
𑖤婆</th><th>bha
𑖥婆</th><th>ma
𑖦麼</th></tr>
<tr><td>원칙적 음가</td><td>pɐ
(盃下反)</td><td>phɐ
(破下反)</td><td rowspan="2">bɐ
(罷下反)</td><td rowspan="2">bɑ
(薄我反)</td><td>mɐ
(莫下反)</td></tr>
<tr><td>실제의 음가
(近似의 음)</td><td>pɑ
(波我反)</td><td>phɑ
(破我反)</td><td>mɑ
(莫可反)</td></tr>
<tr><td>예외 발음</td><td></td><td></td><td>mɐ
麼</td><td></td><td>mɑŋ
莽</td></tr>
</table>

㉖ ya 𑖧 也자는 [oɐ(藥下反)]로 [oɑ(藥可反)]에 가깝게 발음한다. 또한 [tɕiɛɐ 또는 giɛɐ(祇也反)]로 와전되어 발음되기도 하였다.

喉聲으로서 次濁音인 ya 𑖧 也자는 음가 [o]인 반절상자 '藥'[87]과 음가 [ɐ]인 반절하자가 결합하여 [oɐ(藥下反)]로 발음되지만, 후설 [ɑ] 음가의 운모로 인해 [oɑ(藥可反)]에 가깝게 발음해야 한다. 이후에 ya 𑖧 也자는 반절상자 음가 [tɕiɛ 또는 giɛ]와 운모 [iɐ]가 결합하여 [tɕiɛɐ 또는 giɛɐ(祇也反)][88]로 와전되기도 하였다.[89]

㉗ ra 𑖨 囉자는 [ɣɑt曷]과 [lɐ(力下反)][90]의 삼합이다. 혀를 말아 올려 [rɐ囉]로 발음한다.

半舌聲으로서 全濁音(또는 次濁音)의 평성인 ra 𑖨 囉자는 [ɣɑt曷]와 [lɐ(力下反)]가 결합되어 발음된다. 《설문해자》에서 '曷'은 [ɣɑt(胡葛切)] 내지 직음표기 '何[ɣɑ]'로 나타나고 있고,[91] '力'은 [luək(林直切)]으로 음가는 [l], '下'는 음가가 [ɐ]이다. 따라서 ra 𑖨 囉자는 음가 [ɣ]와 [l]과 [ɐ]의 합성으로 [ɣlɐ]로 발음되지만, [ɣɑt曷] 성모의 음가 [ɣ]는 실제로는 전설의 [a] 발음으로 쓰이고 있다. 즉 曷[a]은 [lɐ(力下反)] 앞에 결합되어 있으나 [lɐ]에 영향을 끼치지 않을 뿐만 아니라 발성되지 않는 상태로 [lɐ]에 붙어 있다고 할 수 있다. 여기서 '曷'의 역할을 살펴보면, 그 단서는 '혀를 말다[卷舌]'에 있다. 당시 중국의 中古音에는 [r]음이 없으므로 半舌音인 力의 음가 [l]을 가져와 다만 권설로서 ra囉[92]로 발음하였는데, 이 권설의 과정에서 [lɐ]에 [a] 발음이 선행하여 [lɐ]를 발음함으로써 [alɐ→arɐ]로 읽혀지는 것이다. 하지만 발음 [a]는 실제로 발음하지 않고 입 안에서 맴도는 음이라고 할 수 있다. 따라서 ra 囉자는 반음 曷[a]과 반절상자 권설음 力[r] 및 반절하자 下 [ɐ] 등의 합성인 것이다.

㉘ la 羅자는 [lɐ(洛下反)]로 [lɑ(洛可反)]에 가깝게 발음한다.

la 羅자 또한 半舌聲으로서 全濁音(또는 次濁音)의 평성이다. 반절상자 음가 [l]인 '洛'[93]과 반절하자 운모 [ɐ] 음가가 결합하여 [lɐ(洛下反)]로 발음되지만, 후설의 [la(洛可反)]에 가깝게 발음해야 한다.[94]

㉙ va 嚩자는 [bɐ(房下反)]로 [bɑ(房可反)]에 가깝게 발음한다.[95] 예전의 [ɣa和]음이다. 간혹 글자 아래를 뾰족하게 표기하기도 한다.

脣聲으로서 全濁音의 거성인 va 嚩자는 반절상자 음가 [b]의 '房'[96]과 [ɐ]가 결합하여 [bɐ(房下反)]로 발음되지만, 후설의 [bɑ(房可反)]에 가깝게 발음해야 한다. 이러한 va 嚩자는 반절인 《경전석문》의 [biɑk(扶畧反)], 《설문해자》의 [biuɑk(符钁切)] 등의 '縛'에 부수 '口'를 부가하여 결합한 일종의 音譯字로서 주로 진언 내지 다라니의 음절 [va] 또는 [vā]를 표기하는 용도로 오래전부터 사용하여 왔다. 이러한 va 嚩자가 초·중기대승불전인 《반야경》, 《열반경》 등에서는 '和'[97]로 쓰였다.[98]

㉚ śa 奢자는 [ɕɐ(舍下反)]로 [ɕɑ(舍可反)]에 가깝게 발음한다.

齒聲으로서 次淸音의 평성인 śa 奢자는 음가 [ɕ]인 반절상자 '舍'[99]에 운모 [ɐ]가 결합하여 [ɕɐ(舍下反)]로 발음되지만, 후설의 [ɕa(舍可反)]에 가깝게 발음해야 한다.

㉛ ṣa𑖬沙자는 [ʃɐ(沙下反)]로 [ʃɑ(沙可反)]에 가깝게 발음한다. [pɐ(府下反)]로도 발음되기도 한다.

齒聲으로서 次淸音의 거성인 ṣa𑖬沙자는 음가 [ʃ]인 반절상자인 '沙'에 운모 [ɐ]가 결합하여 [ʃɐ(沙下反)]로 발음되나, 후설의 [ʃɑ(沙可反)]에 가깝게 발음해야 한다. 음가 [ʃ]인 반절상자인 '沙'에 대하여 《경전석문》에서는 [siɐ 또는 ʃiɐ(素[100]禾反)]로 나타나고 있고, 《설문해자》에서는 [ʃɐ(所加切)]로 나타나고 있다. 그런데 이 ṣa𑖬자의 모양이 pa𑖢자와 비슷하여 문헌을 통한 전승에서 ṣa𑖬자를 pa𑖢자로 잘못 인식하는 경우가 발생하기도 하였다. 따라서 이 경우는 ṣa𑖬자의 또 다른 발음이 [pɐ(府下反)]인 것은 아니다.

㉜ sa𑖭娑자는 [sɐ 또는 ʃɐ(娑下反)]로 [sɑ 또는 ʃɑ(娑可反)]에 가깝게 발음한다.

喉聲으로서 次淸音의 상성인 sa𑖭娑자는 음가 [sɐ 또는 ʃɐ]인 반절상자인 '娑'[101]와 음가 [ɐ]인 운모가 결합하여 [sɐ 또는 ʃɐ(娑下反)]로 발음되나, 후설의 [sɑ 또는 ʃɑ(娑可反)]에 가깝게 발음해야 한다.

㉝ ha𑖮訶[102]자는 [xɐ(許下反)]로 [xɑ(許可反)]에 가깝게 발음한다. 본래의 음은 賀와 같다.

喉聲으로서 次淸音의 평성인 ha𑖮訶자는 음가 [x]인 반절상자 '許'[103]와 음가 [ɐ]인 운모가 결합하여 [xɐ(許下反)]로 발음되나, 후설의 [xɑ(許可反)]에 가깝게 발음해야 한다. 따라서 음가 次淸音인 '訶'자는 濁音이면서 본래 상성이지만 여기서는 거성의 '賀'[104]와 같다는 것이다.[105]

㉞ llaṃ𑖩𑖿𑖩𑖽濫자는 [lɐm(力陷反)]으로 [lAm(郎紺反)]에 가깝게 발음한다.

llaṃ𑖩𑖿𑖩𑖽濫[106]자는 la𑖩+la𑖩+aṃ◌𑖽로 이루어진 글자이다.[107] 이 글자가 《실담자기》에서 나타나고 있는 이유는 같은 글자의 결합[當體重字]을 보이기 위해서이다. 이러한 llaṃ𑖩𑖿𑖩𑖽濫자는 음가 [l]인 반절상자 '力'과 음가 [ɑm] 또는 [ɐm]인 반절하자 '陷'[108]이 결합하여 [lɐm 또는 lɑm(力陷反)]으로 발음되나, 음가 [l]인 반절상자 '郎'[109]과 음가 [Am]인 반절하자 '紺'[110]이 결합하여 중설의 [lAm(郎紺反)]에 가깝게 발음해야 한다.

㉟ kṣa𑖎𑖿𑖬叉자는 [tshɐ(楚下反)]로 [tshɑ(楚可反)]에 가깝게 발음한다.

齒聲으로서 次淸音의 평성인 kṣa𑖎𑖿𑖬叉자는 다른 글자의 결합[異體重字]의 連聲을 보이기 위해 편구성에 나타나고 있다. 즉 ka𑖎자와 ṣa𑖬자의 서로 다른 체문이 결합한 것이다. 이 kṣa𑖎𑖿𑖬叉자는 음가 [tsh]인 반절상자 '楚'[111]와 운모 [ɐ]음가와의 결합으로 [tshɐ(楚下反)]로 발음되나, 후설의 [tshɑ(楚可反)]에 가깝게 발음해야 한다.

이상의 ya𑖧也, ra𑖨囉, la𑖩羅, va𑖪嚩, śa𑖫奢, ṣa𑖬沙, sa𑖭娑, ha𑖮訶, llaṃ𑖩𑖿𑖩𑖽濫, ṣa𑖎𑖿𑖬叉 등 10자는 모두 遍口聲이다.[112][113] 이들의 발음을 다음의 표로 정리하였다.

편구성 / 음가	ya 𑖧也	ra 𑖨囉	la 𑖩羅	va 𑖪嚩	śa 𑖫奢
원칙적 음가	oɐ (藥下反)	lɐ (力下反)	lɐ (洛下反)	bɐ (房下反)	ɕɐ (舍下反)
실제의 음가 (近似의 음)	oɑ (藥可反)		lɑ (洛可反)	bɑ (房可反)	ɕɑ (舍可反)
예외 발음	tɕiɛɐ[giɛɐ] (祇也反)			ɣa 和	

편구성 / 음가	ṣa 𑖬沙	sa 𑖭娑	ha 𑖮訶	llaṃ 𑖩𑖿𑖩𑖽濫	kṣa 𑖎𑖿𑖬叉
원칙적 음가	ʃɐ (沙下反)	sɐ[ʃɐ] (娑下反)	xɐ (許下反)	lɐm[lɑm] (力陷反)	tshɐ (楚下反)
실재의 음가 (近似의 음)	ʃɑ (沙可反)	sɑ[ʃɑ] (娑可反)	xɑ (許可反)	lAm (郎紺反)	tsha (楚可反)
예외 발음	pɐ (府下反)		xɑ 賀		

이상의 자모, 즉 체문은 총 35자로서 제18장을 제외하고, 제1장을 비롯한 17개의 장에서는 34자만을 생성되는 글자의 마다에 대한 체문으로 삼는다. 체문 35자 중에서 오직 llaṃ𑖩𑖿𑖩𑖽濫자 한 자는 당체중자의 예만 보일 뿐 다른 글자를 생성하는데 전혀 관여하지 못하기 때문에 제외시킨 것이다. 나

머지 글자들은 글자가 생성되는 바에 따라서 해당 장에서 그것을 자세하게 살펴보기로 한다.

이상이 《실담자기》의 도입부분이다.

미주

1) 4-6세기 이후 인도불전을 통해 중국으로 전해진 悉曇字母形(Siddhamātṛkā-type) 문자에 대한 字相 및 字意, 그리고 이들의 製字原理 및 字間의 사상적 적용 등 범자[실담범자]와 관련된 종합적 개념이 실담장이다. 《실담자기》는 총 18장의 실담장으로 구성되어 있지만, 전승된 실담장은 총 11장의 형식으로부터 18장은 물론 많게는 32장에 이르기까지 그 형식은 일률적이지 않다.

2) 이들 12개의 운모 중 연접하고 있는 것을 '묶음[對]'으로 표현한다. 즉 ① a · ā ② i · ī ③ u · ū ④ e · ai ⑤ o · au ⑥ aṃ · aḥ 단위의 묶음을 가리킨다. 따라서 1對가 1운모라고 할 수 있다. 이러한 6對는 범어의 連聲法과 관련된 음성학상의 규칙이다. 여기서 ① [a · ā] 내지 ② [i · ī] 등의 관계를 '正紐'라고 하고, [ā / i] 내지 [au / aṃ] 등의 관계를 '傍紐'라고 한다.

3) 여기서는 12전성 모두가 적용되지 않는 제16장[kṛ 訖哩章]과 정장 이외의 장인 제18장[孤合章]을 제외한다.

4) 《실담자기》 전체 18장 중에서 제16장[kṛ 訖哩章]은 'ṛ · ṝ · ḷ · ḹ'등의 4자와 관련이 있는 장이다. 하지만 이 장에서는 운모 12자 모두가 글자를 만드는데 관여하지 않는다. 제16장에서 만들어지는 글자 중 첫 부분을 보면, ① kṛ · kṝ · kṛṃ · kṛḥ 등의 4자만 만들어진다. 따라서 운모 12자와 전부 관여하지 않으므로 제외시킨 것이다.

5) 다음과 같이 총 35자가 전체의 체문이다.

牙聲	ka	kha	ga	gha	ṅa
齒聲	ca	cha	ja	jha	ña
舌聲	ṭa	ṭha	ḍa	ḍha	ṇa

喉聲	ta	tha	da	dha	na
脣聲	pa	pha	ba	bha	ma
遍口聲 遍口聲	ya	ra	la	va	śa
	ṣa	sa	ha	llaṃ	kṣa

6) 了尊撰,《悉曇略圖抄》(T. 84, No. 2709, 676c14-677a16)에서는 "《悉曇私抄》에서는 이들 세 자 중 먼저 가운데 글자와 마지막 자[力遐]의 반음이 함께 羅를 만든 후 나중에 맨 앞의 曷(阿音)가 결합함으로써 阿羅라고 읽는다."라고 하였다. 여기서 "曷은 a자로서 마다의 근본이며 운모의 시작이다. 따라서 12모음의 첫 자인 a자가 나머지 모음을 대표한 것이다. 마지막 ka자 또한 체문 35자를 대표한 것이다. 이들이 중간의 字體인 力음과 결합함으로써 총 47언의 범음의 결합을 曷力遐[arka]로 나타내 보인 것이다. 이 중에서 a음은 직접적으로 발음하지 않는다."라고 하고 있다.

7) 單章은 초장을 말하는 것이고, 餘單章은 제2·제3·제8·제9·제10장을 말한다. 즉 단장인 초장의 자체에 ya와 ra만을 결합한 글자는 초장을 자체로 한 제2장과 제3장, 그리고 r+초장인 제8장, rya형의 제9장, rra형의 제10장이 전부이다. 따라서 초장 이외의 단장을 여단장이라고 한 것이다.

8) 重章은 제4·제5·제6·제7장과 제11·제12·제13·제14·제18장을 말한다. 여기서 제외되는 세 가지는 ① llaṃ · ② ra · ③ (lla · vva · mma · nna · rkla · rkva · rkma · rkna) 등이다.

9) 즉 '異章'이란 제15장 '盎迦章'을 말한다. 이 장에서는 ṅa+ka · kha · ga · gha 등으로 ña · ṇa · na · ma와 각 구 앞의 네 자와 결합하는 방식을 보여주는 장이다. 여기서는 이들 각 구의 마지막 글자와 편구성 9자, 즉 ya · ra · la · va · śa · ṣa · sa · ha · kṣa와의 결합도 보여주는데, 이 중에서 각 구 마지막 글자 5자의 중복과 llaṃ 총 6자는 제외된다.

10) 원문의 부가 주석인 '阿阿等韻生字用十摩多 後字傍點名毘灑勒沙尼此云去聲非爲摩多(1186b18)'에서, 밑줄 친 부분에 대한 해석을 어떻게 하는가에 따라 10마다의 정의가 확연하게 달라질 수 있다. 즉 後字를 본문인 '阿(上聲短呼)阿(平聲長呼)'라고 한 1186b4에 근거하여 비교한다면, '阿阿等韻生字用十摩多 後字'는 'ā(평성의 긴 소리)'가 맞다. 이와는 다르게 後字를 '阿阿 등 aṃ · aḥ까지의 12운모 중에서 가장 마지막 글자인 aḥ 로 본다면, 그 後字는 당연히

aḥ이 되어야 한다. 또한 주석의 '毘灑勒沙尼此云去聲'을 근거로 하여 사성조의 표기를 보면, 본문 '阿(上聲短呼)阿(平聲長呼)'의 '平聲'은 주석의 '去聲'과는 일치하지 않는다. 만약 성조가 일치하지 않는 후자의 견해대로라면 10마다의 마지막 글자는 aḥ이 되어야 한다. 이는 또한 현대의 범어문법에서 aḥ을 비사르가(visarga)라고 하는 것과 일치하기 때문이다. 여기에 덧붙인다면, 중천축에서는 ā을 평성 내지 거성으로 병용되고 있음을 전제해 보면, 10마다는 i·ī·u·ū·e·ai·o·au·aṃ·aḥ가 될 수 있다. 따라서 이 부분은 과연 밑줄 친 後字를 ā 내지 aḥ 중 무엇으로 선택하는가가 관건이라고 할 수 있다.

11) 안연의 《실담장》에서는 毘灑勒沙尼를 bhiṣarṣaṇi로 표기하고 있다.

12) '듬직한 약간 긴 소리'이다. 상성과 같은 仄聲으로서 발음의 장단의 차이만 있을 뿐인 탓으로, 서로 드나듦이 심하여 얼른 분간해 내기 어렵다. 이를 上去相混이라 한다(손종섭 지음, 1999, 《우리말의 고저장단》, 《겨레 밝히는 책들》 16, 정신세계사, p.443).

13) 하지만 宗叡는 그의 《悉曇私記林記》에서 ā·i·ī·u·ū·e·ai·o·au·aṃ까지를 10마다로 여기고 있다. 즉 종예는 12운모 중에서 a·aḥ을 제외하여 毘灑勒沙尼(vi-sarjanī)를 aḥ으로 보고 10마다에서 제외하였던 것이다.

14) 이하 실담 12마다의 정확한 음가 파악을 위해 국제음성기호(IPA: International Phonetic Alphabet)를 이용하여 각각의 발음을 나타내었다. 12마다 각각의 한자독음에 관한 IPA 기호는 부록의 '수당시기 운모에 대한 음가 추측결과'표를 참고하기 바란다.

15) 《설문해자》에서 '若'은 [ɳʑiɑk(而灼切)]으로 나타나고 있다.

16) 《설문해자》에서 반절상자 '而'는 [ɳʑiə(如之切)이고, 반절하자 '也'는 [ɳʑiɐ(余者切) 또는 ɳʑiə(余爾切)]이다.

17) =namas, f. homage, veneration etc.

18) mfn. whole, entire, all, every, altogether, wholly, completely, in all parts, everywhere etc.; jña: to know, have knowledge etc. + (a)ya: d. -에.

19) 悉曇이란, '√sidh; 달성하다, 성취하다'의 과거수동분사 siddha에 -ṃ이 붙은 것으로서, '달성된' 또는 '성취된'을 의미한다. 따라서 문법적으로는 siddhāṃ이 아니라 siddhaṃ이 적절한 표기이다.

20) 《大智度論》(T. 25, No. 1509, 258c27-259b5)에서는 一切智와 一切種智 간의 不二로서의 一如를 자세히 설하고 있다.

21) 淳祐集, 《悉曇集記》(T. 84, No. 2705, 482b17-20).

22) si 悉ddhāṃ 曇ra 囉stu 窣都는 成就吉祥章이라고 하여 '성취하기를 기원한다'라는 의미이다. 이러한 siddhāṃrastu에서 siddhāṃ의 a와 ā이외에 rastu에도 약간의 오류가 있다. 우선 astu는 √as(: to be, to turn out, to become etc.) 3인칭 단수 불완전동사로서, there must be or should be implying an order 또는 let it be, be it so 등의 뜻이다. 이 astu 앞에 만일 ra가 결합한다면 원리상 rstu가 되어야 한다. 하지만 rstu는 없는 글자이다. 곧 ra는 앞의 siddhāṃ에 붙어야만 한다. 하지만 siddhāṃ에 ra가 붙을 수는 없으므로 ra를 생략한 siddhaṃastu 또는 siddhir+astu인 siddhirastu로 표기되어야만 올바른 문구가 된다.

23) 중국어에서는 하나의 한자가 하나의 음절이며, 그것은 아래의 표와 같이 성모, 운모, 성조의 세 부분으로 나누어진다. 성모는 음절 맨 앞부분의 자음을 가리키고 운모는 성모 이외의 기타 부분을 가리킨다. 이들 중에서 음절 구성을 위한 가장 필수적인 부분이 바로 운모 중 '주요모음'이다. 즉 '주요모음' 자체가 음절을 구성할 수 있을 뿐만 아니라 음절을 구성하는데 있어서 가장 필수적인 요소이다(이재돈 2007: 54). 따라서 본문에서 언급하는 성모는 반절상자로서의 자음 내지 초성을 말하는 것이고, 운모는 반절하자로 쓰이는 운모 중에서 특히 '주요모음'을 가리키는 것임을 먼저 밝혀둔다.

聲調(Tone)			
聲母(Initial)	韻母(Final)		
	介音(Medial)	主要母音(Vowel)	韻尾(Ending)

24) 杲寶撰, 《大日經疏演奧鈔》(T. 59, No. 2216, 349a16-18)에 의하면, "무릇 사성 중에서 평·거성은 길게 발음하고, 상·입성은 짧게 발음한다. 짧게 발음하는 상·입성 중에서도 다시 장성과 단성으로 나뉜다. 즉 상성은 장성이고, 입성은 단성이다. 따라서 상성은 상대적으로 길게 발음한다."라고 하였다.

25) 이하 [ɐ], [ɑ], [ə] 등의 발음과 관련된 혀의 위치와 모음간의 관계는 부록의 '모음과 혀의 위치'를 참조하기 바란다.

26) 'ʔ(glottal)'은 반절상자의 발음이 'ㅇ(이응)'인 단어나 발음상에서 [e], [o] 등으로 시작하는 단어 또는 숫자 '1'을 발음할 때 '일'로 발음하는 것처럼 드러나지 않게 포

함되어 있는 [ㅇ]음을 말한다.

27) '烏'가 《경전석문》에서 음가 [ø]로 드물게 나타나고 있다.

28) 《경전석문》에서의 '惡'에 대한 반절표기는 거성의 [ʔuɔ(烏路反)], [ʔuɔ(烏故反)], [ʔɐ(於嫁反)] 등으로도 나타나고 있다.

29) 《실담자기》에서는 반절법과 더불어 발음이 비슷한 한자로 다른 한자의 음을 표기하는 漢字注音法이 있었다. 이 방법이 直音이다. 직음은 반절법이 생겨나기 전에 널리 사용되었던 독음방법으로 《설문해자》에서도 표기되고 있다. 직음표기의 형식으로는 위 방법 이외에 후술될 체문의 '𑖪嚩字(房下反音近房可反 舊又音和 一云字下尖)'와 같이 '嚩字 音和'로 표기하기도 하고, ③의 경우와 같이 [ʔiək(於翼反)] 반절법 자체를 직음으로 나타내기도 하였다.

30) 모음을 발음할 때 시간의 장단을 막론하고 혀의 위치, 입술의 모양 등이 끝까지 변하지 않는 것이 단모음이다. 그러나 만일 같은 조건에서 혀의 위치, 입술의 모양 등이 변하여 음가에 변화가 생긴다면 그것은 복모음이다. 즉 [ai]·[ɑu]·[ou] / [iɑu]·[iou]·[uei] 등이 복모음이다. 이러한 복모음 중에는 '이중모음, 삼중모음'과 '하강 복모음, 상승 복모음' 등으로 세분할 수 있다. 이 중에서 하나의 음절 내에서 두 개의 다른 모음이 결합하여 이루어진 복모음을 이중모음 혹은 '二合元音'이라 하고, 하나의 음절 안에서 세 개의 모음이 결합하여 이루어진 복모음을 삼중모음 혹은 '三合元音'이라고 한다[이재돈 2007: (40)].

31) 宥快著, 《悉曇字記聞書》 卷第5, p.13.

32) 《경전석문》에서는 평성의 [ʔuɔ(於俱反)] 등과 거성의 [ʔuɔ(烏故反) 또는 ʔuɔ(烏路反)] 등이 나타나고 있다.

33) 玄昭撰, 《悉曇略記》(T. 84, No. 2704, 470-473)에서는 9세기경까지 실담범자 51자에 대한 자세한 한역자음을 비교 도설하고 있다. 여기에는 弘法(中天音), 宗睿(中天音), 寶月(南天音), 難陀(中天音), 慈覺(南天音), 全眞(中天音), 智廣(南天音), 惠均(南天音) 등의 인물이 언급되고 있다. 여기서 눈여겨볼 부분이 a𑖀와 aḥ 𑖀𑖾에 대한 한역자음이다. 이를 다음의 표로 정리한다.

	弘法	宗睿	寶月	難陀	慈覺	全眞	智廣	惠均
a𑖀	阿	阿	阿	阿	阿	[illegible]	阿	噁
aḥ𑖀𑖾	惡	惡	惡	阿	阿	惡	痾	阿

34) ka𑖎 · kā𑖎𑖯 · ki𑖎𑖰 · kī𑖎𑖱 · ku𑖎𑖲 · kū𑖎𑖳 · ke𑖎𑖸 · kai𑖎𑖹 · ko𑖎𑖺 · kau𑖎𑖻 · kaṃ𑖎𑖽 · kaḥ𑖎𑖾

35) kha𑖏 · khā𑖏𑖯 · khi𑖏𑖰 · khī𑖏𑖱 · khu𑖏𑖲 · khū𑖏𑖳 · khe𑖏𑖸 · khai𑖏𑖹 · kho𑖏𑖺 · khau𑖏𑖻 · khaṃ𑖏𑖽 · khaḥ𑖏𑖾

36) 《설문해자》에서는 '瞿'를 [kiuɔ(九遇切)]로 나타내고 있다. 반절상자인 '九'를 《경전석문》에서 찾아보면 음가는 [k]이다.

37) ga𑖐 · gā𑖐𑖯 · gi𑖐𑖰 · gī𑖐𑖱 · gu𑖐𑖲 · gū𑖐𑖳 · ge𑖐𑖸 · gai𑖐𑖹 · go𑖐𑖺 · gau𑖐𑖻 · gaṃ𑖐𑖽 · gaḥ𑖐𑖾

38) 이러한 14음은 《열반경》에서부터 '字本14音'이라는 개념으로 나타난다.

39) 法雲編, 《翻譯名義集》(T. 54, No. 2131, 1144c4-5).

40) 본문에서는 小講反으로 되어 있으나 '魚'가 누락된 것으로 보인다. (魚講反)이 적절하다.

41) 淳祐集, 《悉曇集記》(T. 84, No. 2705), 沼本克明 2001, 《悉曇字紀元永本》, 松本光隆, 《悉曇字記文治本》 등에서는 모두 [pɐ(鉢下反)]로 되어 있다.

42) 아래의 체문 35자 발음의 IPA 음가표시는 부록의 '수당 음계의 성모와 그 추측 음가'를 참조하기 바란다.

43) 고대에는 음성을 표기할 수 있는 부호가 없었기 때문에 성모를 나타낼 때에는 '字母'로서 표기하였다. 《切韻》계 韻書에서 '韻目'이 그 글자의 성모와는 관계없이 운모만을 대표하는 것과는 반대로 '字母'는 운모와는 관계없이 성모를 대표한다(이재돈 2007: 183).

44) 《설문해자》에서의 '居'는 [kiɔ(九魚切)]이고, 《용감수감》에서는 [khɑo(苦刀反)]이다.

45) '迦'자는 원래 평성의 清音이다. ka𑖎 迦자가 '居'와 '下'의 반절로 이루어져 있으므로 여기서는 상성인 것이다. 이러한 ka𑖎 迦자의 성조는 중천축에서는 상성이고, 남천축에서는 상성 또는 거성으로 그 聲勢가 같지 않다(宥快著, 《悉曇字記聞書》 巻第5, p.25).

46) 《설문해자》에서의 '姜'은 [kiɑŋ(居良切)]이고, 《경전석문》에서는 [(居良切)] 또는 [kiɑŋ(居羊反)]으로 나타나고 있다.

47) 《설문해자》에서의 '去'는 [khiɔ(丘據切)]이고, 《용감수감》에서는 직음으로서 '俗

音去'라고 하였으며,《경전석문》에서는 [khiɔ(起呂反)] 또는 [khiɔ(起慮反)] 등으로 나타나고 있다.

48) 《설문해자》에서의 '渠'는 [giɔ(彊魚切)]이고,《경전석문》에서는 [giɔ(其據反)]이다.

49) 《설문해자》에서의 '其'는 [kiɔ(居之切)]이고,《용감수감》에서는 [kiɔ(居宜反)]이다.

50) 《설문해자》에서의 '疑'는 [ŋiɔ(語其切)]이고,《용감수감》에서는 직음으로서 '俗音疑'라고 하였다.

51) 玄昭撰,《悉曇略記》(T. 84, No. 2704, 470d5-473a2)에 따르면 중천음은 물론 남천음을 전승한 인물들도 ga𑖐迦를 [ŋɑ誐(五何反)] 또는 [ŋɑ我(五可反)] 등으로도 발음하고 있다. 이들을 본문의 반절상자 [ŋi疑(語其反)]와 비교해보면 '疑'는 비음 [ŋ]과 일치한다. 따라서 ga𑖐迦자는 [gɐ] 또는 [ŋɐ]로 같이 발음되었다고 할 수 있다.

52) 《설문해자》와《경전석문》에서의 '我'는 [ŋɑ(五可切)]이고,《용감수감》에서는 직음으로서 '音我'라고 하였다.

53) 《설문해자》에서의 '魚'는 [ŋiɔ(語居切)]이고,《경전석문》에서는 [ŋiɔ(疑居反)]이다.

54) 《설문해자》에서의 '講'은 [kɔŋ(古項切)]이다.

55) 《설문해자》에서의 '止'는 [tɕiɔ(諸市切)]이다.

56) 《설문해자》에서의 '作'은 [tsiɑk(則洛切)]이고,《경전석문》에서는 [tsiɑk(子洛反)] 또는 [tsiɑk(子各反)]이다.

57) 《설문해자》에서의 '昌'은 [tɕhiɑŋ(尺良切)]이다.

58) 《설문해자》에서의 '倉'은 [tshiɑŋ또는 tsiɑŋ(七岡切)]이고,《경전석문》에서는 [tʃhiɑŋ(初亮反)]이다.

59) 《설문해자》에서의 '杓'은 [piɔo(甫楢切)]과 [dʑiɑk(市若切)]의 두 가지가 모두 나타나고 있고,《용감수감》에서는 직음으로 '漂標二音' 및 반절의 [dʑiɑk(市若反)],《경전석문》에서는 [dʑiɑk(上灼反) 또는(市灼反)]만 나타나고 있다.

60) 《설문해자》에서의 '而'는 [ȵʑiɔ(如之切)]로, 《용감수감》에서는 직음으로 '音而'로 나타나고 있다.

61) 《설문해자》에서의 '昨'은 [dziak(在各切)]이고, 《경전석문》에서는 [dziak(才各反)]이다.

62) 《설문해자》에서의 '若'은 [ȵʑiak(而灼切)]이다.

63) 《설문해자》에서의 '壤'은 [ȵʑiaŋ(如兩切)]이다.

64) 《설문해자》에서의 '卓'은 [tɔk(竹角切)]이고, 《경전석문》에서는 [thɔk(敕角反)], [thɔk(吐角反)], [tɔk(陟角反)], [tɔk(中學反)] 등으로 나타나고 있다. 이처럼 舌頭音[t]과 舌上音[th]이 혼용되고 있다.

65) 《경전석문》에서의 '柝'은 [thiak(他洛反)], [thiak(吐洛反)], [thiak(吐各反)] 등이고, 《용감수감》에서는 '俗音坼'이라는 직음표기를 하고 있다.

66) 《설문해자》에서의 '折'은 [dʑiæn(食列切)]이고, 《용감수감》에서는 '音折'이라는 직음표기를 하고 있으며, 《경전석문》에서의 '折'은 [dʑiæn(時設反)], [dʑiæn(市設反)], [dʑiæn(時列反)] 등이다.

67) 《설문해자》에서의 '宅'은 [dɐk(場伯切)]이다.

68) 《설문해자》에서의 '溺'은 [nɐk(尼革切)]이고, 《경전석문》과 《용감수감》에서는 [nɔk(女角反)]이다.

69) 《설문해자》에서의 '幢'은 [dɔŋ(宅江切)]이고, 《경전석문》에서는 [dɔŋ(直江反)] 또는 [dɔŋ(丈江反)]이며, 《용감수감》에서는 [dɔŋ(濁江反)]이다.

70) 《설문해자》의 '怛'은 [tuan(得案切)] 또는 [tuat(當割切)] 등이고, 《경전석문》에서는 [tuat(都達反)], [tuat(旦末反)] 등으로 나타나고 있다.

71) 《설문해자》의 '多'는 [ta(得何切)]이고, 《용감수감》에서는 '音多'의 직음표기가 보인다.

72) 《경전석문》의 '他'는 [tha(吐何反)] 또는 [da(徒河反)]이다.

73) 《설문해자》의 '大'는 [duat(他達切)], [dai(徒蓋切)], [dai(他蓋切)]이고, 《경전석문》에서는 [da(代賀反)]이다.

74)《경전석문》의 '陀'는 [da(大河反)]이다.

75)《용감수감》의 '捺'은 [nat(奴葛反)]이다.

76)《설문해자》의 '那'는 [na(諾何切)]이고,《경전석문》에서는 [na(乃多反)], [na(乃河反)], [na(奴多反)], [da(奴何反)] 등으로 표기된다.

77)《설문해자》의 '曩'은 [naŋ(奴朗切)]이고,《경전석문》에서는 naŋ(乃黨反), naŋ(乃蕩反), naŋ(乃朗反) 등으로 표기된다.

78) 지광이 ta 多, tha 他, da 陀, dha 陀, na 那 등 5자를 喉聲이라고 하였지만, 宗睿는 이를 齒聲이라고 하였다. 그러나 이들 5자를 살펴보면 모두 舌聲의 글자이다. 이는 舌을 근본으로 하고 喉를 隣近으로 하기 때문이다(宥快著,《悉曇字記聞書》 卷第6, p.2).

79)《설문해자》의 '盋'은 [puat(北末切)]이고,《용감수감》에서는 '正音鉢'의 직음표기를 하고 있다.

80)《설문해자》의 '破'는 [phia(普過切)]이다.

81)《설문해자》에서의 '罷'는 [bæ(薄蟹切)]이고,《경전석문》에서는 [bɐ(扶罵反)],《용감수감》에서는 [bæ(薄買反)]이다.

82)《설문해자》에서의 '麽'는 [ma(亡果切)]이고,《용감수감》에서는 [ma(莫可反)]이다.

83)《경전석문》에서는 [ba(步波反)]이다.

84)《설문해자》에서의 '薄'은 [biak(旁各切)]이고,《경전석문》에서는 [biak(步各反), [biak(蒲各反)]와 [buɔ(步古反)], 그리고 [phiak(普各反)] 등으로도 나타난다.

85)《설문해자》에서의 '莫'은 [muɔ(莫故切)] 또는 [miak(慕各切)]이고,《경전석문》에서는 [miɐk(亡白反)] 또는 [miɐk(武百反)] 등으로 나타나고 있고,《용감수감》에서는 '俗音莫'의 직음표기로 나타나고 있다.

86)《설문해자》에서의 '莽'은 [maŋ(謀朗切)]이고,《용감수감》에서는 [maŋ(莫朗反)]이며,《경전석문》에서는 [maŋ(莫蕩反)] 등으로도 나타난다.

87)《설문해자》에서의 '藥'은 [oiak(以勺切)]이다.

88) 반절상자 '祇'는 《설문해자》에서는 [tɕiɛ(旨移切)] 내지 [tɕiɛ(旨夷切)]라고 하였고, 《용감수감》에서는 직음으로 '脂[tɕiɛ]'와 같이 발음한다고 하였다. '脂' 또한 《설문해자》에서는 [tɕiɛ(旨夷切)]로 나타내고 있다. 이에 비해 《경전석문》에서는 [giɛ(祈支反)]로 나타나고 있다. 따라서 '祇'의 반절상자 음가는 [tɕ] 또는 [g] 두 경우 모두 통용된다. 반절하자인 '也'에 대한 《설문해자》의 반절표기는 [oiɐ(羊者切)] 내지 [oiɐ(余者切)]이다.

89) ya𑖧也가 '祇也' 또는 '其也'로 와전된 데에는 ya𑖧也의 반체인 ya𑖧 또는 ya𑖧 등에서 유래한 것으로 보인다. 이들을 읽을 때 '祇也' 또는 '其也'로 발음한다.

90) 반절음이란 하나의 성모와 하나의 운모가 합쳐져서 한 자의 독음을 나타내는 것이다. 따라서 본문의 '(曷力下反)'은 '반음 曷과 力下反(反曷與力下反)'으로 표기되어야 한다.

91) '曷'이 淨嚴의 《悉曇字記講述》에서는 [ɣɑt(阿葛切)]로 나타내고 있고, 《경전석문》에서는 [xɑt(火葛反)]로도 나타나고 있다.

92) 이 '囉'에 대해서는 《용감수감》에서는 [lɐ(力下反)]로 표기하고 있고, 《경전석문》에서는 [khɐt(苦割反)]로 나타나고 있다. 여기서 반절상자 '苦'는 《설문해자》에서 [kuɐ(康杜切)]로 나타나고 있다. 따라서 '囉'가 喉音系의 [k] 또는 [kh]음가와 혼용되고 있다고 할 수 있다. 김현정(2001: 35)은 "半舌音 來母[l]는 《切韻》으로부터 대다수 현대 방언에 이르기까지 [l]로 일치를 보이고 있다. 《경전석문》에서 來母는 혼용되는 예가 드물지만, 간혹 후음계 성모와 반절을 혼용한 예가 보이고 있다. 今(k, 見母)-僋(l, 來母), 魚(ŋ, 疑母)-魯·櫓(l, 來母), 檢·儉(x, 曉母)-盧(l, 來母)의 예에서와 같이 上古 시기에는 來母와 喉·牙音 사이에 諧聲 관계가 있었다."라고 하였다.

93) 《설문해자》에서의 '洛'은 [liɑk(盧各切)]이고, 《경전석문》에서는 [lɑt(力端反)]로 나타나고 있다.

94) 산스크리트 권설음을 來母[l]로 음역한 예들은 외래어표기법이 확정되지 않은 상황에서 유사한 음으로 대역한 것으로 볼 수 있다. 北周·隋代의 장안방언에서 來母자로 산스크리트 l 뿐만 아니라 r(顫音)도 대역하였는데, 尉遲治平(1982, 22)이 이를 음이 유사하기 때문이라고 한 것과 같은 이치이다(최영애 2000, 《中國語音韻學》, 통나무, p.221).

95) 《실담자기》 안에서 '嚩'자에 대한 반절표기가 初章[제1장]의 vva𑖪 에 대한 [bɑ(房

柯反)], 제5장의 kva𑖎𑖿𑖪에 대한 [bɑ(房可反)], 그리고 va𑖪嚩에 대한 [bɐ(房下反)] 등 모두 세 가지 유형으로 나타나고 있다.

96) 《설문해자》에서의 '房'은 [piuɑŋ 또는 biuɑŋ(符方切)]이다.

97) 《설문해자》에서의 '和'는 [ɣɐ(戶戈切)]이고, 《경전석문》에서는 [ɣɐ(胡戈反)], [ɣɐ(胡臥反 또는 戶臥反)]로 나타나고 있다. 따라서 '和'는 [va] 또는 [vā]로 발음하는 것이 아니라 실재 음가인 [ɣɐ]를 [wa]로 발음한다. 즉 [svahā]라는 진언 등의 찬탄구를 읽을 때 [swahā]로 읽고, 한역자음을 '薩嚩賀' 또는 '娑嚩賀'로 표기하거나, 심지어 '嚩'를 생략하고 '娑賀' 등으로 표기하는 경우도 있다. 이와 같은 예는 범어의 연성법 중에서 본래의 발음[추현성]에 대한 유화된 발음, 즉 연밀성인 것이다.

98) 불전의 번역에서, 범음 [v]를 舊譯에서는 '和', '惒', '啝', '婆' 등으로 음역하였지만, 《切韻》(601년 간행) 이후에는 '縛', '嚩'로 음역하였다. '縛'자가 [v]의 음역으로 쓰인 것은 玄奘(602-664) 이후이다. 당대 초기의 注音 '嚩'자는 '房可反' 혹은 '房下反'으로 표기하였다. 현장은 '縛'자를 대개 [bv]로 읽었다(陸志韋 1947: 18-19).

99) 《설문해자》에서의 '舍'는 [ɕiɐ(始夜切)]이고, 《경전석문》에서는 [ɕiɐ(式夜反)]로 표기하고 있다. 이들 반절상자 '式'과 '始'는 《경전석문》에서는 음가 [ʃ]로도 쓰이고 있다.

100) 반절상자인 '素'는 《경전석문》에서는 음가가 주로 [s]로 나타나지만, [ʃ]로 나타나는 경우도 많다.

101) 《설문해자》에서의 '娑'는 [sɑ또는 ʃɑ(素何切)]이고, 《경전석문》에서는 [sɑ또는 ʃɑ(素荷反)], 혹은 [sɑ(桑何反)]로 표기하고 있다.

102) 《설문해자》에서의 '訶'는 [xɑ(虎何切)]이고, 《용감수감》에서는 '訶哥二音俗'이라고 하고 있다.

103) 《설문해자》에서의 '許'는 [xiɔ(虛呂切)]이다.

104) 《설문해자》에서의 '賀'는 [xɑ(胡箇切)]이다.

105) 宥快著, 《悉曇字記聞書》 卷第6, pp.5-6.

106) 宥快著, 《悉曇字記聞書》 卷第6, p.6에서는 '舌齒音淸濁去聲'이라고 하고 있다.

107) 《설문해자》에서의 '陷'은 [ɣɑm 또는 xɑm(戶揞切)]이고, 《용감수감》에서는 [ɣɐm(咸鑒反)]이다.

108) 《설문해자》에서의 '郎'은 [lɑŋ(魯當切)]이다.

109) 《설문해자》에서의 '紺'은 [kAm(古暗切)]이고, 《용감수감》에서도 같다.

110) 《설문해자》에서의 '楚'는 [tshiɔ(創舉切)]이다.

111) 安然撰, 《悉曇藏》(T. 84, No. 2702, 382c2-5)에서는, "마지막의 9자에서 野·羅·攞자는 먼저 喉·腭·舌로부터 나온 연후에 입에 두루 퍼지고, 嚩·捨·灑·娑·訶자는 먼저 唇·齒·舌·腭·喉로부터 나온 후에 입에 두루 퍼진다. 乞叉자는 먼저 喉에서 연하여 나온 후 입에 두루 퍼진다."라고 하였다.

112) ya𑖧也자는 喉聲, ra𑖨囉자는 舌齒聲, la𑖩羅자는 舌齒聲, va𑖪嚩자는 唇聲, śa𑖫奢자는 齒聲, ṣa𑖬沙자와 sa娑자는 齒聲, ha𑖮訶자는 喉聲, kṣa𑖎𑖿𑖬叉자는 齒聲이다(宥快著, 《悉曇字記聞書》 卷第6, pp.3-4).

4. 실담장
제1장-제7장

실담범자와 관련하여, 실담장은 범자의 기초적 음운인 마다와 체문 그리고 그들의 결합을 통한 실질적인 문자의 생성원리에 대한 일반화된 규칙이라고 할 수 있다. 이 중에서도 기초가 되는 규칙이 실담장 제1장, 즉 初章이다.초장이란 바로 실담장 총 18장의 기초적 규칙을 담고 있으므로 초장이라고 명명한 것이다. 따라서 실담장의 총 18장은 모두 이 초장으로부터 말미암은 것으로, 초장이 곧 실담장 전체의 근본적인 원리라고 할 수 있다.[1]

이러한 초장을 字體로 삼아 제2장으로부터 제7장까지 실담장은 확장되어 가는데, 본 장에서는 이러한 초장과 결합되어 생성되어지는 제2장으로부터 제7장까지의 실담장을 살펴보기로 한다.

4.1. 《실담자기》의 초장(제1장)

4.1.1. 초장 원문 및 번역

상단 원문

初章

將前三十四文。對阿阿等十二韻呼之。增以摩多。生字四百有八。即𑖎迦上𑖎𑖯迦平等是也。迦之聲下十有二文。並用迦爲字體。以阿阿等韻呼之增其摩多。合于聲韻各成形也𑖏佉𑖐伽等聲下例之。以成于一章。次下十有四章。並用初章爲字體。各隨其所增。將阿阿等韻對所合聲字呼之。後增其摩多。遇當體兩字將合。則容之勿生。謂第四章中重羅。第五重嚩房柯反第六重麽。第七重那等是也。十一已下四章。如次同上之四章同之除

상단 번역

초장

앞의 34글자에 a阿·ā阿 등의 12韻을 붙여 발음하고, 여기에 마다가 더해짐에 따라 408자의 글자가 만들어진다. 곧 ka迦·kā迦 등이다. 聲母인 ka迦 아래에 12자를 결합함으로써 ka迦가 字體인 것이다. a阿·ā阿 등의 韻母는 더해지는 마다에 따라 발음하는데, 이들 聲韻이 합해져서 각기 다른 글자의 형태를 나타낸다. kha佉·ga伽 등의 성모 아래에도 그것을 붙임으로써 하나의 장을 완성한다. 이하의 14장은 모두 초장을 字體로 삼아서 각각의 글자에 더해지는 a阿·ā阿 등의 운모에 따라 성모가 결합된 형태로 발음한다. 이후에 마다가 더해짐에 따라 같은 글자 두 자가 결합하는 경우도 있지만 정해진 원칙에는 포함되지 않는다. 예를 들면 제4장의 lla羅자, 제5장의 vva嚩(房柯反)자, 제6장의 mma麽자, 제7장의 nna那자 등이다. 제11장 이하의 4장[제11-제14장]은 앞 4장[제4-제7장]의 순서와 같이 제외된다.

하단 원문

第一章

𑖎迦𑖎𑖯迦

右初章生字四百有八。先於字母中。每字平書一十二文。次將麼多如次點之。則字形別也。用悉曇韻呼之。則識其字名也。其麼多有別體者。任逐便用之。皆通。此初章爲後相次六章之體。先書此章字。但除重及囉羅三字。合三十二字。所生三百八十四字。即將𑖧也等字。如次於下合之。後加麼多則字字別也。將悉曇十二韻相對呼之。則識其字名也。恐未曉悟。更每章頭書一二數字。以爲規準。後皆効此

하단 번역

제1장

ka𑖎迦kā𑖎𑖯迦

初章에서는 408자가 만들어진다. 앞의 字母 각각의 글자에 똑같이 12자를 쓴 다음 마다의 순서에 따라 적절하게 점획을 붙임으로써 글자 각각의 모양이 구별된다. 실담 운모에 맞게 발음하면 곧 그것이 글자의 명칭임을 알 수 있다. 이러한 마다에 別體[異體字]라는 것이 있어서 경우에 따라 편리하게 사용하는데, 모두 이 초장의 글자모양에서 본 딴 것으로써 다음 6장의 자체로 삼는다. 하지만 우선적으로 초장의 글자를 쓴다. 다만 중복되는 글자와 ra囉·llaṃ羅 등 세 가지 경우의 글자는 제외한다. 따라서 이들이 32자로서, 모두 384자가 만들어진다. 즉 𑖧也 등의 글자도 같은 순서에 따라 글자의 아래에 결합한 다음 마다를 붙여 각각의 글자를 구별하여 실담 12운에 맞게 발음함으로써 그것이 글자의 명칭이 되는 것이다. 이에 대해 잘 알지 못함을 염려하여 각 장마다 서두에 1, 2의 숫자를 써서 그 기준으로 삼는다. (제8장) 이하 모두 이 기준에 따른 것이다.

4.1.2. 《실담자기》의 초장 해설

《실담자기》의 제1장[初章]은 성모인 체문 34자와 운모인 12마다가 결합하는 원리를 밝히는 장이다. 즉 성모와 운모가 결합하여 최소한의 음절을 이루는 것을 보여주는 장이다. 그러므로 초장을 《실담자기》의 실담장 전 18장 중에서 기본적인 聲韻을 밝히는 장으로 삼는 것이다.

초장에서는 크게 다음의 세 가지를 설명하고 있다.

먼저 체문 34글자에 a𑖀·ā𑖁 등 12자가 결합하여 모두 408자의 글자가 만들어짐을 말하고 있다. 즉 성모인 k(a)𑖎에 운모 a𑖀와 ā𑖁를 결합함으로써 만들어지는 ka𑖎迦·kā𑖎𑖯迦 등의 408자를 말한다. 여기서 ka𑖎迦가 字體의 역할을 하여 이로부터 12마다의 발음에 해당되는 12자의 글자가 만들어지고 각각의 발음 또한 12마다에 맞게 발음되는 것이다. 그러므로 후대에 와서 '𑖎迦𑖎𑖯迦章'이라고도 하는 것이다. kha𑖏佉·ga𑖐伽 등의 아래에도 12마다가 결합됨으로써 하나의 장이 만들어지는데, 이하의 14장, 즉 제2장으로부터 제15장까지는 모두 이 초장의 글자를 字體로 삼아 각각의 결합 원리를 설명하는 것이다.

다음으로 같은 글자가 서로 결합하는 경우의 글자[당체중자]에 대해서도 언급하고 있지만, 초장에서는 다루지 않는 내용이다. 즉 제4장의 lla 羅자, 제5장의 vva 嚩(房柯反)자, 제6장의 mma 麼자, 제7장의 nna 那자 등이다. 여기에는 제8장의 rra자도 포함된다. 따라서 이상의 다섯 장은 제18장 孤合章에서 다루어지는 내용이다.

마지막으로 초장에서는 12마다와 34 체문의 別體, 즉 異體字에 대해서도 설명하고 있다.[2)] 즉 체문과 체문, 체문과 마다가 결합할 때 이들 각각의 글자에서 일부를 생략하거나 혹은 완전히 다른 형태의 체문 내지 마다를 사용하여 결합을 편리하게 한 것이다. 이들 이체자의 대부분은 모두 초장을 근거로 간단화한 것이라고 할 수 있다. 이러한 이체자 중에서는 실담장 전 18장 가운데에서 한 장의 字體로 삼는 것도 있다. 즉 제2장의 ya · 제3장의 ra · 제4장의 la · 제5장의 va · 제6장의 ma · 제7장의 na 가 그것이다. 이러한 이체자의 결합방법은 먼저 초장의 원래 글자를 쓰고 그 글자 아래에 이체자를 붙이는데, 이하 제2장에서 제7장까지에는 다만 같은 글자의 중복과 ra 囉와 편구성 제9자인 llaṃ 羅 등 세 경우의 글자는 제외된다. 따라서 제2장에서 제7장까지의 중복된 글자인 yya · rra · lla · vva · mma · nna 那 등을 제외하면 이들 각각 장의 체문은 32자로서, 모두 384자의 글자가 만들어지는 것이다.[3)] 이처럼 같은 글자의 중복과 ra 囉 등 세 경우에 대하여 자세히 알지 못하는 것을 염려하여 각각의 장에 제1장 내지 제18장이라고 구분함으로써 각 장마다의 특징을 이해하기 쉽게 숫자로써 표기하였다고 한 것이다.

이상과 같이 초장은 실담장 전체의 기본이 되는 원리를 나타내고 있는 중요한 장으로서, 아래와 같이 모두 408가 만들어진다. 이러한 총 408자의 실담범자는 실담장 전체의 字體라고 할 수 있다.

① ka𑖎 kā𑖎𑖯 ki𑖎𑖰 kī𑖎𑖱 ku𑖎𑖲 kū𑖎𑖳
ke𑖎𑖸 kai𑖎𑖹 ko𑖎𑖺 kau𑖎𑖻 kaṃ𑖎𑖽 kaḥ𑖎𑖾

② kha𑖏 khā𑖏𑖯 khi𑖏𑖰 khī𑖏𑖱 khu𑖏𑖲 khū𑖏𑖳
khe𑖏𑖸 khai𑖏𑖹 kho𑖏𑖺 khau𑖏𑖻 khaṃ𑖏𑖽 khaḥ𑖏𑖾

③ ga𑖐 gā𑖐𑖯 gi𑖐𑖰 gī𑖐𑖱 gu𑖐𑖲 gū𑖐𑖳
ge𑖐𑖸 gai𑖐𑖹 go𑖐𑖺 gau𑖐𑖻 gaṃ𑖐𑖽 gaḥ𑖐𑖾

④ gha𑖑 ghā𑖑𑖯 ghi𑖑𑖰 ghī𑖑𑖱 ghu𑖑𑖲 ghū𑖑𑖳
ghe𑖑𑖸 ghai𑖑𑖹 gho𑖑𑖺 ghau𑖑𑖻 ghaṃ𑖑𑖽 ghaḥ𑖑𑖾

⑤ ṅa𑖒 ṅā𑖒𑖯 ṅi𑖒𑖰 ṅī𑖒𑖱 ṅu𑖒𑖲 ṅū𑖒𑖳
ṅe𑖒𑖸 ṅai𑖒𑖹 ṅo𑖒𑖺 ṅau𑖒𑖻 ṅaṃ𑖒𑖽 ṅaḥ𑖒𑖾

⑥ ca𑖓 cā𑖓𑖯 ci𑖓𑖰 cī𑖓𑖱 cu𑖓𑖲 cū𑖓𑖳
ce𑖓𑖸 cai𑖓𑖹 co𑖓𑖺 cau𑖓𑖻 caṃ𑖓𑖽 caḥ𑖓𑖾

⑦ cha𑖔 chā𑖔𑖯 chi𑖔𑖰 chī𑖔𑖱 chu𑖔𑖲 chū𑖔𑖳
che𑖔𑖸 chai𑖔𑖹 cho𑖔𑖺 chau𑖔𑖻 chaṃ𑖔𑖽 chaḥ𑖔𑖾

⑧ ja𑖕 jā𑖕𑖯 ji𑖕𑖰 jī𑖕𑖱 ju𑖕𑖲 jū𑖕𑖳
je𑖕𑖸 jai𑖕𑖹 jo𑖕𑖺 jau𑖕𑖻 jaṃ𑖕𑖽 jaḥ𑖕𑖾

⑨ jha𑖖 jhā𑖖𑖯 jhi𑖖𑖰 jhī𑖖𑖱 jhu𑖖𑖲 jhū𑖖𑖳
jhe𑖖𑖸 jhai𑖖𑖹 jho𑖖𑖺 jhau𑖖𑖻 jhaṃ𑖖𑖽 jhaḥ𑖖𑖾

⑩ ña𑖗 ñā𑖗𑖯 ñi𑖗𑖰 ñī𑖗𑖱 ñu𑖗𑖲 ñū𑖗𑖳
ñe𑖗𑖸 ñai𑖗𑖹 ño𑖗𑖺 ñau𑖗𑖻 ñaṃ𑖗𑖽 ñaḥ𑖗𑖾

⑪ ṭa𑖘 ṭā𑖘𑖯 ṭi𑖘𑖰 ṭī𑖘𑖱 ṭu𑖘𑖲 ṭū𑖘𑖳
ṭe𑖘𑖸 ṭai𑖘𑖹 ṭo𑖘𑖺 ṭau𑖘𑖻 ṭaṃ𑖘𑖽 ṭaḥ𑖘𑖾

⑫ ṭha ṭhā ṭhi ṭhī ṭhu ṭhū

ṭhe ṭhai ṭho ṭhau ṭhaṃ ṭhaḥ

⑬ ḍa ḍā ḍi ḍī ḍu ḍū

ḍe ḍai ḍo ḍau ḍaṃ ḍaḥ

⑭ ḍha ḍhā ḍhi ḍhī ḍhu ḍhū

ḍhe ḍhai ḍho ḍhau ḍhaṃ ḍhaḥ

⑮ ṇa ṇā ṇi ṇī ṇu ṇū

ṇe ṇai ṇo ṇau ṇaṃ ṇaḥ

⑯ ta tā ti tī tu tū

te tai to tau taṃ taḥ

⑰ tha thā thi thī thu thū

the thai tho thau thaṃ thaḥ

⑱ da dā di dī du dū

de dai do dau daṃ daḥ

⑲ dha dhā dhi dhī dhu dhū

dhe dhai dho dhau dhaṃ dhaḥ

⑳ na nā ni nī nu nū

ne nai no nau naṃ naḥ

㉑ pa pā pi pī pu pū

pe pai po pau paṃ paḥ

㉒ pha phā phi phī phu phū

phe phai pho phau phaṃ phaḥ

㉓ ba𑖤 bā𑖤𑖯 bi𑖤𑖰 bī𑖤𑖱 bu𑖤𑖲 bū𑖤𑖳

be𑖤𑖸 bai𑖤𑖹 bo𑖤𑖺 bau𑖤𑖻 baṃ𑖤𑖽 baḥ𑖤𑖾

㉔ bha𑖥 bhā𑖥𑖯 bhi𑖥𑖰 bhī𑖥𑖱 bhu𑖥𑖲 bhū𑖥𑖳

bhe𑖥𑖸 bhai𑖥𑖹 bho𑖥𑖺 bhau𑖥𑖻 bhaṃ𑖥𑖽 bhaḥ𑖥𑖾

㉕ ma𑖦 mā𑖦𑖯 mi𑖦𑖰 mī𑖦𑖱 mu𑖦𑖲 mū𑖦𑖳

me𑖦𑖸 mai𑖦𑖹 mo𑖦𑖺 mau𑖦𑖻 maṃ𑖦𑖽 maḥ𑖦𑖾

㉖ ya𑖧 yā𑖧𑖯 yi𑖧𑖰 yī𑖧𑖱 yu𑖧𑖲 yū𑖧𑖳

ye𑖧𑖸 yai𑖧𑖹 yo𑖧𑖺 yau𑖧𑖻 yaṃ𑖧𑖽 yaḥ𑖧𑖾

㉗ ra𑖨 rā𑖨𑖯 ri𑖨𑖰 rī𑖨𑖱 ru𑖨𑖲 rū𑖨𑖳

re𑖨𑖸 rai𑖨𑖹 ro𑖨𑖺 rau𑖨𑖻 raṃ𑖨𑖽 raḥ𑖨𑖾

㉘ la𑖩 lā𑖩𑖯 li𑖩𑖰 lī𑖩𑖱 lu𑖩𑖲 lū𑖩𑖳

le𑖩𑖸 lai𑖩𑖹 lo𑖩𑖺 lau𑖩𑖻 laṃ𑖩𑖽 laḥ𑖩𑖾

㉙ va𑖪 vā𑖪𑖯 vi𑖪𑖰 vī𑖪𑖱 vu𑖪𑖲 vū𑖪𑖳

ve𑖪𑖸 vai𑖪𑖹 vo𑖪𑖺 vau𑖪𑖻 vaṃ𑖪𑖽 vaḥ𑖪𑖾

㉚ śa𑖫 śā𑖫𑖯 śi𑖫𑖰 śī𑖫𑖱 śu𑖫𑖲 śū𑖫𑖳

śe𑖫𑖸 śai𑖫𑖹 śo𑖫𑖺 śau𑖫𑖻 śaṃ𑖫𑖽 śaḥ𑖫𑖾

㉛ ṣa𑖬 ṣā𑖬𑖯 ṣi𑖬𑖰 ṣī𑖬𑖱 ṣu𑖬𑖲 ṣū𑖬𑖳

ṣe𑖬𑖸 ṣai𑖬𑖹 ṣo𑖬𑖺 ṣau𑖬𑖻 ṣaṃ𑖬𑖽 ṣaḥ𑖬𑖾

㉜ sa𑖭 sā𑖭𑖯 si𑖭𑖰 sī𑖭𑖱 su𑖭𑖲 sū𑖭𑖳

se𑖭𑖸 sai𑖭𑖹 so𑖭𑖺 sau𑖭𑖻 saṃ𑖭𑖽 saḥ𑖭𑖾

㉝ ha𑖮 hā𑖮𑖯 hi𑖮𑖰 hī𑖮𑖱 hu𑖮𑖲 hū𑖮𑖳

he𑖮𑖸 hai𑖮𑖹 ho𑖮𑖺 hau𑖮𑖻 haṃ𑖮𑖽 haḥ𑖮𑖾

㉞ kṣa kṣā kṣi kṣī kṣu kṣū

kṣe kṣai kṣo kṣau kṣaṃ kṣaḥ

4.2. 《실담자기》의 실담장 제2장

4.2.1. 제2장 원문 및 번역

상단 원문

第二章

將半體中祇耶。合於初章迦迦等字之下。名枳也枳耶。生字三百九十有六 枳字幾爾反。今詳祇耶當是耶字之省也。若然亦同除重。唯有三百八十四。先書字體三百九十六。然將祇耶合之後加摩多。夫重成之字。下者皆省除頭也。已下並同也

상단 번역

제2장

半體 중 ya 祇耶의 경우, 초장 ka迦·kā迦 등의 글자 아래에 합해져서 kya枳也·kyā枳耶라고 읽으며 총 396자의 글자가 만들어진다. ki枳자는 [ki(幾爾反)]이다. ya祇耶는 ya耶자가 생략된 형태이다.

또한 앞의 경우와 같이 같은 글자가 결합되는 경우를 제외하면 오직 384자만이 만들어진다. 먼저 字體 396자를 쓰고 ya祇耶를 결합한 후 마다를 붙이면 이들이 합쳐진 완성된 글자가 되는데, 아래 글자의 윗부분은 모두 제거한다. 이하 모두 같다.

하단 원문

第二章

己也二合 紀耶二合 紀以二合 紀夷二合 矩庾二合 矩俞二合 枳曳二合 枳檤與蓋反 句俞二合 句曜庾告反 矩焰 迦上夜

已上第二章初字所生一十二文。後皆効此。讀者連帶。轉聲調韻呼之

하단 번역

제2장

kya 己也(己와 也 두 성모의 결합) kyā 紀耶(紀와 耶의 이합) kyi 紀以(紀와 以의 이합) kyī 紀夷(紀와 夷의 이합) kyu 矩庾(矩와 庾의 이합) kyū 矩俞(矩와 俞의 이합) kye 枳曳(枳와 曳의 이합) kyai 枳檤[枳와 檤oai(與蓋反)의 결합)] kyo 句俞(句와 俞의 이합이다) kyau 句曜[句와 曜oao(庾告反)의 결합] kyaṃ 矩焰 kyaḥ 迦(상성)夜 이상이 제2장의 첫 글자[ka]로부터 만들어진 12자이다. 이하 모두 이를 따라서 連聲으로 한꺼번에 읽고, 성조와 운모에 맞게 발음한다.

4.2.2. 《실담자기》의 제2장 해설

첫 글자의 결합인 kya𑖎𑖿𑖧·kyā𑖎𑖿𑖧𑖯가 《실담자기》 제2장의 특징이다. 즉 체문 25자와 편구성 9자 각각에 ya𑖧를 결합하는 장으로서, ka𑖎·kha𑖏자 등 총 34자에 ya𑖧가 결합된 발음인 kya𑖎𑖿𑖧枳也·kyā𑖎𑖿𑖧𑖯枳耶를 들어 후대에 '𑖎𑖿𑖧枳也𑖎𑖿𑖧𑖯枳耶章'[4])으로도 불리는 장이다.

《실담자기》 제2장에서는 ya𑖧자의 반체인 ya𑖿𑖧[ya𑖧의 생략형][5])가 초장에서 보았던 ka𑖎 등의 순서에 맞게 그 글자 아래에 합해져서 kya𑖎𑖿𑖧·kyā𑖎𑖿𑖧𑖯 등으로 발음된다. 먼저 체문의 字體 408자 글자에 ya𑖿𑖧를 합한 후 12마다의 순서대로 마다를 붙이고, ya𑖧의 윗부분은 모두 제거함으로써 kya𑖎𑖿𑖧·kyā𑖎𑖿𑖧𑖯 등의 글자가 완성된다. 이들의 결합은 이론상으로 모두 408자가 만들어질 수 있는데, 같은 글자의 결합인 yya𑖧𑖿𑖧·yyā𑖧𑖿𑖧𑖯 등의 12전성을 제외하면 396자이다. 또한 후술될 제8장에 적용되는 rya𑖨𑖿𑖧·ryā𑖨𑖿𑖧𑖯 등의 12전성을 제외하면 제2장에서 다루어지는 글자의 수는 총 384자이다. 여기에 제15장에서 밝히는 ⑮ ṅya𑖒𑖿𑖧와 관련된 12전성을 제외하면 제2장에 적용되는 글자는 총 372자라고 할 수 있다. 이처럼 체문+체문+마다 등의 결합은 마치 한 글자를 발음하듯이 모두 連聲으로 한꺼번에 읽어야 하며, 독특한 성조로 된 경우에는 그에 맞게 발음하면서 마지막의 발음은 반드시 운모의 성조에 맞게 발음해야 한다.

초장을 字體로 하여 《실담자기》의 제2장에서 생성되어지는 384자는 다음과 같다.

① kya𑖎𑖿𑖧 kyā𑖎𑖿𑖧𑖯 kyi𑖎𑖿𑖧𑖰 kyī𑖎𑖿𑖧𑖱 kyu𑖎𑖿𑖧𑖲 kyū𑖎𑖿𑖧𑖳

kye kyai kyo kyau kyaṃ kyaḥ

② khya khyā khyi khyī khyu khyū

khye khyai khyo khyau khyaṃ khyaḥ

③ gya gyā gyi gyī gyu gyū

gye gyai gyo gyau gyaṃ gyaḥ

④ ghya ghyā ghyi ghyī ghyu ghyū

ghye ghyai ghyo ghyau ghyaṃ ghyaḥ

⑤ ṅya ṅyā ṅyi ṅyī ṅyu ṅyū

ṅye ṅyai ṅyo ṅyau ṅyaṃ ṅyaḥ

⑥ cya cyā cyi cyī cyu cyū

cye cyai cyo cyau cyaṃ cyaḥ

⑦ chya chyā chyi chyī chyu chyū

chye chyai chyo chyau chyaṃ chyaḥ

⑧ jya jyā jyi jyī jyu jyū

jye jyai jyo jyau jyaṃ jyaḥ

⑨ jhya jhyā jhyi jhyī jhyu jhyū

jhye jhyai jhyo jhyau jhyaṃ jhyaḥ

⑩ ñya ñyā ñyi ñyī ñyu ñyū

ñye ñyai ñyo ñyau ñyaṃ ñyaḥ

⑪ ṭya ṭyā ṭyi ṭyī ṭyu ṭyū

ṭye ṭyai ṭyo ṭyau ṭyaṃ ṭyaḥ

⑫ ṭhya ṭhyā ṭhyi ṭhyī ṭhyu ṭhyū

ṭhye ṭhyai ṭhyo ṭhyau ṭhyaṃ ṭhyaḥ

⑬ ḍya ḍyā ḍyi ḍyī ḍyu ḍyū

ḍye ḍyai ḍyo ḍyau ḍyaṃ ḍyaḥ

⑭ ḍhya ḍhyā ḍhyi ḍhyī ḍhyu ḍhyū

ḍhye ḍhyai ḍhyo ḍhyau ḍhyaṃ ḍhyaḥ

⑮ ṇya ṇyā ṇyi ṇyī ṇyu ṇyū

ṇye ṇyai ṇyo ṇyau ṇyaṃ ṇyaḥ

⑯ tya tyā tyi tyī tyu tyū

tye tyai tyo tyau tyaṃ tyaḥ

⑰ thya thyā thyi thyī thyu thyū

thye thyai thyo thyau thyaṃ thyaḥ

⑱ dya dyā dyi dyī dyu dyū

dye dyai dyo dyau dyaṃ dyaḥ

⑲ dhya dhyā dhyi dhyī dhyu dhyū

dhye dhyai dhyo dhyau dhyaṃ dhyaḥ

⑳ nya nyā nyi nyī nyu nyū

nye nyai nyo nyau nyaṃ nyaḥ

㉑ pya pyā pyi pyī pyu pyū

pye pyai pyo pyau pyaṃ pyaḥ

㉒ phya phyā phyi phyī phyu phyū

phye phyai phyo phyau phyaṃ phyaḥ

㉓ bya byā byi byī byu byū

bye 𑖤𑖿𑖧𑖸 byai 𑖤𑖿𑖧𑖹 byo 𑖤𑖿𑖧𑖺 byau 𑖤𑖿𑖧𑖻 byaṃ 𑖤𑖿𑖧𑖽 byaḥ 𑖤𑖿𑖧𑖾

㉔ bhya 𑖥𑖿𑖧 bhyā 𑖥𑖿𑖧𑖯 bhyi 𑖥𑖿𑖧𑖰 bhyī 𑖥𑖿𑖧𑖱 bhyu 𑖥𑖿𑖧𑖲 bhyū 𑖥𑖿𑖧𑖳

bhye 𑖥𑖿𑖧𑖸 bhyai 𑖥𑖿𑖧𑖹 bhyo 𑖥𑖿𑖧𑖺 bhyau 𑖥𑖿𑖧𑖻 bhyaṃ 𑖥𑖿𑖧𑖽 bhyaḥ 𑖥𑖿𑖧𑖾

㉕ mya 𑖦𑖿𑖧 myā 𑖦𑖿𑖧𑖯 myi 𑖦𑖿𑖧𑖰 myī 𑖦𑖿𑖧𑖱 myu 𑖦𑖿𑖧𑖲 myū 𑖦𑖿𑖧𑖳

mye 𑖦𑖿𑖧𑖸 myai 𑖦𑖿𑖧𑖹 myo 𑖦𑖿𑖧𑖺 myau 𑖦𑖿𑖧𑖻 myaṃ 𑖦𑖿𑖧𑖽 myaḥ 𑖦𑖿𑖧𑖾

㉖ lya 𑖩𑖿𑖧 lyā 𑖩𑖿𑖧𑖯 lyi 𑖩𑖿𑖧𑖰 lyī 𑖩𑖿𑖧𑖱 lyu 𑖩𑖿𑖧𑖲 lyū 𑖩𑖿𑖧𑖳

lye 𑖩𑖿𑖧𑖸 lyai 𑖩𑖿𑖧𑖹 lyo 𑖩𑖿𑖧𑖺 lyau 𑖩𑖿𑖧𑖻 lyaṃ 𑖩𑖿𑖧𑖽 lyaḥ 𑖩𑖿𑖧𑖾

㉗ vya 𑖪𑖿𑖧 vyā 𑖪𑖿𑖧𑖯 vyi 𑖪𑖿𑖧𑖰 vyī 𑖪𑖿𑖧𑖱 vyu 𑖪𑖿𑖧𑖲 vyū 𑖪𑖿𑖧𑖳

vye 𑖪𑖿𑖧𑖸 vyai 𑖪𑖿𑖧𑖹 vyo 𑖪𑖿𑖧𑖺 vyau 𑖪𑖿𑖧𑖻 vyaṃ 𑖪𑖿𑖧𑖽 vyaḥ 𑖪𑖿𑖧𑖾

㉘ śya 𑖫𑖿𑖧 śyā 𑖫𑖿𑖧𑖯 śyi 𑖫𑖿𑖧𑖰 śyī 𑖫𑖿𑖧𑖱 śyu 𑖫𑖿𑖧𑖲 śyū 𑖫𑖿𑖧𑖳

śye 𑖫𑖿𑖧𑖸 śyai 𑖫𑖿𑖧𑖹 śyo 𑖫𑖿𑖧𑖺 śyau 𑖫𑖿𑖧𑖻 śyaṃ 𑖫𑖿𑖧𑖽 śyaḥ 𑖫𑖿𑖧𑖾

㉙ ṣya 𑖬𑖿𑖧 ṣyā 𑖬𑖿𑖧𑖯 ṣyi 𑖬𑖿𑖧𑖰 ṣyī 𑖬𑖿𑖧𑖱 ṣyu 𑖬𑖿𑖧𑖲 ṣyū 𑖬𑖿𑖧𑖳

ṣye 𑖬𑖿𑖧𑖸 ṣyai 𑖬𑖿𑖧𑖹 ṣyo 𑖬𑖿𑖧𑖺 ṣyau 𑖬𑖿𑖧𑖻 ṣyaṃ 𑖬𑖿𑖧𑖽 ṣyaḥ 𑖬𑖿𑖧𑖾

㉚ sya 𑖭𑖿𑖧 syā 𑖭𑖿𑖧𑖯 syi 𑖭𑖿𑖧𑖰 syī 𑖭𑖿𑖧𑖱 syu 𑖭𑖿𑖧𑖲 syū 𑖭𑖿𑖧𑖳

sye 𑖭𑖿𑖧𑖸 syai 𑖭𑖿𑖧𑖹 syo 𑖭𑖿𑖧𑖺 syau 𑖭𑖿𑖧𑖻 syaṃ 𑖭𑖿𑖧𑖽 syaḥ 𑖭𑖿𑖧𑖾

㉛ hya 𑖮𑖿𑖧 hyā 𑖮𑖿𑖧𑖯 hyi 𑖮𑖿𑖧𑖰 hyī 𑖮𑖿𑖧𑖱 hyu 𑖮𑖿𑖧𑖲 hyū 𑖮𑖿𑖧𑖳

hye 𑖮𑖿𑖧𑖸 hyai 𑖮𑖿𑖧𑖹 hyo 𑖮𑖿𑖧𑖺 hyau 𑖮𑖿𑖧𑖻 hyaṃ 𑖮𑖿𑖧𑖽 hyaḥ 𑖮𑖿𑖧𑖾

㉜ kṣya 𑖎𑖿𑖬𑖿𑖧 kṣyā 𑖎𑖿𑖬𑖿𑖧𑖯 kṣyi 𑖎𑖿𑖬𑖿𑖧𑖰 kṣyī 𑖎𑖿𑖬𑖿𑖧𑖱 kṣyu 𑖎𑖿𑖬𑖿𑖧𑖲 kṣyū 𑖎𑖿𑖬𑖿𑖧𑖳

kṣye 𑖎𑖿𑖬𑖿𑖧𑖸 kṣyai 𑖎𑖿𑖬𑖿𑖧𑖹 kṣyo 𑖎𑖿𑖬𑖿𑖧𑖺 kṣyau 𑖎𑖿𑖬𑖿𑖧𑖻 kṣyaṃ 𑖎𑖿𑖬𑖿𑖧𑖽 kṣyaḥ 𑖎𑖿𑖬𑖿𑖧𑖾

4.3. 《실담자기》의 제3장

4.3.1. 제3장 원문 및 번역

상단 원문

第三章

將𑖨囉字。合於初章迦迦等字之下。名𑖎𑖿𑖨迦上略上𑖎𑖿𑖨𑖯迦平略平 生字三百九十有六 上略力價反。下略力迦反。上迦下迦並同略之平上取聲他皆効之也

상단 번역

제3장

ra𑖨囉자가 초장 ka𑖎迦·kā𑖎𑖯迦 등의 글자 아래에 결합되면 kra𑖎𑖿𑖨迦(상성)略(상성)·krā𑖎𑖿𑖨𑖯迦(평성)略(평성)으로 읽으며 모두 396자의 글자가 만들어진다. 앞의 ra略는 [lɐ(力價反)], 뒤의 ra略는 [lɐ(力迦反)]이다. 앞의 ka迦와 뒤의 kā迦 모두 ra略의 평성과 상성을 취한다. 모두 이를 따른다.

하단 원문

第三章

迦上略上迦平略平己里機釐苟漊鉤婁呂鉤反餘同上

하단 번역

제3장

kra 迦(상성)略(상성)·krā 迦(평성)略(평성)·kri 己里·krī 機釐·kru 苟漊·krū 鉤婁[lo(呂鉤反)]이며 나머지도 위와 같다.

4.3.2. 《실담자기》의 제3장 해설

《실담자기》의 제3장은 초장 12전성의 글자에 체문 34자 중 ra 와 결합되는 예를 보인 장이다. 즉 편구성 9자 중 ra 囉자가 초장의 ka 迦·kā 迦 등의 글자 아래에 붙어 kra 迦略·krā 迦略의 결합을 보이는 장으로써, 제3장에서도 모두 408자의 글자가 만들어 진다. 이 가운데 ra 자에 반체가 붙은 rra·rrā 등의 12전성을 제외하면 396자가 된다. 이 중에서도 제15장에서 설명되어질 ⑤ ṅra 와 관련된 12전성을 제외하면 실질적으로 제3장에서 논할 수 있는 글자의 수는 384가 전부이다. 후대에 이 장은 ' 迦略 迦略章'이라고도 한다.

더욱이 kra 의 迦와 krā 의 迦는 뒤의 字體인 略의 성조를 반드시 따라야하므로 kra 의 略은 상성, krā 의 略은 평성을 취해야 한다. 따라서 단음 ra略의 [lɐ(力價反)]와 장음 ra略의 [lɐ(力迦反)]는 둘 다 후설의 [ɐ]로써 음가상으로는 차이가 나지 않고 다만 성조에서 차이가 날 뿐이다. 이하의 모든 장에서도 이러한 성조의 규칙은 적용된다.

초장을 字體로 하여 《실담자기》의 제3장에서는 다음과 같이 396자가 생성된다.

① kra krā kri krī kru krū
kre krai kro krau kraṃ kraḥ

② khra khrā khri khrī khru khrū
khre khrai khro khrau khraṃ khraḥ

③ gra grā gri grī gru grū
gre grai gro grau graṃ graḥ

④ ghra ghrā ghri ghrī ghru ghrū
ghre ghrai ghro ghrau ghraṃ ghraḥ

⑤ ṅra ṅrā ṅri ṅrī ṅru ṅrū
ṅre ṅrai ṅro ṅrau ṅraṃ ṅraḥ

⑥ cra crā cri crī cru crū
cre crai cro crau craṃ craḥ

⑦ chra chrā chri chrī chru chrū
chre chrai chro chrau chraṃ chraḥ

⑧ jra jrā jri jrī jru jrū
jre jrai jro jrau jraṃ jraḥ

⑨ jhra jhrā jhri jhrī jhru jhrū
jhre jhrai jhro jhrau jhraṃ jhraḥ

⑩ ñra ñrā ñri ñrī ñru ñrū

ñre ñrai ñro ñrau ñraṃ ñraḥ

⑪ ṭra ṭrā ṭri ṭrī ṭru ṭrū

ṭre ṭrai ṭro ṭrau ṭraṃ ṭraḥ

⑫ ṭhra ṭhrā ṭhri ṭhrī ṭhru ṭhrū

ṭhre ṭhrai ṭhro ṭhrau ṭhraṃ ṭhraḥ

⑬ ḍra ḍrā ḍri ḍrī ḍru ḍrū

ḍre ḍrai ḍro ḍrau ḍraṃ ḍraḥ

⑭ ḍhra ḍhrā ḍhri ḍhrī ḍhru ḍhrū

ḍhre ḍhrai ḍhro ḍhrau ḍhraṃ ḍhraḥ

⑮ ṇra ṇrā ṇri ṇrī ṇru ṇrū

ṇre ṇrai ṇro ṇrau ṇraṃ ṇraḥ

⑯ tra trā tri trī tru trū

tre trai tro trau traṃ traḥ

⑰ thra thrā thri thrī thru thrū

thre thrai thro thrau thraṃ thraḥ

⑱ dra drā dri drī dru drū

dre drai dro drau draṃ draḥ

⑲ dhra dhrā dhri dhrī dhru dhrū

dhre dhrai dhro dhrau dhraṃ dhraḥ

⑳ nra nrā nri nrī nru nrū

nre nrai nro nrau nraṃ nraḥ

㉑ pra 𑖢𑖿𑖨 prā 𑖢𑖿𑖨𑖯 pri 𑖢𑖿𑖨𑖰 prī 𑖢𑖿𑖨𑖱 pru 𑖢𑖿𑖨𑖲 prū 𑖢𑖿𑖨𑖳

pre 𑖢𑖿𑖨𑖸 prai 𑖢𑖿𑖨𑖹 pro 𑖢𑖿𑖨𑖺 prau 𑖢𑖿𑖨𑖻 praṃ 𑖢𑖿𑖨𑖽 praḥ 𑖢𑖿𑖨𑖾

㉒ phra 𑖣𑖿𑖨 phrā 𑖣𑖿𑖨𑖯 phri 𑖣𑖿𑖨𑖰 phrī 𑖣𑖿𑖨𑖱 phru 𑖣𑖿𑖨𑖲 phrū 𑖣𑖿𑖨𑖳

phre 𑖣𑖿𑖨𑖸 phrai 𑖣𑖿𑖨𑖹 phro 𑖣𑖿𑖨𑖺 phrau 𑖣𑖿𑖨𑖻 phraṃ 𑖣𑖿𑖨𑖽 phraḥ 𑖣𑖿𑖨𑖾

㉓ bra 𑖤𑖿𑖨 brā 𑖤𑖿𑖨𑖯 bri 𑖤𑖿𑖨𑖰 brī 𑖤𑖿𑖨𑖱 bru 𑖤𑖿𑖨𑖲 brū 𑖤𑖿𑖨𑖳

bre 𑖤𑖿𑖨𑖸 brai 𑖤𑖿𑖨𑖹 bro 𑖤𑖿𑖨𑖺 brau 𑖤𑖿𑖨𑖻 braṃ 𑖤𑖿𑖨𑖽 braḥ 𑖤𑖿𑖨𑖾

㉔ bhra 𑖥𑖿𑖨 bhrā 𑖥𑖿𑖨𑖯 bhri 𑖥𑖿𑖨𑖰 bhrī 𑖥𑖿𑖨𑖱 bhru 𑖥𑖿𑖨𑖲 bhrū 𑖥𑖿𑖨𑖳

bhre 𑖥𑖿𑖨𑖸 bhrai 𑖥𑖿𑖨𑖹 bhro 𑖥𑖿𑖨𑖺 bhrau 𑖥𑖿𑖨𑖻 bhraṃ 𑖥𑖿𑖨𑖽 bhraḥ 𑖥𑖿𑖨𑖾

㉕ mra 𑖦𑖿𑖨 mrā 𑖦𑖿𑖨𑖯 mri 𑖦𑖿𑖨𑖰 mrī 𑖦𑖿𑖨𑖱 mru 𑖦𑖿𑖨𑖲 mrū 𑖦𑖿𑖨𑖳

mre 𑖦𑖿𑖨𑖸 mrai 𑖦𑖿𑖨𑖹 mro 𑖦𑖿𑖨𑖺 mrau 𑖦𑖿𑖨𑖻 mraṃ 𑖦𑖿𑖨𑖽 mraḥ 𑖦𑖿𑖨𑖾

㉖ yra 𑖧𑖿𑖨 yrā 𑖧𑖿𑖨𑖯 yri 𑖧𑖿𑖨𑖰 yrī 𑖧𑖿𑖨𑖱 yru 𑖧𑖿𑖨𑖲 yrū 𑖧𑖿𑖨𑖳

yre 𑖧𑖿𑖨𑖸 yrai 𑖧𑖿𑖨𑖹 yro 𑖧𑖿𑖨𑖺 yrau 𑖧𑖿𑖨𑖻 yraṃ 𑖧𑖿𑖨𑖽 yraḥ 𑖧𑖿𑖨𑖾

㉗ lra 𑖩𑖿𑖨 lrā 𑖩𑖿𑖨𑖯 lri 𑖩𑖿𑖨𑖰 lrī 𑖩𑖿𑖨𑖱 lru 𑖩𑖿𑖨𑖲 lrū 𑖩𑖿𑖨𑖳

lre 𑖩𑖿𑖨𑖸 lrai 𑖩𑖿𑖨𑖹 lro 𑖩𑖿𑖨𑖺 lrau 𑖩𑖿𑖨𑖻 lraṃ 𑖩𑖿𑖨𑖽 lraḥ 𑖩𑖿𑖨𑖾

㉘ vra 𑖪𑖿𑖨 vrā 𑖪𑖿𑖨𑖯 vri 𑖪𑖿𑖨𑖰 vrī 𑖪𑖿𑖨𑖱 vru 𑖪𑖿𑖨𑖲 vrū 𑖪𑖿𑖨𑖳

vre 𑖪𑖿𑖨𑖸 vrai 𑖪𑖿𑖨𑖹 vro 𑖪𑖿𑖨𑖺 vrau 𑖪𑖿𑖨𑖻 vraṃ 𑖪𑖿𑖨𑖽 vraḥ 𑖪𑖿𑖨𑖾

㉙ śra 𑖫𑖿𑖨 śrā 𑖫𑖿𑖨𑖯 śri 𑖫𑖿𑖨𑖰 śrī 𑖫𑖿𑖨𑖱 śru 𑖫𑖿𑖨𑖲 śrū 𑖫𑖿𑖨𑖳

śre 𑖫𑖿𑖨𑖸 śrai 𑖫𑖿𑖨𑖹 śro 𑖫𑖿𑖨𑖺 śrau 𑖫𑖿𑖨𑖻 śraṃ 𑖫𑖿𑖨𑖽 śraḥ 𑖫𑖿𑖨𑖾

㉚ ṣra 𑖬𑖿𑖨 ṣrā 𑖬𑖿𑖨𑖯 ṣri 𑖬𑖿𑖨𑖰 ṣrī 𑖬𑖿𑖨𑖱 ṣru 𑖬𑖿𑖨𑖲 ṣrū 𑖬𑖿𑖨𑖳

ṣre 𑖬𑖿𑖨𑖸 ṣrai 𑖬𑖿𑖨𑖹 ṣro 𑖬𑖿𑖨𑖺 ṣrau 𑖬𑖿𑖨𑖻 ṣraṃ 𑖬𑖿𑖨𑖽 ṣraḥ 𑖬𑖿𑖨𑖾

㉛ sra 𑖭𑖿𑖨 srā 𑖭𑖿𑖨𑖯 sri 𑖭𑖿𑖨𑖰 srī 𑖭𑖿𑖨𑖱 sru 𑖭𑖿𑖨𑖲 srū 𑖭𑖿𑖨𑖳

sre 𑖭𑖿𑖨𑖸 srai 𑖭𑖿𑖨𑖹 sro 𑖭𑖿𑖨𑖺 srau 𑖭𑖿𑖨𑖻 sraṃ 𑖭𑖿𑖨𑖽 sraḥ 𑖭𑖿𑖨𑖾

㉜ hra hrā hri hrī hru hrū

hre hrai hro hrau hraṃ hraḥ

㉝ kṣra kṣrā kṣri kṣrī kṣru kṣrū

kṣre kṣrai kṣro kṣrau kṣraṃ kṣraḥ

4.4. 《실담자기》의 제4장

4.4.1. 제4장 원문 및 번역

상단 원문

第四章

將攞字。合初章字之下。名迦攞迦攞。生字三百八十有四攞字洛可反

상단 번역

제4장

la攞자가 초장의 글자 아래에 합해져서 kla迦攞·klā迦攞로 읽으며 모두 384자가 만들어진다. la攞자는 [lɑ(洛可反)]이다.

하단 원문

第四章

迦攞上 迦攞平

하단 번역

제4장

kla 迦攞(상성)·klā 迦攞(평성)

4.4.2. 《실담자기》의 제4장 해설

《실담자기》의 제4장을 후대에 들어 '迦攞迦攞章'이라고도 불린다. 이 장은 편구성 9자 가운데 la 攞자가 초장의 글자 아래에 결합하여 kla 迦攞·klā 迦攞로 됨을 보임으로써, 이후의 khla ·khlā 등을 포함하여 모두 384자가 만들어짐을 보여주는 장이다. 즉 초장의 기본 408자 가운데 la 와 ra 에 반체가 붙는 lla 와 rla 의 24개의 문자를 제외하면 384자가 된다. 이 중에서 제3장과 마찬가지로 제15장에서 설명되는 ⑤ ṅla 의 12 전성을 제외하면 372자만이 제3장에서 설명될 수 있다. 그리고 kla 迦攞에서 ka迦와 la攞는 모두 상성, klā 迦攞의 ka迦와 lā攞는 모두 평성으로 발음한다.

초장을 字體로 하여 《실담자기》의 제4장에서는 다음과 같이 384자의 글자가 생성된다.

① kla klā kli klī klu klū
kle klai klo klau klaṃ klaḥ

② khla khlā khli khlī khlu khlū
khle khlai khlo khlau khlaṃ khlaḥ

③ gla glā gli glī glu glū
gle glai glo glau glaṃ glaḥ

④ ghla ghlā ghli ghlī ghlu ghlū
ghle ghlai ghlo ghlau ghlaṃ ghlaḥ

⑤ ṅla ṅlā ṅli ṅlī ṅlu ṅlū
ṅle ṅlai ṅlo ṅlau ṅlaṃ ṅlaḥ

⑥ cla clā cli clī clu clū
cle clai clo clau claṃ claḥ

⑦ chla chlā chli chlī chlu chlū
chle chlai chlo chlau chlaṃ chlaḥ

⑧ jla jlā jli jlī jlu jlū
jle jlai jlo jlau jlaṃ jlaḥ

⑨ jhla jhlā jhli jhlī jhlu jhlū
jhle jhlai jhlo jhlau jhlaṃ jhlaḥ

⑩ ñla ñlā ñli ñlī ñlu ñlū
ñle ñlai ñlo ñlau ñlaṃ ñlaḥ

⑪ ṭla ṭlā ṭli ṭlī ṭlu ṭlū
ṭle ṭlai ṭlo ṭlau ṭlaṃ ṭlaḥ

⑫ ṭhla ṭhlā ṭhli ṭhlī ṭhlu ṭhlū

ṭhle ṭhlai ṭhlo ṭhlau ṭhlaṃ ṭhlaḥ

⑬ ḍla ḍlā ḍli ḍlī ḍlu ḍlū

ḍle ḍlai ḍlo ḍlau ḍlaṃ ḍlaḥ

⑭ ḍhla ḍhlā ḍhli ḍhlī ḍhlu ḍhlū

ḍhle ḍhlai ḍhlo ḍhlau ḍhlaṃ ḍhlaḥ

⑮ ṇla ṇlā ṇli ṇlī ṇlu ṇlū

ṇle ṇlai ṇlo ṇlau ṇlaṃ ṇlaḥ

⑯ tla tlā tli tlī tlu tlū

tle tlai tlo tlau tlaṃ tlaḥ

⑰ thla thlā thli thlī thlu thlū

thle thlai thlo thlau thlaṃ thlaḥ

⑱ dla dlā dli dlī dlu dlū

dle dlai dlo dlau dlaṃ dlaḥ

⑲ dhla dhlā dhli dhlī dhlu dhlū

dhle dhlai dhlo dhlau dhlaṃ dhlaḥ

⑳ nla nlā nli nlī nlu nlū

nle nlai nlo nlau nlaṃ nlaḥ

㉑ pla plā pli plī plu plū

ple plai plo plau plaṃ plaḥ

㉒ phla phlā phli phlī phlu phlū

phle phlai phlo phlau phlaṃ phlaḥ

㉓ bla 𑖤𑖿𑖩 blā 𑖤𑖿𑖩𑖯 bli 𑖤𑖿𑖩𑖰 blī 𑖤𑖿𑖩𑖱 blu 𑖤𑖿𑖩𑖲 blū 𑖤𑖿𑖩𑖳

ble 𑖤𑖿𑖩𑖸 blai 𑖤𑖿𑖩𑖹 blo 𑖤𑖿𑖩𑖺 blau 𑖤𑖿𑖩𑖻 blaṃ 𑖤𑖿𑖩𑖽 blaḥ 𑖤𑖿𑖩𑖾

㉔ bhla 𑖥𑖿𑖩 bhlā 𑖥𑖿𑖩𑖯 bhli 𑖥𑖿𑖩𑖰 bhlī 𑖥𑖿𑖩𑖱 bhlu 𑖥𑖿𑖩𑖲 bhlū 𑖥𑖿𑖩𑖳

bhle 𑖥𑖿𑖩𑖸 bhlai 𑖥𑖿𑖩𑖹 bhlo 𑖥𑖿𑖩𑖺 bhlau 𑖥𑖿𑖩𑖻 bhlaṃ 𑖥𑖿𑖩𑖽 bhlaḥ 𑖥𑖿𑖩𑖾

㉕ mla 𑖦𑖿𑖩 mlā 𑖦𑖿𑖩𑖯 mli 𑖦𑖿𑖩𑖰 mlī 𑖦𑖿𑖩𑖱 mlu 𑖦𑖿𑖩𑖲 mlū 𑖦𑖿𑖩𑖳

mle 𑖦𑖿𑖩𑖸 mlai 𑖦𑖿𑖩𑖹 mlo 𑖦𑖿𑖩𑖺 mlau 𑖦𑖿𑖩𑖻 mlaṃ 𑖦𑖿𑖩𑖽 mlaḥ 𑖦𑖿𑖩𑖾

㉖ yla 𑖧𑖿𑖩 ylā 𑖧𑖿𑖩𑖯 yli 𑖧𑖿𑖩𑖰 ylī 𑖧𑖿𑖩𑖱 ylu 𑖧𑖿𑖩𑖲 ylū 𑖧𑖿𑖩𑖳

yle 𑖧𑖿𑖩𑖸 ylai 𑖧𑖿𑖩𑖹 ylo 𑖧𑖿𑖩𑖺 ylau 𑖧𑖿𑖩𑖻 ylaṃ 𑖧𑖿𑖩𑖽 ylaḥ 𑖧𑖿𑖩𑖾

㉗ vla 𑖪𑖿𑖩 vlā 𑖪𑖿𑖩𑖯 vli 𑖪𑖿𑖩𑖰 vlī 𑖪𑖿𑖩𑖱 vlu 𑖪𑖿𑖩𑖲 vlū 𑖪𑖿𑖩𑖳

vle 𑖪𑖿𑖩𑖸 vlai 𑖪𑖿𑖩𑖹 vlo 𑖪𑖿𑖩𑖺 vlau 𑖪𑖿𑖩𑖻 vlaṃ 𑖪𑖿𑖩𑖽 vlaḥ 𑖪𑖿𑖩𑖾

㉘ śla 𑖫𑖿𑖩 ślā 𑖫𑖿𑖩𑖯 śli 𑖫𑖿𑖩𑖰 ślī 𑖫𑖿𑖩𑖱 ślu 𑖫𑖿𑖩𑖲 ślū 𑖫𑖿𑖩𑖳

śle 𑖫𑖿𑖩𑖸 ślai 𑖫𑖿𑖩𑖹 ślo 𑖫𑖿𑖩𑖺 ślau 𑖫𑖿𑖩𑖻 ślaṃ 𑖫𑖿𑖩𑖽 ślaḥ 𑖫𑖿𑖩𑖾

㉙ ṣla 𑖬𑖿𑖩 ṣlā 𑖬𑖿𑖩𑖯 ṣli 𑖬𑖿𑖩𑖰 ṣlī 𑖬𑖿𑖩𑖱 ṣlu 𑖬𑖿𑖩𑖲 ṣlū 𑖬𑖿𑖩𑖳

ṣle 𑖬𑖿𑖩𑖸 ṣlai 𑖬𑖿𑖩𑖹 ṣlo 𑖬𑖿𑖩𑖺 ṣlau 𑖬𑖿𑖩𑖻 ṣlaṃ 𑖬𑖿𑖩𑖽 ṣlaḥ 𑖬𑖿𑖩𑖾

㉚ sla 𑖭𑖿𑖩 slā 𑖭𑖿𑖩𑖯 sli 𑖭𑖿𑖩𑖰 slī 𑖭𑖿𑖩𑖱 slu 𑖭𑖿𑖩𑖲 slū 𑖭𑖿𑖩𑖳

sle 𑖭𑖿𑖩𑖸 slai 𑖭𑖿𑖩𑖹 slo 𑖭𑖿𑖩𑖺 slau 𑖭𑖿𑖩𑖻 slaṃ 𑖭𑖿𑖩𑖽 slaḥ 𑖭𑖿𑖩𑖾

㉛ hla 𑖮𑖿𑖩 hlā 𑖮𑖿𑖩𑖯 hli 𑖮𑖿𑖩𑖰 hlī 𑖮𑖿𑖩𑖱 hlu 𑖮𑖿𑖩𑖲 hlū 𑖮𑖿𑖩𑖳

hle 𑖮𑖿𑖩𑖸 hlai 𑖮𑖿𑖩𑖹 hlo 𑖮𑖿𑖩𑖺 hlau 𑖮𑖿𑖩𑖻 hlaṃ 𑖮𑖿𑖩𑖽 hlaḥ 𑖮𑖿𑖩𑖾

㉜ kṣla 𑖎𑖿𑖬𑖿𑖩 kṣlā 𑖎𑖿𑖬𑖿𑖩𑖯 kṣli 𑖎𑖿𑖬𑖿𑖩𑖰 kṣlī 𑖎𑖿𑖬𑖿𑖩𑖱 kṣlu 𑖎𑖿𑖬𑖿𑖩𑖲 kṣlū 𑖎𑖿𑖬𑖿𑖩𑖳

kṣle 𑖎𑖿𑖬𑖿𑖩𑖸 kṣlai 𑖎𑖿𑖬𑖿𑖩𑖹 kṣlo 𑖎𑖿𑖬𑖿𑖩𑖺 kṣlau 𑖎𑖿𑖬𑖿𑖩𑖻 kṣlaṃ 𑖎𑖿𑖬𑖿𑖩𑖽 kṣlaḥ 𑖎𑖿𑖬𑖿𑖩𑖾

4.5. 《실담자기》의 제5장

4.5.1. 제5장 원문 및 번역

상단 원문

第五章

將𑖪嚩字。合初章字之下。名𑖎𑖿𑖪迦嚩上𑖎𑖿𑖪𑖯迦嚩平 生字三百八十有四

嚩字房可反

상단 번역

제5장

va𑖪嚩자가 초장 글자의 아래에 결합하여 kva𑖎𑖿𑖪迦嚩(상성)·kvā𑖎𑖿𑖪𑖯迦嚩(평성)로 읽으며 모두 384자가 만들어진다. va嚩자는 [bɑ(房可反)]이다.

하단 원문

第五章

𑖎𑖿𑖪迦嚩上𑖎𑖿𑖪𑖯迦嚩平

하단 번역

제5장

kva 迦嚩(상성)·kvā 迦嚩(평성)

4.5.2. 《실담자기》의 제5장 해설

《실담자기》의 제5장에서는 va 嚩자가 초장의 글자 아래에 합해져서 kva 迦嚩(상성)·kvā 迦嚩(평성)가 됨을 보여주는 장이다. 그러므로 후대에 ' 迦嚩 迦嚩章'이라고도 부른다. 이 장에서는 모두 384자가 만들어진다. 즉 초장의 408자 가운데 자음 ra 와 va 에 va 嚩가 붙는 rva , vva 의 12전성인 24개의 문자를 제외한 384자를 말한다. 이 장에서도 제15장에서 따로 설명되어지는 ⑤ ṅva 의 12전성을 제외하면 총 372자의 글자만이 제5장에 적용되는 글자이다. 그리고 kva 迦嚩의 迦와 嚩는 상성으로, kvā 迦嚩의 迦와 嚩는 평성으로 발음한다.

초장을 字體로 하여 《실담자기》의 제5장에서는 아래와 같이 모두 384자의 글자가 생성된다.

① kva kvā kvi kvī kvu kvū
kve kvai kvo kvau kvaṃ kvaḥ

② khva khvā khvi khvī khvu khvū
khve khvai khvo khvau khvaṃ khvaḥ

③ gva gvā gvi gvī gvu gvū

gve gvai gvo gvau gvaṃ gvaḥ

④ ghva ghvā ghvi ghvī ghvu ghvū

ghve ghvai ghvo ghvau ghvaṃ ghvaḥ

⑤ ṅva ṅvā ṅvi ṅvī ṅvu ṅvū

ṅve ṅvai ṅvo ṅvau ṅvaṃ ṅvaḥ

⑥ cva cvā cvi cvī cvu cvū

cve cvai cvo cvau cvaṃ cvaḥ

⑦ chva chvā chvi chvī chvu chvū

chve chvai chvo chvau chvaṃ chvaḥ

⑧ jva jvā jvi jvī jvu jvū

jve jvai jvo jvau jvaṃ jvaḥ

⑨ jhva jhvā jhvi jhvī jhvu jhvū

jhve jhvai jhvo jhvau jhvaṃ jhvaḥ

⑩ ñva ñvā ñvi ñvī ñvu ñvū

ñve ñvai ñvo ñvau ñvaṃ ñvaḥ

⑪ ṭva ṭvā ṭvi ṭvī ṭvu ṭvū

ṭve ṭvai ṭvo ṭvau ṭvaṃ ṭvaḥ

⑫ ṭhva ṭhvā ṭhvi ṭhvī ṭhvu ṭhvū

ṭhve ṭhvai ṭhvo ṭhvau ṭhvaṃ ṭhvaḥ

⑬ ḍva ḍvā ḍvi ḍvī ḍvu ḍvū

ḍve ḍvai ḍvo ḍvau ḍvaṃ ḍvaḥ

⑭ ḍhva 𑖛𑖿𑖪 ḍhvā 𑖛𑖿𑖪𑖯 ḍhvi 𑖛𑖿𑖪𑖰 ḍhvī 𑖛𑖿𑖪𑖱 ḍhvu 𑖛𑖿𑖪𑖲 ḍhvū 𑖛𑖿𑖪𑖳

ḍhve 𑖛𑖿𑖪𑖸 ḍhvai 𑖛𑖿𑖪𑖹 ḍhvo 𑖛𑖿𑖪𑖺 ḍhvau 𑖛𑖿𑖪𑖻 ḍhvaṃ 𑖛𑖿𑖪𑖽 ḍhvaḥ 𑖛𑖿𑖪𑖾

⑮ ṇva 𑖜𑖿𑖪 ṇvā 𑖜𑖿𑖪𑖯 ṇvi 𑖜𑖿𑖪𑖰 ṇvī 𑖜𑖿𑖪𑖱 ṇvu 𑖜𑖿𑖪𑖲 ṇvū 𑖜𑖿𑖪𑖳

ṇve 𑖜𑖿𑖪𑖸 ṇvai 𑖜𑖿𑖪𑖹 ṇvo 𑖜𑖿𑖪𑖺 ṇvau 𑖜𑖿𑖪𑖻 ṇvaṃ 𑖜𑖿𑖪𑖽 ṇvaḥ 𑖜𑖿𑖪𑖾

⑯ tva 𑖝𑖿𑖪 tvā 𑖝𑖿𑖪𑖯 tvi 𑖝𑖿𑖪𑖰 tvī 𑖝𑖿𑖪𑖱 tvu 𑖝𑖿𑖪𑖲 tvū 𑖝𑖿𑖪𑖳

tve 𑖝𑖿𑖪𑖸 tvai 𑖝𑖿𑖪𑖹 tvo 𑖝𑖿𑖪𑖺 tvau 𑖝𑖿𑖪𑖻 tvaṃ 𑖝𑖿𑖪𑖽 tvaḥ 𑖝𑖿𑖪𑖾

⑰ thva 𑖞𑖿𑖪 thvā 𑖞𑖿𑖪𑖯 thvi 𑖞𑖿𑖪𑖰 thvī 𑖞𑖿𑖪𑖱 thvu 𑖞𑖿𑖪𑖲 thvū 𑖞𑖿𑖪𑖳

thve 𑖞𑖿𑖪𑖸 thvai 𑖞𑖿𑖪𑖹 thvo 𑖞𑖿𑖪𑖺 thvau 𑖞𑖿𑖪𑖻 thvaṃ 𑖞𑖿𑖪𑖽 thvaḥ 𑖞𑖿𑖪𑖾

⑱ dva 𑖟𑖿𑖪 dvā 𑖟𑖿𑖪𑖯 dvi 𑖟𑖿𑖪𑖰 dvī 𑖟𑖿𑖪𑖱 dvu 𑖟𑖿𑖪𑖲 dvū 𑖟𑖿𑖪𑖳

dve 𑖟𑖿𑖪𑖸 dvai 𑖟𑖿𑖪𑖹 dvo 𑖟𑖿𑖪𑖺 dvau 𑖟𑖿𑖪𑖻 dvaṃ 𑖟𑖿𑖪𑖽 dvaḥ 𑖟𑖿𑖪𑖾

⑲ dhva 𑖠𑖿𑖪 dhvā 𑖠𑖿𑖪𑖯 dhvi 𑖠𑖿𑖪𑖰 dhvī 𑖠𑖿𑖪𑖱 dhvu 𑖠𑖿𑖪𑖲 dhvū 𑖠𑖿𑖪𑖳

dhve 𑖠𑖿𑖪𑖸 dhvai 𑖠𑖿𑖪𑖹 dhvo 𑖠𑖿𑖪𑖺 dhvau 𑖠𑖿𑖪𑖻 dhvaṃ 𑖠𑖿𑖪𑖽 dhvaḥ 𑖠𑖿𑖪𑖾

⑳ nva 𑖡𑖿𑖪 nvā 𑖡𑖿𑖪𑖯 nvi 𑖡𑖿𑖪𑖰 nvī 𑖡𑖿𑖪𑖱 nvu 𑖡𑖿𑖪𑖲 nvū 𑖡𑖿𑖪𑖳

nve 𑖡𑖿𑖪𑖸 nvai 𑖡𑖿𑖪𑖹 nvo 𑖡𑖿𑖪𑖺 nvau 𑖡𑖿𑖪𑖻 nvaṃ 𑖡𑖿𑖪𑖽 nvaḥ 𑖡𑖿𑖪𑖾

㉑ pva 𑖢𑖿𑖪 pvā 𑖢𑖿𑖪𑖯 pvi 𑖢𑖿𑖪𑖰 pvī 𑖢𑖿𑖪𑖱 pvu 𑖢𑖿𑖪𑖲 pvū 𑖢𑖿𑖪𑖳

pve 𑖢𑖿𑖪𑖸 pvai 𑖢𑖿𑖪𑖹 pvo 𑖢𑖿𑖪𑖺 pvau 𑖢𑖿𑖪𑖻 pvaṃ 𑖢𑖿𑖪𑖽 pvaḥ 𑖢𑖿𑖪𑖾

㉒ phva 𑖣𑖿𑖪 phvā 𑖣𑖿𑖪𑖯 phvi 𑖣𑖿𑖪𑖰 phvī 𑖣𑖿𑖪𑖱 phvu 𑖣𑖿𑖪𑖲 phvū 𑖣𑖿𑖪𑖳

phve 𑖣𑖿𑖪𑖸 phvai 𑖣𑖿𑖪𑖹 phvo 𑖣𑖿𑖪𑖺 phvau 𑖣𑖿𑖪𑖻 phvaṃ 𑖣𑖿𑖪𑖽 phvaḥ 𑖣𑖿𑖪𑖾

㉓ bva 𑖤𑖿𑖪 bvā 𑖤𑖿𑖪𑖯 bvi 𑖤𑖿𑖪𑖰 bvī 𑖤𑖿𑖪𑖱 bvu 𑖤𑖿𑖪𑖲 bvū 𑖤𑖿𑖪𑖳

bve 𑖤𑖿𑖪𑖸 bvai 𑖤𑖿𑖪𑖹 bvo 𑖤𑖿𑖪𑖺 bvau 𑖤𑖿𑖪𑖻 bvaṃ 𑖤𑖿𑖪𑖽 bvaḥ 𑖤𑖿𑖪𑖾

㉔ bhva 𑖥𑖿𑖪 bhvā 𑖥𑖿𑖪𑖯 bhvi 𑖥𑖿𑖪𑖰 bhvī 𑖥𑖿𑖪𑖱 bhvu 𑖥𑖿𑖪𑖲 bhvū 𑖥𑖿𑖪𑖳

bhve 𑖥𑖿𑖪𑖸 bhvai 𑖥𑖿𑖪𑖹 bhvo 𑖥𑖿𑖪𑖺 bhvau 𑖥𑖿𑖪𑖻 bhvaṃ 𑖥𑖿𑖪𑖽 bhvaḥ 𑖥𑖿𑖪𑖾

㉕ mva mvā mvi mvī mvu mvū

mve mvai mvo mvau mvaṃ mvaḥ

㉖ yva yvā yvi yvī yvu yvū

yve yvai yvo yvau yvaṃ yvaḥ

㉗ lva lvā lvi lvī lvu lvū

lve lvai lvo lvau lvaṃ lvaḥ

㉘ śva śvā śvi śvī śvu śvū

śve śvai śvo śvau śvaṃ śvaḥ

㉙ ṣva ṣvā ṣvi ṣvī ṣvu ṣvū

ṣve ṣvai ṣvo ṣvau ṣvaṃ ṣvaḥ

㉚ sva svā svi svī svu svū

sve svai svo svau svaṃ svaḥ

㉛ hva hvā hvi hvī hvu hvū

hve hvai hvo hvau hvaṃ hvaḥ

㉜ kṣva kṣvā kṣvi kṣvī kṣvu kṣvū

kṣve kṣvai kṣvo kṣvau kṣvaṃ kṣvaḥ

4.6. 《실담자기》의 제6장

4.6.1. 제6장 원문 및 번역

상단 원문

第六章

將𑖦麼字。合初章字之下。名𑖎𑖿𑖦迦麼𑖎𑖿𑖦𑖯迦麼。生字三百八十有四

상단 번역

제6장

ma𑖦麼자가 초장 글자의 아래에 결합하여 kma𑖎𑖿𑖦迦麼·kmā𑖎𑖿𑖦𑖯迦麼로 읽으며 모두 384자가 만들어진다.

하단 원문

第六章

𑖎𑖿𑖦迦麼𑖎𑖿𑖦𑖯迦麼[6]

하단 번역

제6장

kma 迦麼·kmā 迦摩

4.6.2. 《실담자기》의 제6장 해설

《실담자기》의 제6장은 ma 麼자가 초장의 글자와 결합하여 kma 迦麼·kmā 迦麼로 발음됨을 밝히는 장이다. 따라서 이 장에서는 khma·khmā 등 모두 384자가 만들어진다. 즉 초장의 408자 가운데 ma 자와 ra 자에 ma 麼자가 결합되는 rma 자와 mma 자의 12전성인 24개의 문자를 제외한 384자를 말한다. 이 장을 후대에 '迦麼迦麼章'이라고 부르는 것은 kma 迦麼·kmā 迦麼의 결합에서 온 장의 명칭이다.

초장을 字體로 하여 《실담자기》의 제6장에서는 모두 384자의 글자가 만들어진다.

① kma kmā kmi kmī kmu kmū
kme kmai kmo kmau kmaṃ kmaḥ

② khma khmā khmi khmī khmu khmū
khme khmai khmo khmau khmaṃ khmaḥ

③ gma gmā gmi gmī gmu gmū
gme gmai gmo gmau gmaṃ gmaḥ

④ ghma ghmā ghmi ghmī ghmu ghmū
ghme ghmai ghmo ghmau ghmaṃ ghmaḥ

⑤ ṅma 𑖒𑖿𑖦 ṅmā 𑖒𑖿𑖦𑖯 ṅmi 𑖒𑖿𑖦𑖰 ṅmī 𑖒𑖿𑖦𑖱 ṅmu 𑖒𑖿𑖦𑖲 ṅmū 𑖒𑖿𑖦𑖳

ṅme 𑖒𑖿𑖦𑖸 ṅmai 𑖒𑖿𑖦𑖹 ṅmo 𑖒𑖿𑖦𑖺 ṅmau 𑖒𑖿𑖦𑖻 ṅmaṃ 𑖒𑖿𑖦𑖽 ṅmaḥ 𑖒𑖿𑖦𑖾

⑥ cma 𑖓𑖿𑖦 cmā 𑖓𑖿𑖦𑖯 cmi 𑖓𑖿𑖦𑖰 cmī 𑖓𑖿𑖦𑖱 cmu 𑖓𑖿𑖦𑖲 cmū 𑖓𑖿𑖦𑖳

cme 𑖓𑖿𑖦𑖸 cmai 𑖓𑖿𑖦𑖹 cmo 𑖓𑖿𑖦𑖺 cmau 𑖓𑖿𑖦𑖻 cmaṃ 𑖓𑖿𑖦𑖽 cmaḥ 𑖓𑖿𑖦𑖾

⑦ chma 𑖔𑖿𑖦 chmā 𑖔𑖿𑖦𑖯 chmi 𑖔𑖿𑖦𑖰 chmī 𑖔𑖿𑖦𑖱 chmu 𑖔𑖿𑖦𑖲 chmū 𑖔𑖿𑖦𑖳

chme 𑖔𑖿𑖦𑖸 chmai 𑖔𑖿𑖦𑖹 chmo 𑖔𑖿𑖦𑖺 chmau 𑖔𑖿𑖦𑖻 chmaṃ 𑖔𑖿𑖦𑖽 chmaḥ 𑖔𑖿𑖦𑖾

⑧ jma 𑖕𑖿𑖦 jmā 𑖕𑖿𑖦𑖯 jmi 𑖕𑖿𑖦𑖰 jmī 𑖕𑖿𑖦𑖱 jmu 𑖕𑖿𑖦𑖲 jmū 𑖕𑖿𑖦𑖳

jme 𑖕𑖿𑖦𑖸 jmai 𑖕𑖿𑖦𑖹 jmo 𑖕𑖿𑖦𑖺 jmau 𑖕𑖿𑖦𑖻 jmaṃ 𑖕𑖿𑖦𑖽 jmaḥ 𑖕𑖿𑖦𑖾

⑨ jhma 𑖖𑖿𑖦 jhmā 𑖖𑖿𑖦𑖯 jhmi 𑖖𑖿𑖦𑖰 jhmī 𑖖𑖿𑖦𑖱 jhmu 𑖖𑖿𑖦𑖲 jhmū 𑖖𑖿𑖦𑖳

jhme 𑖖𑖿𑖦𑖸 jhmai 𑖖𑖿𑖦𑖹 jhmo 𑖖𑖿𑖦𑖺 jhmau 𑖖𑖿𑖦𑖻 jhmaṃ 𑖖𑖿𑖦𑖽 jhmaḥ 𑖖𑖿𑖦𑖾

⑩ ñma 𑖗𑖿𑖦 ñmā 𑖗𑖿𑖦𑖯 ñmi 𑖗𑖿𑖦𑖰 ñmī 𑖗𑖿𑖦𑖱 ñmu 𑖗𑖿𑖦𑖲 ñmū 𑖗𑖿𑖦𑖳

ñme 𑖗𑖿𑖦𑖸 ñmai 𑖗𑖿𑖦𑖹 ñmo 𑖗𑖿𑖦𑖺 ñmau 𑖗𑖿𑖦𑖻 ñmaṃ 𑖗𑖿𑖦𑖽 ñmaḥ 𑖗𑖿𑖦𑖾

⑪ ṭma 𑖘𑖿𑖦 ṭmā 𑖘𑖿𑖦𑖯 ṭmi 𑖘𑖿𑖦𑖰 ṭmī 𑖘𑖿𑖦𑖱 ṭmu 𑖘𑖿𑖦𑖲 ṭmū 𑖘𑖿𑖦𑖳

ṭme 𑖘𑖿𑖦𑖸 ṭmai 𑖘𑖿𑖦𑖹 ṭmo 𑖘𑖿𑖦𑖺 ṭmau 𑖘𑖿𑖦𑖻 ṭmaṃ 𑖘𑖿𑖦𑖽 ṭmaḥ 𑖘𑖿𑖦𑖾

⑫ ṭhma 𑖙𑖿𑖦 ṭhmā 𑖙𑖿𑖦𑖯 ṭhmi 𑖙𑖿𑖦𑖰 ṭhmī 𑖙𑖿𑖦𑖱 ṭhmu 𑖙𑖿𑖦𑖲 ṭhmū 𑖙𑖿𑖦𑖳

ṭhme 𑖙𑖿𑖦𑖸 ṭhmai 𑖙𑖿𑖦𑖹 ṭhmo 𑖙𑖿𑖦𑖺 ṭhmau 𑖙𑖿𑖦𑖻 ṭhmaṃ 𑖙𑖿𑖦𑖽 ṭhmaḥ 𑖙𑖿𑖦𑖾

⑬ ḍma 𑖚𑖿𑖦 ḍmā 𑖚𑖿𑖦𑖯 ḍmi 𑖚𑖿𑖦𑖰 ḍmī 𑖚𑖿𑖦𑖱 ḍmu 𑖚𑖿𑖦𑖲 ḍmū 𑖚𑖿𑖦𑖳

ḍme 𑖚𑖿𑖦𑖸 ḍmai 𑖚𑖿𑖦𑖹 ḍmo 𑖚𑖿𑖦𑖺 ḍmau 𑖚𑖿𑖦𑖻 ḍmaṃ 𑖚𑖿𑖦𑖽 ḍmaḥ 𑖚𑖿𑖦𑖾

⑭ ḍhma 𑖛𑖿𑖦 ḍhmā 𑖛𑖿𑖦𑖯 ḍhmi 𑖛𑖿𑖦𑖰 ḍhmī 𑖛𑖿𑖦𑖱 ḍhmu 𑖛𑖿𑖦𑖲 ḍhmū 𑖛𑖿𑖦𑖳

ḍhme 𑖛𑖿𑖦𑖸 ḍhmai 𑖛𑖿𑖦𑖹 ḍhmo 𑖛𑖿𑖦𑖺 ḍhmau 𑖛𑖿𑖦𑖻 ḍhmaṃ 𑖛𑖿𑖦𑖽 ḍhmaḥ 𑖛𑖿𑖦𑖾

⑮ ṇma 𑖜𑖿𑖦 ṇmā 𑖜𑖿𑖦𑖯 ṇmi 𑖜𑖿𑖦𑖰 ṇmī 𑖜𑖿𑖦𑖱 ṇmu 𑖜𑖿𑖦𑖲 ṇmū 𑖜𑖿𑖦𑖳

ṇme 𑖜𑖿𑖦𑖸 ṇmai 𑖜𑖿𑖦𑖹 ṇmo 𑖜𑖿𑖦𑖺 ṇmau 𑖜𑖿𑖦𑖻 ṇmaṃ 𑖜𑖿𑖦𑖽 ṇmaḥ 𑖜𑖿𑖦𑖾

⑯ tma 𑖝𑖿𑖦 tmā 𑖝𑖿𑖦𑖯 tmi 𑖝𑖿𑖦𑖰 tmī 𑖝𑖿𑖦𑖱 tmu 𑖝𑖿𑖦𑖲 tmū 𑖝𑖿𑖦𑖳
tme 𑖝𑖿𑖦𑖸 tmai 𑖝𑖿𑖦𑖹 tmo 𑖝𑖿𑖦𑖺 tmau 𑖝𑖿𑖦𑖻 tmaṃ 𑖝𑖿𑖦𑖽 tmaḥ 𑖝𑖿𑖦𑖾

⑰ thma 𑖞𑖿𑖦 thmā 𑖞𑖿𑖦𑖯 thmi 𑖞𑖿𑖦𑖰 thmī 𑖞𑖿𑖦𑖱 thmu 𑖞𑖿𑖦𑖲 thmū 𑖞𑖿𑖦𑖳
thme 𑖞𑖿𑖦𑖸 thmai 𑖞𑖿𑖦𑖹 thmo 𑖞𑖿𑖦𑖺 thmau 𑖞𑖿𑖦𑖻 thmaṃ 𑖞𑖿𑖦𑖽 thmaḥ 𑖞𑖿𑖦𑖾

⑱ dma 𑖟𑖿𑖦 dmā 𑖟𑖿𑖦𑖯 dmi 𑖟𑖿𑖦𑖰 dmī 𑖟𑖿𑖦𑖱 dmu 𑖟𑖿𑖦𑖲 dmū 𑖟𑖿𑖦𑖳
dme 𑖟𑖿𑖦𑖸 dmai 𑖟𑖿𑖦𑖹 dmo 𑖟𑖿𑖦𑖺 dmau 𑖟𑖿𑖦𑖻 dmaṃ 𑖟𑖿𑖦𑖽 dmaḥ 𑖟𑖿𑖦𑖾

⑲ dhma 𑖠𑖿𑖦 dhmā 𑖠𑖿𑖦𑖯 dhmi 𑖠𑖿𑖦𑖰 dhmī 𑖠𑖿𑖦𑖱 dhmu 𑖠𑖿𑖦𑖲 dhmū 𑖠𑖿𑖦𑖳
dhme 𑖠𑖿𑖦𑖸 dhmai 𑖠𑖿𑖦𑖹 dhmo 𑖠𑖿𑖦𑖺 dhmau 𑖠𑖿𑖦𑖻 dhmaṃ 𑖠𑖿𑖦𑖽 dhmaḥ 𑖠𑖿𑖦𑖾

⑳ nma 𑖡𑖿𑖦 nmā 𑖡𑖿𑖦𑖯 nmi 𑖡𑖿𑖦𑖰 nmī 𑖡𑖿𑖦𑖱 nmu 𑖡𑖿𑖦𑖲 nmū 𑖡𑖿𑖦𑖳
nme 𑖡𑖿𑖦𑖸 nmai 𑖡𑖿𑖦𑖹 nmo 𑖡𑖿𑖦𑖺 nmau 𑖡𑖿𑖦𑖻 nmaṃ 𑖡𑖿𑖦𑖽 nmaḥ 𑖡𑖿𑖦𑖾

㉑ pma 𑖢𑖿𑖦 pmā 𑖢𑖿𑖦𑖯 pmi 𑖢𑖿𑖦𑖰 pmī 𑖢𑖿𑖦𑖱 pmu 𑖢𑖿𑖦𑖲 pmū 𑖢𑖿𑖦𑖳
pme 𑖢𑖿𑖦𑖸 pmai 𑖢𑖿𑖦𑖹 pmo 𑖢𑖿𑖦𑖺 pmau 𑖢𑖿𑖦𑖻 pmaṃ 𑖢𑖿𑖦𑖽 pmaḥ 𑖢𑖿𑖦𑖾

㉒ phma 𑖣𑖿𑖦 phmā 𑖣𑖿𑖦𑖯 phmi 𑖣𑖿𑖦𑖰 phmī 𑖣𑖿𑖦𑖱 phmu 𑖣𑖿𑖦𑖲 phmū 𑖣𑖿𑖦𑖳
phme 𑖣𑖿𑖦𑖸 phmai 𑖣𑖿𑖦𑖹 phmo 𑖣𑖿𑖦𑖺 phmau 𑖣𑖿𑖦𑖻 phmaṃ 𑖣𑖿𑖦𑖽 phmaḥ 𑖣𑖿𑖦𑖾

㉓ bma 𑖤𑖿𑖦 bmā 𑖤𑖿𑖦𑖯 bmi 𑖤𑖿𑖦𑖰 bmī 𑖤𑖿𑖦𑖱 bmu 𑖤𑖿𑖦𑖲 bmū 𑖤𑖿𑖦𑖳
bme 𑖤𑖿𑖦𑖸 bmai 𑖤𑖿𑖦𑖹 bmo 𑖤𑖿𑖦𑖺 bmau 𑖤𑖿𑖦𑖻 bmaṃ 𑖤𑖿𑖦𑖽 bmaḥ 𑖤𑖿𑖦𑖾

㉔ bhma 𑖥𑖿𑖦 bhmā 𑖥𑖿𑖦𑖯 bhmi 𑖥𑖿𑖦𑖰 bhmī 𑖥𑖿𑖦𑖱 bhmu 𑖥𑖿𑖦𑖲 bhmū 𑖥𑖿𑖦𑖳
bhme 𑖥𑖿𑖦𑖸 bhmai 𑖥𑖿𑖦𑖹 bhmo 𑖥𑖿𑖦𑖺 bhmau 𑖥𑖿𑖦𑖻 bhmaṃ 𑖥𑖿𑖦𑖽 bhmaḥ 𑖥𑖿𑖦𑖾

㉕ yma 𑖧𑖿𑖦 ymā 𑖧𑖿𑖦𑖯 ymi 𑖧𑖿𑖦𑖰 ymī 𑖧𑖿𑖦𑖱 ymu 𑖧𑖿𑖦𑖲 ymū 𑖧𑖿𑖦𑖳
yme 𑖧𑖿𑖦𑖸 ymai 𑖧𑖿𑖦𑖹 ymo 𑖧𑖿𑖦𑖺 ymau 𑖧𑖿𑖦𑖻 ymaṃ 𑖧𑖿𑖦𑖽 ymaḥ 𑖧𑖿𑖦𑖾

㉖ lma 𑖩𑖿𑖦 lmā 𑖩𑖿𑖦𑖯 lmi 𑖩𑖿𑖦𑖰 lmī 𑖩𑖿𑖦𑖱 lmu 𑖩𑖿𑖦𑖲 lmū 𑖩𑖿𑖦𑖳
lme 𑖩𑖿𑖦𑖸 lmai 𑖩𑖿𑖦𑖹 lmo 𑖩𑖿𑖦𑖺 lmau 𑖩𑖿𑖦𑖻 lmaṃ 𑖩𑖿𑖦𑖽 lmaḥ 𑖩𑖿𑖦𑖾

㉗ vma vmā vmi vmī vmu vmū
vme vmai vmo vmau vmaṃ vmaḥ

㉘ śma śmā śmi śmī śmu śmū
śme śmai śmo śmau śmaṃ śmaḥ

㉙ ṣma ṣmā ṣmi ṣmī ṣmu ṣmū
ṣme ṣmai ṣmo ṣmau ṣmaṃ ṣmaḥ

㉚ sma smā smi smī smu smū
sme smai smo smau smaṃ smaḥ

㉛ hma hmā hmi hmī hmu hmū
hme hmai hmo hmau hmaṃ hmaḥ

㉜ kṣma kṣmā kṣmi kṣmī kṣmu kṣmū
kṣme kṣmai kṣmo kṣmau kṣmaṃ kṣmaḥ

4.7. 《실담자기》의 제7장

4.7.1. 제7장 원문 및 번역

상단 원문

第七章

將ན囊字。合初章字之下。名ཀྣ迦那ཀྣཱ迦那。生字三百八十有四

상단 번역

제7장

naན囊자가 초장 글자의 아래에 결합되어 knaཀྣ迦那·knāཀྣཱ迦那로 읽으며 모두 384자가 만들어진다.

하단 원문

第七章

ཀྣ迦娜ཀྣཱ迦娜

하단 번역

제7장

knaཀྣ迦娜·knāཀྣཱ迦娜

4.7.2.《실담자기》의 제7장 해설

《실담자기》의 제7장은 naན囊자가 초장의 글자 하단과 결합하여 knaཀྣ迦那·knāཀྣཱ迦那로 되는 예를 보여주는 장이다. 장이다. 따라서 khnaཁྣ·khnāཁྣཱ의 12전성 내지 kṣnaཀྵྣ·kṣnāཀྵྣཱ의 12전성을 포함하여 모두 384자가 만들어진다. 후대에는 '迦那 迦那章'이라고도 부르는 장이다. 이 장에서는 초장의 408자 가운데 ra와 na에 붙는 rna와 nna의 12전성인 24개의 문자를 제외하면 모두 384자만이 제7장에 적용된다. 그리고 na에 대하여 상단에서는 kna迦那·knā迦那로 표기하고 있는 반면, 하단에서는 kna迦娜·knā迦娜[7]로 na에 대한 한역자음을 달리 나타내고 있다.[8]

초장을 字體로 하여 《실담자기》의 제7장에서는 모두 384자의 글자가 생성되어진다.

① kna knā kni knī knu knū
kne knai kno knau knaṃ knaḥ

② khna khnā khni khnī khnu khnū
khne khnai khno khnau khnaṃ khnaḥ

③ gna gnā gni gnī gnu gnū
gne gnai gno gnau gnaṃ gnaḥ

④ ghna ghnā ghni ghnī ghnu ghnū
ghne ghnai ghno ghnau ghnaṃ ghnaḥ

⑤ ṅna ṅnā ṅni ṅnī ṅnu ṅnū
ṅne ṅnai ṅno ṅnau ṅnaṃ ṅnaḥ

⑥ cna cnā cni cnī cnu cnū
cne cnai cno cnau canṃ cnaḥ

⑦ chna chnā chni chnī chnu chnū

chne chnai chno chnau chnaṃ chnaḥ

⑧ jna jnā jni jnī jnu jnū

jne jnai jno jnau jnaṃ jnaḥ

⑨ jhna jhnā jhni jhnī jhnu jhnū

jhne jhnai jhno jhnau jhnaṃ jhnaḥ

⑩ ñna ñnā ñni ñnī ñnu ñnū

ñne ñnai ñno ñnau ñnaṃ ñnaḥ

⑪ ṭna ṭnā ṭni ṭnī ṭnu ṭnū

ṭne ṭnai ṭno ṭnau ṭnaṃ ṭnaḥ

⑫ ṭhna ṭhnā ṭhni ṭhnī ṭhnu ṭhnū

ṭhne ṭhnai ṭhno ṭhnau ṭhnaṃ ṭhnaḥ

⑬ ḍna ḍnā ḍni ḍnī ḍnu ḍnū

ḍne ḍnai ḍno ḍnau ḍnaṃ ḍnaḥ

⑭ ḍhna ḍhnā ḍhni ḍhnī ḍhnu ḍhnū

ḍhne ḍhnai ḍhno ḍhnau ḍhnaṃ ḍhnaḥ

⑮ ṇna ṇnā ṇni ṇnī ṇnu ṇnū

ṇne ṇnai ṇno ṇnau ṇnaṃ ṇnaḥ

⑯ tna tnā tni tnī tnu tnū

tne tnai tno tnau tnaṃ tnaḥ

⑰ thna thnā thni thnī thnu thnū

thne thnai thno thnau thanṃ thnaḥ

⑱ dna dnā dni dnī dnu dnū

dne dnai dno dnau dnaṃ dnaḥ

⑲ dhna dhnā dhni dhnī dhnu dhnū

dhne dhnai dhno dhnau dhnaṃ dhnaḥ

⑳ pna pnā pni pnī pnu pnū

pne pnai pno pnau pnaṃ pnaḥ

㉑ phna phnā phni phnī phnu phnū

phne phnai phno phnau phnaṃ phnaḥ

㉒ bna bnā bni bnī bnu bnū

bne bnai bno bnau bnaṃ bnaḥ

㉓ bhna bhnā bhni bhnī bhnu bhnū

bhne bhnai bhno bhnau bhnaṃ bhnaḥ

㉔ mna mnā mni mnī mnu mnū

mne mnai mno mnau mnaṃ mnaḥ

㉕ yna ynā yni ynī ynu ynū

yne ynai yno ynau ynaṃ ynaḥ

㉖ lna lnā lni lnī lnu lnū

lne lnai lno lnau lnaṃ lnaḥ

㉗ vna vnā vni vnī vnu vnū

vne vnai vno vnau vnaṃ vnaḥ

㉘ śna śnā śni śnī śnu śnū

śne śnai śno śnau śnaṃ śnaḥ

㉙ ṣna ṣnā ṣni ṣnī ṣnu ṣnū

ṣne ṣnai ṣno ṣnau ṣnaṃ ṣnaḥ

㉚ sna snā sni snī snu snū

sne snai sno snau snaṃ snaḥ

㉛ hna hnā hni hnī hnu hnū

hne hnai hno hnau hnaṃ hnaḥ

㉜ kṣna kṣnā kṣni kṣnī kṣnu kṣnū

kṣne kṣnai kṣno kṣnau kṣnaṃ kṣnaḥ

1) 澄觀撰,《大方廣佛華嚴經疏》(T. 35, No. 1735, 747c20-21)에서는 "경이나 논에서 초
  장이라고 하는 것은 범장 중에서 실담자모가 맨 먼저에 위치하고 있기 때문이다."
  라고 하였다.

2) 47언 각각의 이체자는 다음과 같다.

a[□]	ā[□]	i[□]	ī[□]	u[□·□·□]
ū[□·□]	e[□]	ai[□]	o[□]	au[□]
aṃ[□·□]	aḥ[□:]			
ka[□·□]	kha[□]	ga[□]	gha[□·□]	ṅa[□·□]
ca[□·□]	cha[□·□]	ja[□·□·□]	jha[□·□]	ña[□·□·□]
ṭa[□·□]	ṭha[□·□]	ḍa[□·□]	ḍha[□·□]	ṇa[□·□]
ta[□·□]	tha[□·□]	da[□·□]	dha[□·□]	na[□·□]
pa[□·□]	pha[□·□]	ba[□·□]	bha[□·□]	ma[□·□]
ya[□·□·□]	ra[□·□]	la[□·□]	va[□·□]	śa[□·□·□·□]
ṣa[□·□]	sa[□·□]	ha[□·□]	kṣa[□·□]	

3) 제2장부터 제7장까지 각각의 장에서 실질적으로 적용되는 글자의 수는 다음과 같
  다.

제2장	396(llaṃ □, yya □의 12전성 제외)자가 만들어지나, 엄밀하게는 372자(제8장 rya □와 제15장 ṅya □의 12전성 제외)이다.
제3장	396자(llaṃ □, rra □의 12전성 제외)가 만들어지나, 엄밀하게는 384자(제15장 ṅra □의 12전성 제외)이다.

제4장	384자(llaṁ, lla, rla의 12전성 제외)가 만들어지나, 엄밀하게는 372자(제15장 ṅla의 12전성 제외)이다.
제5장	384(llaṁ, rva, vva의 12전성 제외)자가 만들어지나, 엄밀하게는 372자(제15장 ṅva의 12전성 제외)이다.
제6장	384자(llaṁ, rma, mma의 12전성 제외)가 만들어진다.
제7장	384자(llaṁ, rna, nna의 12전성 제외)가 만들어진다.

4) 여기서 '枳'자는 [ki(幾爾反)]인데, 《설문해자》에서는 [kiəi(居衣切)], 《경전석문》에서는 [ki(吉氏反)] 내지 [ki(居氏反)] 등으로 나타나고 있다.

5) 淨嚴撰, 《三密鈔》(T. 84, No. 2710, 51c13-19), "問 字若字半體者應直呼以也 何呼祇耶乎 答 喉舌脣三 喉爲其本 喉聲是迦 迦轉聲中帶字本母音 是丁枳音也 故轉以也呼祇耶 是且約爲本爲始也 若遍亙諸音則應呼之也·底耶·比也·儞耶·里耶·彌夜等 故涅槃經呼蛇(喪假反)是出其一者也 是則顯字具足諸字音矣." 따라서 ya의 한역자음은 kiya祇耶이다.

6) '麼'자는 《설문해자》에서는 [mia(亡果切)], 《용감수감》에서는 [mia(莫果切)]라고 하고 있고, '摩'자는 《설문해자》에서는 [xiuei(許爲切)], 《용감수감》에서는 [xiue-i(許爲切)]이라고 하고 있다. 《실담자기》 전체에서 ma자는 모두 ma麼로 표기되어 있으나, 유독 제6장의 하단에서만 'kmā迦摩'라고 표기함으로써 상단과도 서로 다름을 알 수 있다. 따라서 단음 ma麼와 장음 mā麼[또는 摩]를 구별하기 위해 지광이 상단과는 다르게 표기하였거나, 아니면 상단과 하단의 저자가 다를 수 있음을 조심스럽게 추측해볼 수 있다.

7) '那'자는 《설문해자》에서는 [ŋzɑ(諾何切)]라고 하고 있고, '娜'자는 《용감수감》에서는 [nɑ(奴可反)이라 하고 있다.

8) 따라서 상단과 하단의 저자가 다르거나, 지광이 상단을 쓴 시점과 하단을 쓴 시점이 달랐다고 볼 수밖에 없다.

5. 실담장
제8장-제14장

《실담자기》의 제8장으로부터 제14장까지는 이전 제7장까지와는 다른 형태의 결합을 보여준다. 즉 ra 의 半體인 ra 자가 초장으로부터 제7장까지의 글자와 결합하는 예를 보여주는데, 제8장에서는 半體인 ra 자가 초장의 글자와 결합하는 것을, 제9장에서는 ra 자가 제2장의 글자와 결합하는 것을, 제10장에서는 ra 자가 제3장의 글자와 결합하는 것을, 제11장에서는 ra 자가 제4장의 글자와 결합하는 것을, 제12장에서는 ra 자가 제5장의 글자와 결합하는 것을, 제13장에서는 ra 자가 제6장의 글자와 결합하는 것을, 제14장에서는 ra 자가 제7장의 글자와 결합하는 제자원리를 보여준다.

따라서 초장이 제2장으로부터 제8장까지의 字體이듯이, 제9장으로부터 제14장까지의 字體가 제8장에서 생성되어지는 글자라고 할 수 있다.

5.1. 《실담자기》의 제8장

5.1.1. 제8장 원문 및 번역

상단 원문

第八章

將半體 囉。加初初章字之上。名 阿勒迦 阿勒迦。生字三百九十有六 勒字力德反下同

상단 번역

제8장

반체인 ra▼ 囉가 초장의 글자 위에 결합하여 rka 阿勒迦·rkā 阿勒迦로 읽으며 모두 396자가 만들어진다. 勒자는 [lək(力德反)]이다. 이하 모두 같다.

하단 원문

第八章

阿勒迦上 阿勒迦平 伊上力紀 伊力機 歐鹿苟上 歐鹿鉤平 醫力薊 醫力介 阿勒勾 阿勒憍脚號反 阿勒劍 阿勒迦去右第八章字同初章。但用半體▼囉。加諸字上。後點麼多也。又此章爲後相次六章字體。同前第二已下也。但加半體▼囉也

하단 번역

第八章

阿勒迦(상성)· 阿勒迦(평성)· 伊(상성)力紀· 伊力機· 歐鹿苟(상성)· 歐鹿鉤(평성)· 醫力薊· 醫力介· 阿勒勾· 阿勒憍[kao(脚號反)]· 阿勒劍· 阿勒迦(거성)

위 제8장의 글자는 초장과 같다. 다만 半體 ra▼ 囉를 모든 글자 위에 붙이고 난 뒤에 마다 점획을 더했다. 또한 이 장은 이후 6장[제9-제14장]의 바탕으로서 그 字體이다. 앞의 제2장 이하의 순서와 같으나,

다만 半體 ra 囉를 더했을 뿐이다.

5.1.2. 《실담자기》의 제8장 해설

후대에 '阿勒迦章'으로도 일컬어지는 《실담자기》의 제8장부터는 반체인 ra 囉자를 초장 408자 위에 결합한 예를 보이는 장으로써, 제14장까지 제2장에서 제7장까지의 순서에 맞게 설명하고 있다. 즉 반체인 ra 囉가 초장의 글자 위에 붙어서 rka阿勒迦·rkā阿勒迦 등으로 결합된다. rkha·rkhā 등을 포함하여 모두 396자가 만들어지는데, 초장의 408자 가운데 ra에 반체 ra가 붙는 rra·rrā 등의 12전성을 제외한 396자가 여기에 속한다. rka阿勒迦 등에서 勒자는 [lək(力德反)]이다.

제8장에서 결합되는 글자 중에서 최초의 12전성을 살펴보면, rka阿勒迦(상성)·rkā阿勒迦(평성)·rki伊(상성)力紀·rkī伊力機·rku歐鹿苟(상성)·rkū歐鹿鉤(평성)·rke醫力薊·rkai醫力介·rko阿勒勾·rkau阿勒憍[kɑo(脚號反)]·rkaṃ阿勒劍·rkaḥ阿勒迦(거성) 등이다. 이처럼 제8장의 모든 글자는 반체 ra를 초장의 글자 위에 붙이는 장으로써, ra 및 반체인 ra에는 ra 발성이전에 이미 a음이 붙어있어서, 모두 a성을 ra 앞에 표기하고 있는 것이 특징이라고 할 수 있다.

따라서 제8장의 글자는 초장 글자의 순서와 같으나, 다만 半體 ra 囉를 모든 글자 위에 붙이고 이후에 마다를 더한 것이 다르다. 그러므로 제8장이 제9장에서 제14장의 字體가 되어 제2장의 순서와 같은 배열의 글자로 이루어져 있다.

따라서 《실담자기》의 제8장에서는 제2장에서와 같이 모두 408자의 글자가 생성될 수 있으나, 같은 글자의 결합인 ra 와 ra 의 결합은 제18장 에서 따로 논해지므로 제8장에서는 다음과 같이 396자의 글자만이 생성되어지는 것이다.

① rka rkā rki rkī rku rkū
rke rkai rko rkau rkaṃ rkaḥ

② rkha rkhā rkhi rkhī rkhu rkhū
rkhe rkhai rkho rkhau rkhaṃ rkhaḥ

③ rga rgā rgi rgī rgu rgū
rge rgai rgo rgau rgaṃ rgaḥ

④ rgha rghā rghi rghī rghu rghū
rghe rghai rgho rghau rghaṃ rghaḥ

⑤ rṅa rṅā rṅi rṅī rṅu rṅū
rṅe rṅai rṅo rṅau rṅaṃ rṅaḥ

⑥ rca rcā rci rcī rcu rcū
rce rcai rco rcau rcaṃ rcaḥ

⑦ rcha rchā rchi rchī rchu rchū
rche rchai rcho rchau rchaṃ rchaḥ

⑧ rja rjā rji rjī rju rjū
rje rjai rjo rjau rjaṃ rjaḥ

⑨ rjha rjhā rjhi rjhī rjhu rjhū
rjhe rjhai rjho rjhau rjhaṃ rjhaḥ

⑩ rña rñā rñi rñī rñu rñū

rñe rñai rño rñau rñaṃ rñaḥ

⑪ rṭa rṭā rṭi rṭī rṭu rṭū

rṭe rṭai rṭo rṭau rṭaṃ rṭaḥ

⑫ rṭha rṭhā rṭhi rṭhī rṭhu rṭhū

rṭhe rṭhai rṭho rṭhau rṭhaṃ rṭhaḥ

⑬ rḍa rḍā rḍi rḍī rḍu rḍū

rḍe rḍai rḍo rḍau rḍaṃ rḍaḥ

⑭ rḍha rḍhā rḍhi rḍhī rḍhu rḍhū

rḍhe rḍhai rḍho rḍhau rḍhaṃ rḍhaḥ

⑮ rṇa rṇā rṇi rṇī rṇu rṇū

rṇe rṇai rṇo rṇau rṇaṃ rṇaḥ

⑯ rta rtā rti rtī rtu rtū

rte rtai rto rtau rtaṃ rtaḥ

⑰ rtha rthā rthi rthī rthu rthū

rthe rthai rtho rthau rthaṃ rthaḥ

⑱ rda rdā rdi rdī rdu rdū

rde rdai rdo rdau rdaṃ rdaḥ

⑲ rdha rdhā rdhi rdhī rdhu rdhū

rdhe rdhai rdho rdhau rdhaṃ rdhaḥ

⑳ rna rnā rni rnī rnu rnū

rne rnai rno rnau rnaṃ rnaḥ

㉑ rpa rpā rpi rpī rpu rpū

rpe rpai rpo rpau rpaṃ rpaḥ

㉒ rpha rphā rphi rphī rphu rphū

rphe rphai rpho rphau rphaṃ rphaḥ

㉓ rba rbā rbi rbī rbu rbū

rbe rbai rbo rbau rbaṃ rbaḥ

㉔ rbha rbhā rbhi rbhī rbhu rbhū

rbhe rbhai rbho rbhau rbhaṃ rbhaḥ

㉕ rma rmā rmi rmī rmu rmū

rme rmai rmo rmau rmaṃ rmaḥ

㉖ rya ryā ryi ryī ryu ryū

rye ryai ryo ryau ryaṃ ryaḥ

㉗ rla rlā rli rlī rlu rlū

rle rlai rlo rlau rlaṃ rlaḥ

㉘ rva rvā rvi rvī rvu rvū

rve rvai rvo rvau rvaṃ rvaḥ

㉙ rśa rśā rśi rśī rśu rśū

rśe rśai rśo rśau rśaṃ rśaḥ

㉚ rṣa rṣā rṣi rṣī rṣu rṣū

rṣe rṣai rṣo rṣau rṣaṃ rṣaḥ

㉛ rsa rsā rsi rsī rsu rsū

rse rsai rso rsau rsaṃ rsaḥ

㉜ rha rhā rhi rhī rhu rhū

rhe rhai rho rhau rhaṃ rhaḥ

㉝ rkṣa rkṣā rkṣi rkṣī rkṣu rkṣū

rkṣe rkṣai rkṣo rkṣau rkṣaṃ rkṣaḥ

5.2. 《실담자기》의 제9장

5.2.1. 제9장 원문 및 번역

상단 원문

第九章

將半體 囉。加第二章字之上。名 阿勒枳耶 阿勒枳耶。生字三百八十有四 若祇耶是耶省亦同除重

상단 번역

제9장

반체인 ra 囉가 제2장의 글자 위에 결합되어 rkya 阿勒枳耶·rkyā 阿勒枳耶로 읽으며 모두 384자가 만들어진다. 또한 ya 祇耶는

ya耶의 생략형이며, 같은 글자의 중복은 제외한다.

하단 원문

第九章

阿勒已也阿勒枳耶

하단 번역

제9장

rkya阿勒已也·rkyā阿勒枳耶

5.2.2. 《실담자기》의 제9장 해설

《실담자기》의 제9장은 후대에 '阿勒枳耶章'으로도 불리는 장이다. 제2장 글자인 ① kya·kyā로부터 ㉜ kṣya·kṣyā까지의 384자 위에 반체인 ra 囉가 결합하여 rkya阿勒枳耶·rkyā阿勒枳耶로 발음되기 때문인데, 이 장에서는 ② rkhya·rkhyā로부터 ㉜ kṣya kṣyā까지의 12전성을 포함하여 모두 384자가 만들어진다. 여기에서는 중복된 글자인 ryya와 rrya의 12전성인 24자가 제외된 것이다. 여기서 제15장에서 설명되는 ⑤ rṅya의 12전성까지 제외하면 실질적으로 제9장에서 설명되는 글자의 수는 372가 전부라고 할 수 있다. 그리고 모든 글자 아래에 결합되어 있는 ya 祇耶는 ya耶의 생략형이다.

《실담자기》의 제9장에서는 제2장의 제자원리와 마찬가지로 모두 384자의 글자가 적용된다.

① rkya rkyā rkyi rkyī rkyu rkyū
rkye rkyai rkyo rkyau rkyaṃ rkyaḥ

② rkhya rkhyā rkhyi rkhyī rkhyu rkhyū
rkhye rkhyai rkhyo rkhyau rkhyaṃ rkhyaḥ

③ rgya rgyā rgyi rgyī rgyu rgyū
rgye rgyai rgyo rgyau rgyaṃ rgyaḥ

④ rghya rghyā rghyi rghyī rghyu rghyū
rghye rghyai rghyo rghyau rghyaṃ rghyaḥ

⑤ rṅya rṅyā rṅyi rṅyī rṅyu rṅyū
rṅye rṅyai rṅyo rṅyau rṅyaṃ rṅyaḥ

⑥ rcya rcyā rcyi rcyī rcyu rcyū
rcye rcyai rcyo rcyau rcyaṃ rcyaḥ

⑦ rchya rchyā rchyi rchyī rchyu rchyū
rchye rchyai rchyo rchyau rchyaṃ rchyaḥ

⑧ rjya rjyā rjyi rjyī rjyu rjyū
rjye rjyai rjyo rjyau rjyaṃ rjyaḥ

⑨ rjhya rjhyā rjhyi rjhyī rjhyu rjhyū
rjhye rjhyai rjhyo rjhyau rjhyaṃ rjhyaḥ

⑩ rñya rñyā rñyi rñyī rñyu rñyū

rñye rñyai rñyo rñyau rñyaṃ rñyaḥ

⑪ rṭya rṭyā rṭyi rṭyī rṭyu rṭyū

rṭye rṭyai rṭyo rṭyau rṭyaṃ rṭyaḥ

⑫ rṭhya rṭhyā rṭhyi rṭhyī rṭhyu rṭhyū

rṭhye rṭhyai rṭhyo rṭhyau rṭhyaṃ rṭhyaḥ

⑬ rḍya rḍyā rḍyi rḍyī rḍyu rḍyū

rḍye rḍyai rḍyo rḍyau rḍyaṃ rḍyaḥ

⑭ rḍhya rḍhyā rḍhyi rḍhyī rḍhyu rḍhyū

rḍhye rḍhyai rḍhyo rḍhyau rḍhyaṃ rḍhyaḥ

⑮ rṇya rṇyā rṇyi rṇyī rṇyu rṇyū

rṇye rṇyai rṇyo rṇyau rṇyaṃ rṇyaḥ

⑯ rtya rtyā rtyi rtyī rtyu rtyū

rtye rtyai rtyo rtyau rtyaṃ rtyaḥ

⑰ rthya rthyā rthyi rthyī rthyu rthyū

rthye rthyai rthyo rthyau rthyaṃ rthyaḥ

⑱ rdya rdyā rdyi rdyī rdyu rdyū

rdye rdyai rdyo rdyau rdyaṃ rdyaḥ

⑲ rdhya rdhyā rdhyi rdhyī rdhyu rdhyū

rdhye rdhyai rdhyo rdhyau rdhyaṃ rdhyaḥ

⑳ rnya rnyā rnyi rnyī rnyu rnyū

rnye rnyai rnyo rnyau rnyaṃ rnyaḥ

㉑ rpya rpyā rpyi rpyī rpyu rpyū

rpye rpyai rpyo rpyau rpyaṃ rpyaḥ

㉒ rphya rphyā rphyi rphyī rphyu rphyū

rphye rphyai rphyo rphyau rphyaṃ rphyaḥ

㉓ rbya rbyā rbyi rbyī rbyu rbyū

rbye rbyai rbyo rbyau rbyaṃ rbyaḥ

㉔ rbhya rbhyā rbhyi rbhyī rbhyu rbhyū

rbhye rbhyai rbhyo rbhyau rbhyaṃ rbhyaḥ

㉕ rmya rmyā rmyi rmyī rmyu rmyū

rmye rmyai rmyo rmyau rmyaṃ rmyaḥ

㉖ rlya rlyā rlyi rlyī rlyu rlyū

rlye rlyai rlyo rlyau rlyaṃ rlyaḥ

㉗ rvya rvyā rvyi rvyī rvyu rvyū

rvye rvyai rvyo rvyau rvyaṃ rvyaḥ

㉘ rśya rśyā rśyi rśyī rśyu rśyū

rśye rśyai rśyo rśyau rśyaṃ rśyaḥ

㉙ rṣya rṣyā rṣyi rṣyī rṣyu rṣyū

rṣye rṣyai rṣyo rṣyau rṣyaṃ rṣyaḥ

㉚ rsya rsyā rsyi rsyī rsyu rsyū

rsye rsyai rsyo rsyau rsyaṃ rsyaḥ

㉛ rhya rhyā rhyi rhyī rhyu rhyū

rhye rhyai rhyo rhyau rhyaṃ rhyaḥ

㉜ rkṣya rkṣyā rkṣyi rkṣyī rkṣyu rkṣyū
rkṣye rkṣyai rkṣyo rkṣyau rkṣyaṃ rkṣyaḥ

5.3. 《실담자기》의 제10장

5.3.1. 제10장 원문 및 번역

상단 원문

第十章
將半體 囉。加第三章字之上。名阿勒迦略阿勒迦略。生字三百九十有六 略平上

상단 번역

제10장
반체인 ra 囉가 제3장의 글자 위에 결합되어 rkra阿勒迦略·rkrā阿勒迦略로 읽으며 모두 396자가 만들어진다. 略은 평성과 상성이다.

하단 원문

第十章

阿勒迦略上阿勒迦囉

하단 번역

제10장

rkra阿勒迦略(상성)·rkrā阿勒迦囉

5.3.2. 《실담자기》의 제10장 해설

《실담자기》의 제10장은 제3장의 글자, 즉 ① kra·krā에서 ㉝ kṣra·kṣrā까지의 396자 위에 반체인 ra 囉가 결합하여 rkra阿勒迦略·rkrā阿勒迦略가 됨을 보여주는 장이다. 그래서 후대에 '阿勒迦略章'이라고도 부른다. 이 장에서는 ①과 ② rkhra·rkhrā로부터 ㉝ kṣra·kṣrā까지의 12전성을 포함하여 모두 396자의 글자가 만들어진다. 이와 같이 결합되는 과정에서 앞의 rkra阿勒迦略 중에서 ra略의 성조는 상성이고, 뒤의 rkrā阿勒迦略 중에서 略은 평성이다.[1]

따라서 《실담자기》의 제10장에서는 모두 396자의 글자가 만들어진다.

① rkra rkrā rkri rkrī rkru rkrū

rkre rkrai rkro rkrau rkraṃ rkraḥ

② rkhra rkhrā rkhri rkhrī rkhru rkhrū

rkhre rkhrai rkhro rkhrau rkhraṃ rkhraḥ

③ rgra rgrā rgri rgrī rgru rgrū

rgre rgrai rgro rgrau rgraṃ rgraḥ

④ rghra rghrā rghri rghrī rghru rghrū

rghre rghrai rghro rghrau rghraṃ rghraḥ

⑤ rṅra rṅrā rṅri rṅrī rṅru rṅrū

rṅre rṅrai rṅro rṅrau rṅraṃ rṅraḥ

⑥ rcra rcrā rcri rcrī rcru rcrū

rcre rcrai rcro rcrau rcraṃ rcraḥ

⑦ rchra rchrā rchri rchrī rchru rchrū

rchre rchrai rchro rchrau rchraṃ rchraḥ

⑧ rjra rjrā rjri rjrī rjru rjrū

rjre rjrai rjro rjrau rjraṃ rjraḥ

⑨ rjhra rjhrā rjhri rjhrī rjhru rjhrū

rjhre rjhrai rjhro rjhrau rjhraṃ rjhraḥ

⑩ rñra rñrā rñri rñrī rñru rñrū

rñre rñrai rñro rñrau rñraṃ rñraḥ

⑪ rṭra rṭrā rṭri rṭrī rṭru rṭrū

rṭre rṭrai rṭro rṭrau rṭraṃ rṭraḥ

⑫ rṭhra rṭhrā rṭhri rṭhrī rṭhru rṭhrū

rṭhre rṭhrai rṭhro rṭhrau rṭhraṃ rṭhraḥ

⑬ rḍra rḍrā rḍri rḍrī rḍru rḍrū

rḍre rḍrai rḍro rḍrau rḍraṃ rḍraḥ

⑭ rḍhra rḍhrā rḍhri rḍhrī rḍhru rḍhrū

rḍhre rḍhrai rḍhro rḍhrau rḍhraṃ rḍhraḥ

⑮ rṇra rṇrā rṇri rṇrī rṇru rṇrū

rṇre rṇrai rṇro rṇrau rṇraṃ rṇraḥ

⑯ rtra rtrā rtri rtrī rtru rtrū

rtre rtrai rtro rtrau rtraṃ rtraḥ

⑰ rthra rthrā rthri rthrī rthru rthrū

rthre rthrai rthro rthrau rthraṃ rthraḥ

⑱ rdra rdrā rdri rdrī rdru rdrū

rdre rdrai rdro rdrau rdraṃ rdraḥ

⑲ rdhra rdhrā rdhri rdhrī rdhru rdhrū

rdhre rdhrai rdhro rdhrau rdhraṃ rdhraḥ

⑳ rnra rnrā rnri rnrī rnru rnrū

rnre rnrai rnro rnrau rnraṃ rnraḥ

㉑ rpra rprā rpri rprī rpru rprū

rpre rprai rpro rprau rpraṃ rpraḥ

㉒ rphra rphrā rphri rphrī rphru rphrū

rphre rphrai rphro rphrau rphraṃ rphraḥ

㉓ rbra rbrā rbri rbrī rbru rbrū

rbre rbrai rbro rbrau rbraṃ rbraḥ

㉔ rbhra rbhrā rbhri rbhrrī rbhru rbhrū

rbhre rbhrai rbhro rbhrau rbhraṃ rbhraḥ

㉕ rmra rmrā rmri rmrī rmru rmrū

rmre rmrai rmro rmrau rmraṃ rmraḥ

㉖ ryra ryrā ryri ryrī ryru ryrū

ryre ryrai ryro ryrau ryraṃ ryraḥ

㉗ rlra rlrā rlri rlrī rlru rlrū

rlre rlrai rlro rlrau rlraṃ rlraḥ

㉘ rvra rvrā rvri rvrī rvru rvrū

rvre rvrai rvro rvrau rvraṃ rvraḥ

㉙ rśra rśrā rśri rśrī rśru rśrū

rśre rśrai rśro rśrau rśraṃ rśraḥ

㉚ rṣra rṣrā rṣri rṣrī rṣru rṣrū

rṣre rṣrai rṣro rṣrau rṣraṃ rṣraḥ

㉛ rsra rsrā rsri rsrī rsru rsrū

rsre rsrai rsro rsrau rsraṃ arsrḥ

㉜ rhra rhrā rhri rhrī rhru rhrū

rhre rhrai rhro rhrau rhraṃ rhraḥ

㉝ rkṣra rkṣrā rkṣri rkṣrī rkṣru rkṣrū

rkṣre rkṣrai rkṣro rkṣrau rkṣraṃ rkṣraḥ

5.4. 《실담자기》의 제11장

5.4.1. 제11장 원문 및 번역

상단 원문

第十一章

將半體 囉。加第四章字之上。名 阿勒迦羅 阿勒迦羅。生字三百八十有四

상단 번역

제11장

반체인 ra 囉가 제4장의 글자 위에 결합되어 rkla 阿勒迦羅·rklā 阿勒迦羅로 읽으며 모두 384자가 만들어진다.

하단 원문

第十一章

阿勒迦攞 阿勒迦攞

하단 번역

제11장

rkla 阿勒迦攞 · rklā 阿勒迦攞

5.4.2. 《실담자기》의 제11장 해설

《실담자기》의 제11장은 반체인 ra 囉가 제4장의 글자, 즉 ① kla · klā 에서 ㉜ kṣla · kṣlā 까지의 글자 위에 붙어서 rkla 阿勒迦羅 · rklā 阿勒迦羅 등으로 모두 384자가 만들어진다. 이 장은 후대에 들어 '阿勒迦攞章'이라고도 부른다.

《실담자기》의 제11장에서는 모두 384자의 글자가 만들어진다.

① rkla rklā rkli rklī rklu rklū
rkle rklai rklo rklau rklaṃ rklaḥ

② rkhla rkhlā rkhli rkhlī rkhlu rkhlū
rkhle rkhlai rkhlo rkhlau rkhlaṃ rkhlaḥ

③ rgla rglā rgli rglī rglu rglū
rgle rglai rglo rglau rglaṃ rglaḥ

④ rghla rghlā rghli rghlī rghlu rghlū
rghle rghlai rghlo rghlau rghlaṃ rghlaḥ

⑤ rṅla rṅlā rṅli rṅlī rṅlu rṅlū

rṅle rṅlai rṅlo rṅlau rṅlaṃ rṅlaḥ

⑥ rcla rclā rcli rclī rclu rclū

rcle rclai rclo rclau rclaṃ rclaḥ

⑦ rchla rchlā rchli rchlī rchlu rchlū

rchle rchlai rchlo rchlau rchlaṃ rchlaḥ

⑧ rjla rjlā rjli rjlī rjlu rjlū

rjle rjlai rjlo rjlau rjlaṃ rjlaḥ

⑨ rjhla rjhlā rjhli rjhlī rjhlu rjhlū

rjhle rjhlai rjhlo rjhlau rjhlaṃ rjhlaḥ

⑩ rñla rñlā rñli rñlī rñlu rñlū

rñle rñlai rñlo rñlau rñlaṃ rñlaḥ

⑪ rṭla rṭlā rṭli rṭlī rṭlu rṭlū

rṭle rṭlai rṭlo rṭlau rṭlaṃ rṭlaḥ

⑫ rṭhla rṭhlā rṭhli rṭhlī rṭhlu rṭhlū

rṭhle rṭhlai rṭhlo rṭhlau rṭhlaṃ rṭhlaḥ

⑬ rḍla rḍlā rḍli rḍlī rḍlu rḍlū

rḍle rḍlai rḍlo rḍlau rḍlaṃ rḍlaḥ

⑭ rḍhla rḍhlā rḍhli rḍhlī rḍhlu rḍhlū

rḍhle rḍhlai rḍhlo rḍhlau rḍhlaṃ rḍhlaḥ

⑮ rṇla rṇlā rṇli rṇlī rṇlu rṇlū

rṇle rṇlai rṇlo rṇlau rṇlaṃ rṇlaḥ

⑯ rtla rtlā rtli rtlī rtlu rtlū

rtle rtlai rtlo rtlau rtlaṃ rtlaḥ

⑰ rthla rthlā rthli rthlī rthlu rthlū

rthle rthlai rthlo rthlau rthlaṃ rthlaḥ

⑱ rdla rdlā rdli rdlī rdlu rdlū

rdle rdlai rdlo rdlau rdlaṃ rdlaḥ

⑲ rdhla rdhlā rdhli rdhlī rdhlu rdhlū

rdhle rdhlai rdhlo rdhlau rdhlaṃ rdhlaḥ

⑳ rnla rnlā rnli rnlī rnlu rnlū

rnle rnlai rnlo rnlau rnlaṃ rnlaḥ

㉑ rpla rplā rpli rplī rplu rplū

rple rplai rplo rplau rplaṃ rplaḥ

㉒ rphla rphlā rphli rphlī rphlu rphlū

rphle rphlai rphlo rphlau rphlaṃ rphlaḥ

㉓ rbla rblā rbli rblī rblu rblū

rble rblai rblo rblau rblaṃ rblaḥ

㉔ rbhla rbhlā rbhli rbhlī rbhlu rbhlū

rbhle rbhlai rbhlo rbhlau rbhlaṃ rbhlaḥ

㉕ rmla rmlā rmli rmlī rmlu rmlū

rmle rmlai rmlo rmlau rmlaṃ rmlaḥ

㉖ ryla rylā ryli rylī rylu rylū

ryle rylai rylo rylau rylaṃ rylaḥ

㉗ rvla rvlā rvli rvlī rvlu rvlū

rvle rvlai rvlo rvlau rvlaṃ rvlaḥ

㉘ rśla rślā rśli rślī rślu rślū

rśle rślai rślo rślau rślaṃ rślaḥ

㉙ rṣla rṣlā rṣli rṣlī rṣlu rṣlū

rṣle rṣlai rṣlo rṣlau rṣlaṃ rṣlaḥ

㉚ rsla rslā rsli rslī rslu rslū

rsle rslai rslo rslau rslaṃ rslaḥ

㉛ rhla rhlā rhli rhlī rhlu rhlū

rhle rhlai rhlo rhlau rhlaṃ rhlaḥ

㉜ rkṣla rkṣlā rkṣli rkṣlī rkṣlu rkṣlū

rkṣle rkṣlai rkṣlo rkṣlau rkṣlaṃ rkṣlaḥ

5.5. 《실담자기》의 제12장

5.5.1. 제12장 원문 및 번역

상단 원문

第十二章

將半體 囉。加第五章字之上。名 阿勒迦 嚩 阿勒迦嚩。生字三百八十有四

상단 번역

제12장

반체인 ra 囉가 제5장의 글자 위에 결합되어 rkva 阿勒迦嚩·rkvā 阿勒迦嚩로 읽으며 모두 384자가 만들어진다.

하단 원문

第十二章

阿勒迦嚩上 阿勒迦嚩平

하단 번역

제12장

rkva 阿勒迦嚩(상성)·rkvā 阿勒迦嚩(평성)

5.5.2. 《실담자기》의 제12장 해설

《실담자기》의 제12장은 제5장의 글자인 ① kva·kvā에서 ㉜ kṣva·kṣvā까지의 글자 위에 반체인 ra 囉가 결합되어 ① rkva 阿勒迦嚩·

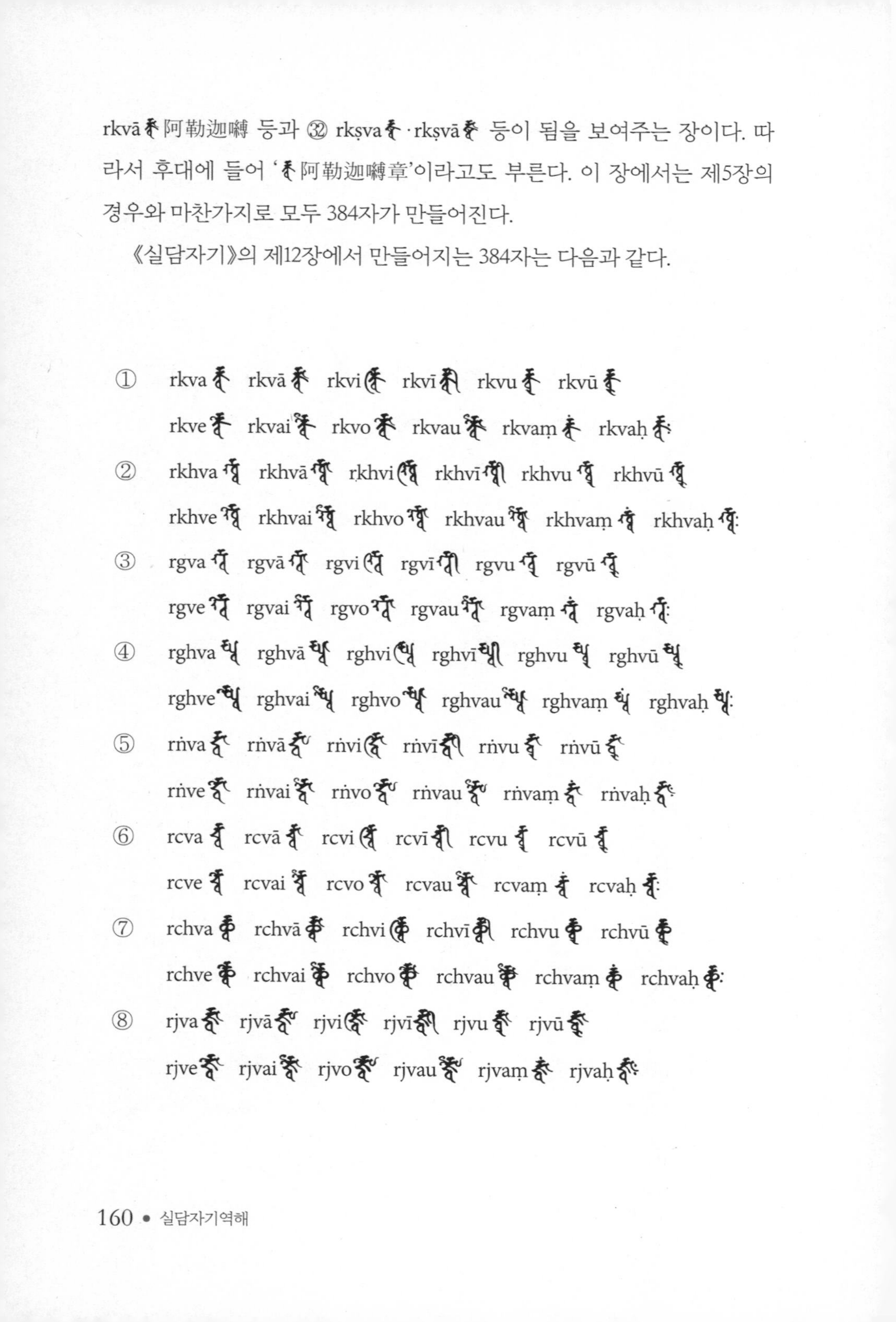

rkvā 阿勒迦嚩 등과 ㉜ rkṣva · rkṣvā 등이 됨을 보여주는 장이다. 따라서 후대에 들어 '阿勒迦嚩章'이라고도 부른다. 이 장에서는 제5장의 경우와 마찬가지로 모두 384자가 만들어진다.

《실담자기》의 제12장에서 만들어지는 384자는 다음과 같다.

① rkva rkvā rkvi rkvī rkvu rkvū
rkve rkvai rkvo rkvau rkvaṃ rkvaḥ

② rkhva rkhvā rkhvi rkhvī rkhvu rkhvū
rkhve rkhvai rkhvo rkhvau rkhvaṃ rkhvaḥ

③ rgva rgvā rgvi rgvī rgvu rgvū
rgve rgvai rgvo rgvau rgvaṃ rgvaḥ

④ rghva rghvā rghvi rghvī rghvu rghvū
rghve rghvai rghvo rghvau rghvaṃ rghvaḥ

⑤ rṅva rṅvā rṅvi rṅvī rṅvu rṅvū
rṅve rṅvai rṅvo rṅvau rṅvaṃ rṅvaḥ

⑥ rcva rcvā rcvi rcvī rcvu rcvū
rcve rcvai rcvo rcvau rcvaṃ rcvaḥ

⑦ rchva rchvā rchvi rchvī rchvu rchvū
rchve rchvai rchvo rchvau rchvaṃ rchvaḥ

⑧ rjva rjvā rjvi rjvī rjvu rjvū
rjve rjvai rjvo rjvau rjvaṃ rjvaḥ

⑨ rjhva rjhvā rjhvi rjhvī rjhvu rjhvū

rjhve rjhvai rjhvo rjhvau rjhvaṃ rjhvaḥ

⑩ rñva rñvā rñvi rñvī rñvu rñvū

rñve rñvai rñvo rñvau rñvaṃ rñvaḥ

⑪ rṭva rṭvā rṭvi rṭvī rṭvu rṭvū

rṭve rṭvai rṭvo rṭvau rṭvaṃ rṭvaḥ

⑫ rṭhva rṭhvā rṭhvi rṭhvī rṭhvu rṭhvū

rṭhve rṭhvai rṭhvo rṭhvau rṭhvaṃ rṭhvaḥ

⑬ rḍva rḍvā rḍvi rḍvī rḍvu rḍvū

rḍve rḍvai rḍvo rḍvau rḍvaṃ rḍvaḥ

⑭ rḍhva rḍhvā rḍhvi rḍhvī rḍhvu rḍhvū

rḍhve rḍhvai rḍhvo rḍhvau rḍhvaṃ rḍhvaḥ

⑮ rṇva rṇvā rṇvi rṇvī rṇvu rṇvū

rṇve rṇvai rṇvo rṇvau rṇvaṃ rṇvaḥ

⑯ rtva rtvā rtvi rtvī rtvu rtvū

rtve rtvai rtvo rtvau rtvaṃ rtvaḥ

⑰ rthva rthvā rthvi rthvī rthvu rthvū

rthve rthvai rthvo rthvau rthvaṃ rthvaḥ

⑱ rdva rdvā rdvi rdvī rdvu rdvū

rdve rdvai rdvo rdvau rdvaṃ rdvaḥ

⑲ rdhva rdhvā rdhvi rdhvī rdhvu rdhvū

rdhve rdhvai rdhvo rdhvau rdhvaṃ rdhvaḥ

⑳ rnva rnvā rnvi rnvī rnvu rnvū

rnve rnvai rnvo rnvau rnvaṃ rnvaḥ

㉑ rpva rpvā rpvi rpvī rpvu rpvū

rpve rpvai rpvo rpvau rpvaṃ rpvaḥ

㉒ rphva rphvā rphvi rphvī rphvu rphvū

rphve rphvai rphvo rphvau rphvaṃ rphvaḥ

㉓ rbva rbvā rbvi rbvī rbvu rbvū

rbve rbvai rbvo rbvau rbvaṃ rbvaḥ

㉔ rbhva rbhvā rbhvi rbhvī rbhvu rbhvū

rbhve rbhvai rbhvo rbhvau rbhvaṃ rbhvaḥ

㉕ rmva rmvā rmvi rmvī rmvu rmvū

rmve rmvai rmvo rmvau rmvaṃ rmvaḥ

㉖ ryva ryvā ryvi ryvī ryvu ryvū

ryve ryvai ryvo ryvau ryvaṃ ryvaḥ

㉗ rlva rlvā rlvi rlvī rlvu rlvū

rlve rlvai rlvo rlvau rlvaṃ rlvaḥ

㉘ rśva rśvā rśvi rśvī rśvu rśvū

rśve rśvai rśvo rśvau rśvaṃ rśvaḥ

㉙ rṣva rṣvā rṣvi rṣvī rṣvu rṣvū

rṣve rṣvai rṣvo rṣvau rṣvaṃ rṣvaḥ

㉚ rsva rsvā rsvi rsvī rsvu rsvū

rsve rsvai rsvo rsvau rsvaṃ rsvaḥ

㉛ rhva rhvā rhvi rhvī rhvu rhvū
rhve rehvai rhvo rhvau rhvaṃ rhvaḥ

㉜ rkṣva rkṣvā rkṣvi rkṣvī rkṣvu rkṣvū
rkṣve rkṣvai rkṣvo rkṣvau rkṣvaṃ rkṣvaḥ

5.6. 《실담자기》의 제13장

5.6.1. 제13장 원문 및 번역

상단 원문

第十三章

將半體 囉。加第六章字之上。名 阿勒迦麼 阿勒迦麼。生字三百八十有四

상단 번역

제13장

반체인 ra 囉가 제6장의 글자 위에 결합되어 rkma 阿勒迦麼·rkmā 阿勒迦麼로 읽으며 모두 384자가 만들어진다.

하단 원문

第十三章

阿勒迦麼 阿勒迦摩

하단 번역

제13장

rkma 阿勒迦麼·rkmā 阿勒迦摩

5.6.2. 《실담자기》의 실담장 제13장 해설

《실담자기》의 제13장은 제6장의 글자인 ① kma·kmā에서 ㉜ kṣma·kṣmā까지의 384자 위에 반체인 ra 囉가 결합되어 ① rkma 阿勒迦麼·rkmā 阿勒迦麼로부터 ㉜ rkṣma·rkṣmā까지의 글자가 만들어짐을 보여주는 장이다. 따라서 이 장을 후대에 '阿勒迦麼章'이라고도 부른다. 이 장에서는 제6장의 경우와 마찬가지로 모두 384자가 만들어진다.

《실담자기》의 제13장에서 만들어지는 384자는 다음과 같다.

① rkma rkmā rkmi rkmī rkmu rkmū
rkme rkmai rkmo rkmau rkmaṃ rkmaḥ

② rkhma rkhmā rkhmi rkhmī rkhmu rkhmū

rkhme 𑖨𑖿𑖏𑖿𑖦𑖸 rkhmai 𑖨𑖿𑖏𑖿𑖦𑖹 rkhmo 𑖨𑖿𑖏𑖿𑖦𑖺 rkhmau 𑖨𑖿𑖏𑖿𑖦𑖻 rkhmaṃ 𑖨𑖿𑖏𑖿𑖦𑖽 rkhmaḥ 𑖨𑖿𑖏𑖿𑖦𑖾

③ rgma 𑖨𑖿𑖐𑖿𑖦 rgmā 𑖨𑖿𑖐𑖿𑖦𑖯 rgmi 𑖨𑖿𑖐𑖿𑖦𑖰 rgmī 𑖨𑖿𑖐𑖿𑖦𑖱 rgmu 𑖨𑖿𑖐𑖿𑖦𑖲 rgmū 𑖨𑖿𑖐𑖿𑖦𑖳

rgme 𑖨𑖿𑖐𑖿𑖦𑖸 rgmai 𑖨𑖿𑖐𑖿𑖦𑖹 rgmo 𑖨𑖿𑖐𑖿𑖦𑖺 rgmau 𑖨𑖿𑖐𑖿𑖦𑖻 rgmaṃ 𑖨𑖿𑖐𑖿𑖦𑖽 rgmaḥ 𑖨𑖿𑖐𑖿𑖦𑖾

④ rghma 𑖨𑖿𑖑𑖿𑖦 rghmā 𑖨𑖿𑖑𑖿𑖦𑖯 rghmi 𑖨𑖿𑖑𑖿𑖦𑖰 rghmī 𑖨𑖿𑖑𑖿𑖦𑖱 rghmu 𑖨𑖿𑖑𑖿𑖦𑖲 rghmū 𑖨𑖿𑖑𑖿𑖦𑖳

rghme 𑖨𑖿𑖑𑖿𑖦𑖸 rghmai 𑖨𑖿𑖑𑖿𑖦𑖹 rghmo 𑖨𑖿𑖑𑖿𑖦𑖺 rghmau 𑖨𑖿𑖑𑖿𑖦𑖻 rghmaṃ 𑖨𑖿𑖑𑖿𑖦𑖽 rghmaḥ 𑖨𑖿𑖑𑖿𑖦𑖾

⑤ rṅma 𑖨𑖿𑖒𑖿𑖦 rṅmā 𑖨𑖿𑖒𑖿𑖦𑖯 rṅmi 𑖨𑖿𑖒𑖿𑖦𑖰 rṅmī 𑖨𑖿𑖒𑖿𑖦𑖱 rṅmu 𑖨𑖿𑖒𑖿𑖦𑖲 rṅmū 𑖨𑖿𑖒𑖿𑖦𑖳

rṅme 𑖨𑖿𑖒𑖿𑖦𑖸 rṅmai 𑖨𑖿𑖒𑖿𑖦𑖹 rṅmo 𑖨𑖿𑖒𑖿𑖦𑖺 rṅmau 𑖨𑖿𑖒𑖿𑖦𑖻 rṅmaṃ 𑖨𑖿𑖒𑖿𑖦𑖽 rṅmaḥ 𑖨𑖿𑖒𑖿𑖦𑖾

⑥ rcma 𑖨𑖿𑖓𑖿𑖦 rcmā 𑖨𑖿𑖓𑖿𑖦𑖯 rcmi 𑖨𑖿𑖓𑖿𑖦𑖰 rcmī 𑖨𑖿𑖓𑖿𑖦𑖱 rcmu 𑖨𑖿𑖓𑖿𑖦𑖲 rcmū 𑖨𑖿𑖓𑖿𑖦𑖳

rcme 𑖨𑖿𑖓𑖿𑖦𑖸 rcmai 𑖨𑖿𑖓𑖿𑖦𑖹 rcmo 𑖨𑖿𑖓𑖿𑖦𑖺 rcmau 𑖨𑖿𑖓𑖿𑖦𑖻 rcmaṃ 𑖨𑖿𑖓𑖿𑖦𑖽 rcmaḥ 𑖨𑖿𑖓𑖿𑖦𑖾

⑦ rchma 𑖨𑖿𑖔𑖿𑖦 rchmā 𑖨𑖿𑖔𑖿𑖦𑖯 rchmi 𑖨𑖿𑖔𑖿𑖦𑖰 rchmī 𑖨𑖿𑖔𑖿𑖦𑖱 rchmu 𑖨𑖿𑖔𑖿𑖦𑖲 rchmū 𑖨𑖿𑖔𑖿𑖦𑖳

rchme 𑖨𑖿𑖔𑖿𑖦𑖸 rchmai 𑖨𑖿𑖔𑖿𑖦𑖹 rchmo 𑖨𑖿𑖔𑖿𑖦𑖺 rchmau 𑖨𑖿𑖔𑖿𑖦𑖻 rchmaṃ 𑖨𑖿𑖔𑖿𑖦𑖽 rchmaḥ 𑖨𑖿𑖔𑖿𑖦𑖾

⑧ rjma 𑖨𑖿𑖕𑖿𑖦 rjmā 𑖨𑖿𑖕𑖿𑖦𑖯 rjmi 𑖨𑖿𑖕𑖿𑖦𑖰 rjmī 𑖨𑖿𑖕𑖿𑖦𑖱 rjmu 𑖨𑖿𑖕𑖿𑖦𑖲 rjmū 𑖨𑖿𑖕𑖿𑖦𑖳

rjme 𑖨𑖿𑖕𑖿𑖦𑖸 rjmai 𑖨𑖿𑖕𑖿𑖦𑖹 rjmo 𑖨𑖿𑖕𑖿𑖦𑖺 rjmau 𑖨𑖿𑖕𑖿𑖦𑖻 rjmaṃ 𑖨𑖿𑖕𑖿𑖦𑖽 rjmaḥ 𑖨𑖿𑖕𑖿𑖦𑖾

⑨ rjhma 𑖨𑖿𑖖𑖿𑖦 rjhmā 𑖨𑖿𑖖𑖿𑖦𑖯 rjhmi 𑖨𑖿𑖖𑖿𑖦𑖰 rjhmī 𑖨𑖿𑖖𑖿𑖦𑖱 rjhmu 𑖨𑖿𑖖𑖿𑖦𑖲 rjhmū 𑖨𑖿𑖖𑖿𑖦𑖳

rjhme 𑖨𑖿𑖖𑖿𑖦𑖸 rjhmai 𑖨𑖿𑖖𑖿𑖦𑖹 rjhmo 𑖨𑖿𑖖𑖿𑖦𑖺 rjhmau 𑖨𑖿𑖖𑖿𑖦𑖻 rjhmaṃ 𑖨𑖿𑖖𑖿𑖦𑖽 rjhmaḥ 𑖨𑖿𑖖𑖿𑖦𑖾

⑩ rñma 𑖨𑖿𑖗𑖿𑖦 rñmā 𑖨𑖿𑖗𑖿𑖦𑖯 rñmi 𑖨𑖿𑖗𑖿𑖦𑖰 rñmī 𑖨𑖿𑖗𑖿𑖦𑖱 rñmu 𑖨𑖿𑖗𑖿𑖦𑖲 rñmū 𑖨𑖿𑖗𑖿𑖦𑖳

rñme 𑖨𑖿𑖗𑖿𑖦𑖸 rñmai 𑖨𑖿𑖗𑖿𑖦𑖹 rñmo 𑖨𑖿𑖗𑖿𑖦𑖺 rñmau 𑖨𑖿𑖗𑖿𑖦𑖻 rñmaṃ 𑖨𑖿𑖗𑖿𑖦𑖽 rñmaḥ 𑖨𑖿𑖗𑖿𑖦𑖾

⑪ rṭma 𑖨𑖿𑖘𑖿𑖦 rṭmā 𑖨𑖿𑖘𑖿𑖦𑖯 rṭmi 𑖨𑖿𑖘𑖿𑖦𑖰 rṭmī 𑖨𑖿𑖘𑖿𑖦𑖱 rṭmu 𑖨𑖿𑖘𑖿𑖦𑖲 rṭmū 𑖨𑖿𑖘𑖿𑖦𑖳

rṭme 𑖨𑖿𑖘𑖿𑖦𑖸 rṭmai 𑖨𑖿𑖘𑖿𑖦𑖹 rṭmo 𑖨𑖿𑖘𑖿𑖦𑖺 rṭmau 𑖨𑖿𑖘𑖿𑖦𑖻 rṭmaṃ 𑖨𑖿𑖘𑖿𑖦𑖽 rṭmaḥ 𑖨𑖿𑖘𑖿𑖦𑖾

⑫ rṭhma 𑖨𑖿𑖙𑖿𑖦 rṭhmā 𑖨𑖿𑖙𑖿𑖦𑖯 rṭhmi 𑖨𑖿𑖙𑖿𑖦𑖰 rṭhmī 𑖨𑖿𑖙𑖿𑖦𑖱 rṭhmu 𑖨𑖿𑖙𑖿𑖦𑖲 rṭhmū 𑖨𑖿𑖙𑖿𑖦𑖳

rṭhme 𑖨𑖿𑖙𑖿𑖦𑖸 rṭhmai 𑖨𑖿𑖙𑖿𑖦𑖹 rṭhmo 𑖨𑖿𑖙𑖿𑖦𑖺 rṭhmau 𑖨𑖿𑖙𑖿𑖦𑖻 rṭhmaṃ 𑖨𑖿𑖙𑖿𑖦𑖽 rṭhmaḥ 𑖨𑖿𑖙𑖿𑖦𑖾

⑬ rḍma 𑖨𑖿𑖚𑖿𑖦 rḍmā 𑖨𑖿𑖚𑖿𑖦𑖯 rḍmi 𑖨𑖿𑖚𑖿𑖦𑖰 rḍmī 𑖨𑖿𑖚𑖿𑖦𑖱 rḍmu 𑖨𑖿𑖚𑖿𑖦𑖲 rḍmū 𑖨𑖿𑖚𑖿𑖦𑖳

rḍme rḍmai rḍmo rḍmau rḍmaṃ rḍmaḥ

⑭ rḍhma rḍhmā rḍhmi rḍhmī rḍhmu rḍhmū

rḍhme rḍhmai rḍhmo rḍhmau rḍhmaṃ rḍhmaḥ

⑮ rṇma rṇmā rṇmi rṇmī rṇmu rṇmū

rṇme rṇmai rṇmo rṇmau rṇmaṃ rṇmaḥ

⑯ rtma rtmā rtmi rtmī rtmu rtmū

rtme rtmai rtmo rtmau rtmaṃ rtmaḥ

⑰ rthma rthmā rthmi rthmī rthmu rthmū

rthme rthmai rthmo rthmau rthmaṃ rthmaḥ

⑱ rdma rdmā rdmi rdmī rdmu rdmū

rdme rdmai rdmo rdmau rdmaṃ rdmaḥ

⑲ rdhma rdhmā rdhmi rdhmī rdhmu rdhmū

rdhme rdhmai rdhmo rdhmau rdhmaṃ rdhmaḥ

⑳ rnma rnmā rnmi rnmī rnmu rnmū

rnme rnmai rnmo rnmau rnmaṃ rnmaḥ

㉑ rpma rpmā rpmi rpmī rpmu rpmū

rpme rpmai rpmo rpmau rpmaṃ rpmaḥ

㉒ rphma rphmā rphmi rphmī rphmu rphmū

rphme rphmai rphmo rphmau rphmaṃ rphmaḥ

㉓ rbma rbmā rbmi rbmī rbmu rbmū

rbme rbmai rbmo rbmau rbmaṃ rbmaḥ

㉔ rbhma rbhmā rbhmi rbhmī rbhmu rbhmū

rbhme rbhmai rbhmo rbhmau rbhmaṃ rbhmaḥ

㉕ ryma rymā rymi rymī rymu rymū

ryme rymai rymo rymau rymaṃ rymaḥ

㉖ rlma rlmā rlmi rlmī rlmu rlmū

rlme rlmai rlmo rlmau rlmaṃ rlmaḥ

㉗ rvma rvmā rvmi rvmī rvmu rvmū

rvme rvmai rvmo rvmau rvmaṃ rvmaḥ

㉘ rśma rśmā rśmi rśmī rśmu rśmū

rśme rśmai rśmo rśmau rśmaṃ rśmaḥ

㉙ rṣma rṣmā rṣmi rṣmī rṣmu rṣmū

rṣme rṣmai rṣmo rṣmau rṣmaṃ rṣmaḥ

㉚ rsma rsmā rsmi rsmī rsmu rsmū

rsme rsmai rsmo rsmau rsmaṃ rsmaḥ

㉛ rhma rhmā rhmi rhmī rhmu rhmū

rhme rhmai rhmo rhmau rhmaṃ rhmaḥ

㉜ rkṣma rkṣmā rkṣmi rkṣmī rkṣmu rkṣmū

rkṣme rkṣmai rkṣmo rkṣmau rkṣmaṃ rkṣmaḥ

5.7. 《실담자기》의 제14장

5.7.1. 제14장 원문 및 번역

상단 원문

第十四章
將半體𑖨𑖿囉。加第七章字之上。名𑖨𑖿𑖎𑖿𑖡阿勒迦那。𑖨𑖿𑖎𑖿𑖡𑖯阿勒迦那。生字三百八十有四

상단 번역

제14장
반체인 ra𑖨𑖿囉가 제7장의 글자 위에 결합되어 rkna𑖨𑖿𑖎𑖿𑖡阿勒迦那·rknā𑖨𑖿𑖎𑖿𑖡𑖯阿勒迦那로 읽으며 모두 384자가 만들어진다.

하단 원문

第十四章
𑖨𑖿𑖎𑖿𑖡阿勒迦娜𑖨𑖿𑖎𑖿𑖡𑖯阿勒迦娜

하단 번역

제14장

rkna 阿勒迦娜 · rknā 阿勒迦娜

5.7.2. 《실담자기》의 제14장 해설

《실담자기》의 제14장은 제7장의 글자인 ① kna · knā ㉜ kṣna · kṣnā 까지의 384자 위에 반체인 ra 囉가 결합되어 ① rkna 阿勒迦那 · rknā 阿勒迦那로부터 ㉜ rkṣna · rkṣnā 의 결합이 이루어짐을 보여주는 장이다. 따라서 후대에 ' 阿勒迦娜章'이라고도 부른다. 이 장에서는 제7장의 경우와 마찬가지로 모두 384자가 만들어진다.

《실담자기》의 제14장에서 만들어지는 384자는 다음과 같다.

① rkna rknā rkni rknī rknu rknū
rkne rknai rkno rknau rknaṃ rknaḥ

② rkhna rkhnā rkhni rkhnī rkhnu rkhnū
rkhne rkhnai rkhno rkhnau rkhnaṃ rkhnaḥ

③ rgna rgnā rgni rgnī rgnu rgnū
rgne rgnai rgno rgnau rgnaṃ rgnaḥ

④ rghna rghnā rghni rghnī rghnu rghnū

rghne rghnai rghno rghnau rghnaṃ rghnaḥ

⑤ rṅna rṅnā rṅni rṅnī rṅnu rṅnū

rṅne rṅnai rṅno rṅnau rṅnaṃ rṅnaḥ

⑥ rcna rcnā rcni rcnī rcnu rcnū

rcne rcnai rcno rcnau rcnaṃ rcnaḥ

⑦ rchna rchnā rchni rchnī rchnu rchnū

rchne rchnai rchno rchnau rchnaṃ rchnaḥ

⑧ rjna rjnā rjni rjnī rjnu rjnū

rjne rjnai rjno rjnau rjnaṃ rjnaḥ

⑨ rjhna rjhnā rjhni rjhnī rjhnu rjhnū

rjhne rjhnai rjhno rjhnau rjhnaṃ rjhnaḥ

⑩ rñna rñnā rñni rñnī rñnu rñnū

rñne rñnai rñno rñnau rñnaṃ rñnaḥ

⑪ rṭna rṭnā rṭni rṭnī rṭnu rṭnū

rṭne rṭnai rṭno rṭnau rṭnaṃ rṭnaḥ

⑫ rṭhna rṭhnā rṭhni rṭhnī rṭhnu rṭhnū

rṭhne rṭhnai rṭhno rṭhnau rṭhnaṃ rṭhnaḥ

⑬ rḍna rḍnā rḍni rḍnī rḍnu rḍnū

rḍne rḍnai rḍno rḍnau rḍnaṃ rḍnaḥ

⑭ rḍhna rḍhnā rḍhni rḍhnī rḍhnu rḍhnū

rḍhne rḍhnai rḍhno rḍhnau rḍhnaṃ rḍhnaḥ

⑮ rṇna rṇnā rṇni rṇnī rṇnu rṇnū

rṇne rṇnai rṇno rṇnau rṇnaṃ rṇnaḥ

⑯ rtna rtnā rtni rtnī rtnu rtnū

rtne rtnai rtno rtnau rtnaṃ rtnaḥ

⑰ rthna rthnā rthni rthnī rthnu rthnū

rthne rthnai rthno rthnau rthnaṃ rthnaḥ

⑱ rdna rdnā rdni rdnī rdnu rdnū

rdne rdnai rdno rdnau rdnaṃ rdnaḥ

⑲ rdhna rdhnā rdhni rdhnī rdhnu rdhnū

rdhne rdhnai rdhno rdhnau rdhnaṃ rdhnaḥ

⑳ rpna rpnā rpni rpnī rpnu rpnū

rpne rpnai rpno rpnau rpnaṃ rpnaḥ

㉑ rphna rphnā rphni rphnī rphnu rphnū

rphne rphnai rphno rphnau rphnaṃ rphnaḥ

㉒ rbna rbnā rbni rbnī rbnu rbnū

rbne rbnai rbno rbnau rbnaṃ rbnaḥ

㉓ rbhna rbhnā rbhni rbhnī rbhnu rbhnū

rbhne rbhnai rbhno rbhnau rbhnaṃ rbhnaḥ

㉔ rmna rmnā rmni rmnī rmnu rmnū

rmne rmnai rmno rmnau rmnaṃ rmnaḥ

㉕ ryna rynā ryni rynī rynu rynū

ryne rynai ryno rynau rynaṃ rynaḥ

㉖ rlna rlnā rlni rlnī rlnu rlnū

rlne rlnai rlno rlnau rlnaṃ rlnaḥ

㉗ rvna rvnā rvni rvnī rvnu rvnū

rvne rvnai rvno rvnau rvnaṃ rvnaḥ

㉘ rśna rśnā rśni rśnī rśnu rśnū

rśne rśnai rśno rśnau rśnaṃ rśnaḥ

㉙ rṣna rṣnā rṣni rṣnī rṣnu rṣnū

rṣne rṣnai rṣno rṣnau rṣnaṃ rṣnaḥ

㉚ rsna rsnā rsni rsnī rsnu rsnū

rsne rsnai rsno rsnau rsnaṃ rsnaḥ

㉛ rhna rhnā rhni rhnī rhnu rhnū

rhne rhnai rhno rhnau rhnaṃ rhnaḥ

㉜ rkṣna rkṣnā rkṣni rkṣnī rkṣnu rkṣnū

rkṣne rkṣnai rkṣno rkṣnau rkṣnaṃ rkṣnaḥ

미주

1) 이 장에서도 상단과 하단의 한역자음이 다르게 표기되어 있다. 상단에서는 rkra 阿勒迦略·rkrā 阿勒迦略로 되어 있고, 하단에서는 rkra 阿勒迦略(上)·rkrā 阿勒迦囉로 나타나고 있다. 하단의 rkrā 阿勒迦囉 중에서 囉는 편구성 9자 중 ra 와 같은 음이다. 이 부분에서도 상단과 하단의 저자가 같지 않음을 고려해볼 수 있다.

6. 실담장 제15장

6.1. 《실담자기》의 제15장

《실담자기》의 제15장은 제14장까지의 결합원리와는 다른 예를 보여주는 장이다. 즉 牙聲·齒聲·舌聲·喉聲·脣聲 각각의 마지막 글자인 ṅa𑖒哦·ña𑖗若·ṇa𑖜拏·na𑖡那·ma𑖦麼가 앞의 네 글자와 결합하고, 아성의 마지막 글자인 ṅa𑖒자가 편구성의 9자와 결합하는 모습을 보여준다. 이처럼 특이한 결합을 보임으로써 이를 異章이라고 일컬어진다.

6.1.1. 제15장 원문 및 번역

상단 원문

第十五章

以𑖎迦𑖓遮𑖘吒𑖝多𑖢波等句末之。第五字。各加於當句前四字之上。及初句末字。加後耶等九字之上。名𑖒𑖿𑖎盎迦𑖗𑖿𑖓安遮𑖜𑖿𑖘安吒𑖡𑖿𑖝安多𑖦𑖿𑖢唵波𑖒𑖿𑖧盎耶等。其必不自重。唯二十九字。不由韻合名爲異章。各用阿阿等韻呼之。生字三百四十有八 盎字阿黨反。安字並阿亶反。唵字阿感反

상단 번역

제15장

ka迦, ca遮, ṭa吒, ta多, pa波 등의 구 마지막 글자가 각각 당해구의 앞 4자 위에 결합되거나, 초구의 마지막 글자[ṅa]가 ya耶 등의 9자 위에 결합되어 ṅka盎迦, ñca安遮, ṇṭa安吒, nta安多, mpa唵波, ṅya盎耶로 발음된다. 이 경우는 절대 같은 자가 중복하지 않으며, 오직 29자만 있다. 운모의 순서에 따라 합해지지 않으므로 異章이라고 부른다. 각각 a阿·ā阿 등의 운모에 맞게 발음한다. 모두 348자가 만들어진다. 盎자는 [ʔuaŋ(阿黨反)], 安자는 [ʔan(阿亶反)], 唵자는 [ʔAm(阿感反)]이다.

하단 원문

第十五章

盎迦上盎迦平應上紀應機蓊苟俱口反蓊鉤俱候反蘡於項反荊蘡介擁句擁憍脚傲反盎鑑盎迦去 已上伽字上用盎字。冠之生十二字

盎佉上盎佉平 生十二字同上 迦字用麼多及呼字轉聲法。下同

盎伽上盎佉平 生十二字同上

盎伽上聲盎佉平重 生十二字同上

字並將冠上四字之首。不復自重。後皆効此。已上牙聲之字。皆用盎聲

安者安遮 生十二字同上此是字之省

安車上安車 生十二字

安社安闍 生十二字

安社重安闍重 生十二字

字爲上四字所用。不可更自重。已上齒聲之字同用安音阿亶反

安吒上 安吒平 生十二安字

安侘上丑加反 安侘 生十二字

安茶上 安茶 生十二字

安茶上重 安茶重音 生十二字

字爲上四字所用。不可更自重。此字有自重者便屬別章則大呼。拏音非盎拏也。

餘並同此也。已上舌聲之字同用安聲

安多上 安多 生十二字

安他上 安他 生十二字

安拕上 安拕 生十二字

安陀上重 安陀重音 生十二字

字爲上四字所用。不可更自重。若重屬別章。已上喉聲之字同用安聲

唵跛 唵跛 生十二字

唵頗上 唵頗平 生十二字

唵婆上 唵婆 生十二字

唵婆上重音 唵婆重 生十二字

字爲上四字所用。不更自重。已上脣聲之字同用唵聲

盎也 盎耶 生十二字

盎攞上 盎囉 生十二字

盎攞上 盎攞 生十二字

盎嚩上 盎嚩平 生十二字

盎捨 盎奢 生十二字

盎灑 盎沙 生十二字

盎娑上 盎娑平 生十二字

盎訶上 盎訶 生十二字

盎叉上 盎叉 生十二字

右此章字兩字重成不得依字呼之。異於諸章故云異章。然盎安等將讀之際。潛帶其音亦不分明稱盎安也

하단 번역

제15장

① ṅka 盎迦(상성) ṅkā 盎迦(평성) ṅki 應(상성)紀 ṅkī 應機 ṅku 蓊苟[kuɔ(俱口反)] ṅkū 蓊鉤[kiuɔ(俱候反)] ṅke 蘡[ʔɔŋ(於項反)]荊 ṅkai 蘡介 ṅko 擁句 ṅkau 擁憍[kɑo(脚傲反)] ṅkaṃ 盎鑑 ṅkaḥ 盎迦(거성) 이상 ka伽(迦의 誤記)자 위에 ṅa 盎자가 붙어 12자가 만들어진다.

② ṅkha 盎佉(상성) ṅkhā 盎佉(평성) 12자가 만들어진다. 위의 ka迦자 위에 마다를 붙이고 이들이 轉聲하여 발음하는 방법이 같다. 아래의 경우도 이와 같다.

③ ṅga 盎伽(상성) ṅgā 盎佉(평성) ṅgi ṅgī ṅgu ṅgū ṅge ṅgai ṅgo ṅgau ṅgaṃ ṅgaḥ 12자가 만들어진다. 위와 같다.

④ ṅkha (ṅgha 의 誤記)盎伽(상성) ṅkhā (ṅghā 의 誤記)盎佉(평성중음) 12자가 만들어진다. 위와 같다.

⊙ ṅa ( )자가 위와 같은 4자의 위에는 붙어도 ṅa 자는 중복하지는 않는다. 이하의 경우도 모두 이와 같다. 이상은 牙聲의 글자이고, 모두 盎[ang] 발음이다.

⑤ ñca 安者 ñcā 安遮 위와 같이 12자가 만들어진다. 이 ña 자

는 ña 자의 생략형이다.

⑥ ñcha 安車(상성) ñchā 安車 12자가 만들어진다.

⑦ ñja 安社 ñjā 安闍 12자가 만들어진다.

⑧ ñja (ñjha 의 誤記)安社(중음) ñjha 安闍 12자가 만들어진다.

◉ ña( )자는 위의 4글자에 붙는다. 이 또한 자신의 중복은 불가능하다. 이상의 4자는 齒聲의 글자로 쓰인다. ña安음은 [ʔɑn(阿亶反)]이다.

⑨ ṇṭa 安吒(상성) ṇṭā 安吒(평성) 12자가 만들어진다.

⑩ ṇṭha 安侘[(상성), thɐ(丑加反)] ṇṭhā 安侘 12자가 만들어진다.

⑪ ṇḍa 安荼(상성) ṇḍā 安荼 12자가 만들어진다.

⑫ ṇḍha 安荼(상성중음) ṇḍhā 安荼(중음) 12자가 만들어진다.

◉ṇa 자는 위의 4자와 같이 쓰이는데, 자신이 중복하여 쓸 수 없다. 만일 중복하여 쓰인다면 그것은 편의상 다른 장[別章]에서 다만 크게 발음하여 ṇṇa 拏음으로 읽는 것이지 ṇṇa 盎拏[安拏의 誤記]음은 아니다. 나머지 중복자 또한 이와 같다. 이상은 舌聲의 글자로 써 모두 安[an]으로 발음된다.

⑬ nta 安多(상성) ntā 安多 12자가 만들어진다.

⑭ ntha 安他(상성) nthā 安他 12자가 만들어진다.

⑮ nda 安拕(상성) ndā 安拕 12자가 만들어진다.

⑯ ndha ( )安陀(상성의 중음) ndhā 安陀(중음) 12자가 만들어진다.

◉ ( )자는 위의 4자와 같이 쓰이며, 자신을 중복하여 쓰지 않는

다. 만일 중복한다면 다른 장[別章]에서 설명한다. 이상 喉聲의 글자로써 모두 安[an]으로 발음된다.

⑰ mpa 唵跛 mpā 唵跛 12자가 만들어진다.

⑱ mpha 唵頗(상성) mphā 唵頗 12자가 만들어진다.

⑲ mba 唵婆(상성) mbā 唵婆 12자가 만들어진다.

⑳ mbha 唵婆(상성의 중음) mbhā 唵婆(중음) 12자가 만들어진다.

⦿ ma 자는 이상의 4자와 쓰이지만, 자신이 중복하여 쓰이지 않는다. 이상은 脣聲의 글자이며 모두 唵[am]으로 발음된다.

㉑ ṅya 盎也 ṅyā 盎耶 12자가 만들어진다.

㉒ ṅra 盎攞(상성) ṅrā 盎囉 12자가 만들어진다.

㉓ ṅla 盎攞(상성) ṅlā 盎攞 12자가 만들어진다.

㉔ ṅva 盎嚩(상성) ṅvā 盎嚩 12자가 만들어진다.

㉕ ṅsa (ṅśa 의 誤記)盎捨 ṅśā 盎奢 12자가 만들어진다.

㉖ ṅṣa 盎灑 ṅṣā 盎沙 12자가 만들어진다.

㉗ ṅśa (ṅsa 의 誤記)盎娑(상성) ṅsā 盎娑(평성) 12자가 만들어진다.

㉘ ṅha 盎訶(상성) ṅhā 盎訶 12자가 만들어진다.

㉙ ṅkṣa 盎叉(상성) ṅkṣā 盎叉 12자가 만들어진다.

이 장의 모든 글자는 두 글자가 결합하여 한 글자가 만들어지나, 서로의 발음에 영향을 주지는 않는다. 이 점이 여타의 장과는 다르기에 異章이라고 하는 것이다. 그래서 盎[ang]·安[an] 등은 발음할 때 제외된다. 이처럼 음이 겉으로 드러나지 않고 뒤의 음에 붙어서 있어서 盎[ang]·安[an]이라고 하는 것마저도 분명하지 않다.

6.1.2. 《실담자기》의 제15장 해설

《실담자기》의 제15장은 앞의 제14장까지 보여준 결합의 형식과는 다른 결합의 예를 보여주는 장이다. 이 장에서는 크게 두 가지 유형의 결합을 설명하고 있다.

먼저 五句의 25자 중에서 각각의 구 마지막 글자인 ṅa𑖒·ña𑖗·ṇa𑖜·na𑖡·ma𑖦자가 당해 구 앞 4자와 결합되는 예를 보여주고 있다. 이를 표로 나타내보면 다음과 같다.

牙聲	①ka𑖎	②kha𑖏	③ga𑖐	④gha𑖑	ṅa𑖒
齒聲	⑤ca𑖓	⑥cha𑖔	⑦ja𑖕	⑧jha𑖖	ña𑖗
舌聲	⑨ṭa𑖘	⑩ṭha𑖙	⑪ḍa𑖚	⑫ḍha𑖛	ṇa𑖜
喉聲	⑬ta𑖝	⑭tha𑖞	⑮da𑖟	⑯dha𑖠	na𑖡
脣聲	⑰pa𑖢	⑱pha𑖣	⑲ba𑖤	⑳bha𑖥	ma𑖦

즉 ka𑖎·ca𑖓·ṭa𑖘·ta𑖝·pa𑖢구의 마지막 글자 각각이 ka𑖎열의 4자,

ca 열의 4자, ṭa 열의 4자, ta 열의 4자, pa 열의 4자 위에 각각 결합됨을 보여주고 있다. ṅa 자와 ka 자가 결합하는 예를 들어보면, ṅka · ṅkā · ṅki · ṅkī · ṅku · ṅkū · ṅke · ṅkai · ṅko · ṅkau · ṅkaṃ · ṅkaḥ 등의 12전성으로 결합된 글자가 나타난다. 이와 같은 결합으로 ⑤-⑧과 ña 자가, ⑨-⑫와 ṇa 자가, ⑬-⑯과 na 자가 결합하고, 마지막으로 ⑰-⑳과 ma 자가 결합하여 五類聲의 20가지 결합을 보여주고 있다.

다음으로는 ka 구의 마지막 글자인 ṅa 자가 ya 등 편구성 9자 위에 결합되는 9가지의 예를 보여주고 있다.

㉑ ya	㉒ ra	㉓ la	㉔ va	㉕ śa	㉖ ṣa	㉗ sa	㉘ ha	㉙ kṣa	ṅa

이 중에서 ṅa 자가 ya 의 12전성과 결합되는 예를 살펴보면, ㉑ṅya · ṅyā · ṅyi · ṅyī · ṅyu · ṅyū · ṅye · ṅyai · ṅyo · ṅyau · ṅyaṃ · ṅyaḥ 으로 나타난다.

이와 같은 두 종류의 결합을 합하면 《실담자기》의 제15장에서 보여주는 결합의 예는 오직 29가지 경우만 허용된다. 이들 결합의 각각은 ①ṅka 盎迦, ⑤ñca 安遮, ⑨ṇṭa 安吒, ⑬nta 安多, ⑰mpa 唵波, ㉑ṅya 盎耶 등으로 발음되며, 비록 두 글자의 결합이라고는 하지만 결합된 두 글자가 각각의 발음상 온전함을 유지하면서 서로 결합하는 모습을 보여주고 있다. 그리고 이 장에서는 같은 자의 중복은 허용하지 않는다.[1] 여기서의 盎자의 발음은 [ʔuaŋ(阿黨反)], 安자의 발음은 [ʔɑn(阿亶反)], 그리고 唵자의 발음은 [ʔAm(阿感反)]이지만, 盎[ang]·安[an] 등의 발음은 실제로 드러나지 않고 뒤의 음에 붙어 있으므로 盎[ang]·安[an]이라고 하는 것마저도 분명하게 들리지 않는 발음이라고 할 수 있다. 그리고 이 장은 여타의 장과는 다른 순서에 따라 결합되는 까닭에 異章이라고 할 수 있으며, 후대에 '盎迦章'이라고도 일컫는다. 결합되어진 각각의 글자는 a阿·ā阿 등의 운모에 맞게 12전성으로 결합하여 발음함으로써 다음과 같이 모두 348자가 《실담자기》의 제15장에서 만들어진다.

① ṅka ṅkā ṅki ṅkī ṅku ṅkū
ṅke ṅkai ṅko ṅkau ṅkaṃ ṅkaḥ

② ṅkha ṅkhā ṅkhi ṅkhī ṅkhu ṅkhū
ṅkhe ṅkhai ṅkho ṅkhau ṅkhaṃ ṅkhaḥ

③ ṅga ṅgā ṅgi ṅgī ṅgu ṅgū
ṅge ṅgai ṅgo ṅgau ṅgaṃ ṅgaḥ

④ ṅgha ṅghā ṅghi ṅghī ṅghu ṅghū
ṅghe ṅghai ṅgho ṅghau ṅghaṃ ṅghaḥ

⑤ ñca ñcā ñci ñcī ñcu ñcū
ñce ñcai ñco ñcau ñcaṃ ñcaḥ

⑥ ñcha ñchā ñchi ñchī ñchu ñchū
ñche ñchai ñcho ñchau ñchaṃ ñchaḥ

⑦ ñja ñjā ñji ñjī ñju ñjū
ñje ñjai ñjo ñjau ñjaṃ ñjaḥ

⑧ ñjha ñjha ñjhi ñjhī ñjhu ñjhū

ñjhe ñjhai ñjho ñjhau ñjhaṃ ñjhaḥ

⑨ ṇṭa ṇṭā ṇṭi ṇṭī ṇṭu ṇṭū

ṇṭe ṇṭai ṇṭo ṇṭau ṇṭaṃ ṇṭaḥ

⑩ ṇṭha ṇṭhā ṇṭhi ṇṭhī ṇṭhu ṇṭhū

ṇṭhe ṇṭhai ṇṭho ṇṭhau ṇṭhaṃ ṇṭhaḥ

⑪ ṇḍa ṇḍā ṇḍi ṇḍī ṇḍu ṇḍū

ṇḍe ṇḍai ṇḍo ṇḍau ṇḍaṃ ṇḍaḥ

⑫ ṇḍha ṇḍhā ṇḍhi ṇḍhī ṇḍhu ṇḍhū

ṇḍhe ṇḍhai ṇḍho ṇḍhau ṇḍhaṃ ṇḍhaḥ

⑬ nta ntā nti ntī ntu ntū

nte ntai nto ntau ntaṃ ntaḥ

⑭ ntha nthā nthi nthī nthu nthū

nthe nthai ntho nthau nthaṃ nthaḥ

⑮ nda ndā ndi ndī ndu ndū

nde ndai ndo ndau ndaṃ ndaḥ

⑯ ndha ndhā ndhi ndhī ndhu ndhū

ndhe ndhai ndho ndhau ndhaṃ ndhaḥ

⑰ mpa mpā mpi mpī mpu mpū

mpe mpai mpo mpau mpaṃ mpaḥ

⑱ mpha mphā mphi mphī mphu mphū

mphe mphai mpho mphau mphaṃ mphaḥ

⑲ mba mbā mbi mbī mbu mbū

mbe mbai mbo mbau mbaṃ mbaḥ

⑳ mbha mbhā mbhi mbhī mbhu mbhū

mbhe mbhai mbho mbhau mbhaṃ mbhaḥ

㉑ ṅya ṅyā ṅyi ṅyī ṅyu ṅyū

ṅye ṅyai ṅyo ṅyau ṅyaṃ ṅyaḥ

㉒ ṅra ṅrā ṅri ṅrī ṅru ṅrū

ṅre ṅrai ṅro ṅrau ṅraṃ ṅraḥ

㉓ ṅla ṅlā ṅli ṅlī ṅlu ṅlū

ṅle ṅlai ṅlo ṅlau ṅlaṃ ṅlaḥ

㉔ ṅva ṅvā ṅvi ṅvī ṅvu ṅvū

ṅve ṅvai ṅvo ṅvau ṅvaṃ ṅvaḥ

㉕ ṅśa ṅśā ṅśi ṅśī ṅśu ṅśū

ṅśe ṅśai ṅśo ṅśau ṅśaṃ ṅśaḥ

㉖ ṅṣa ṅṣā ṅṣi ṅṣī ṅṣu ṅṣū

ṅṣe ṅṣai ṅṣo ṅṣau ṅṣaṃ ṅṣaḥ

㉗ ṅsa ṅsā ṅsi ṅsī ṅsu ṅsū

ṅse ṅsai ṅso ṅsau ṅsaṃ ṅsaḥ

㉘ ṅha ṅhā ṅhi ṅhī ṅhu ṅhū

ṅhe ṅhai ṅho ṅhau ṅhaṃ ṅhaḥ

㉙ ṅkṣa ṅkṣā ṅkṣi ṅkṣī ṅkṣu ṅkṣū

ṅkṣe ṅkṣai ṅkṣo ṅkṣau ṅkṣaṃ ṅkṣaḥ

미주

1) 제15장 하단 字에서 언급되고 있는 다른 장[別章]은 제18장이며, 이 장에서 밝히고 있는 중복자는 tta 多, jja 闍, ṭṭa 吒, ṇṇa 拏, nna 那 등으로, 이들은 본자를 크게 발음할 뿐이다.

7. 실담장 제16장

7.1. 《실담자기》의 제16장

《실담자기》의 제16장은 別摩多인 ṛ·ṝ·ḷ·ḹ 4자 중 ṛ[ ]자가 五類聲의 5자와 편구성 9자의 아래에 결합하는 장이다.

7.1.1. 제16장 원문 및 번역

상단 원문

第十六章

用迦等字體。以別摩多合之。謂之訖里。成字三十有四 或有加前麽多得成字用。非遍能生。且據本字之。今詳訖里之麽多祇是悉曇中里字也

상단 번역

제16장

ka迦 등의 字體에 별마다가 결합되는 것으로, 예를 들어 kṛ訖里(=紇里)가 있으며 34자가 만들어진다. 간혹 앞의 12마다와 결합하여 글자가 만들어지는 경우가 있으나, 글자를 만드는데 두루 적용되지 않으므로 다만 kṛ訖里자 만을 예로 든 것이다. kṛ訖里의 마다 ki祇를 자세히 보면 실담 중에서 ṛ里자이다.

하단 원문

第十六章

訖里 乞里 伲里 伲里重音 齕里 齒里 質里 實里 實里重音 日里 已下並同吉里反。但用於下合之。讀者取其聲勢。亦有用麼多得重成字用。非遍能生也

하단 번역

제16장

kṛ 訖里 khṛ 乞里 gṛ 伲里 ghṛ 伲里(重音) ṅṛ 齕里 cṛ 齒里 chṛ ( )質里 jṛ 實里 jhṛ 實里(重音) ñṛ 日里

이하 ki吉와 ṛ里 반체[吉里反體]의 反音으로 발음하는 것이 동일하다. 다만 이들 글자의 아래에 ṛ里가 합쳐져서 읽을 때에는 그 聲勢만을 취한다. 또 다른 마다를 붙여 중복의 마다로 글자를 만드는 경우가 있으나, 모든 글자에 적용되는 것은 아니다.

7.1.2. 《실담자기》의 제16장 해설

《실담자기》의 제16장은 별마다[ṛ · ṝ · ḷ · ḹ] 4자 중 ṛ [ ]자가 牙聲·齒聲·舌聲·喉聲·脣聲의 5자와 편구성 9자 아래에 결합되면서 둘 다가 반음으로 읽히는 예를 보이는 장이다. 이 가운데 첫 글자인 kṛ 訖里를 장의 이름으로 삼은 것이다. 여기서 kṛ訖里를 kṛ吉里로 발음함으로써 이 장의 모든 글자를 읽을 때는 kṛ吉里와 같은 체문과 ṛ의 連聲으로 읽어야 함을 보여주고 있는 장이라고 할 수 있다. 후대에 '訖哩章'이라고도 한다.

먼저 ka · ca · ṭa · ta · pa구의 25자와 편구성 ya 등 9자의 字體에 별마다 4자 중 ṛ자가 합해지는 것으로, 맨 첫 글자인 ①kṛ訖里(=紇里)를 비롯하여 ②khṛ · ③gṛ · ④ghṛ · ⑤ṅṛ · ⑥cṛ · ⑦chṛ · ⑧jṛ · ⑨jhṛ · ⑩ñṛ · ⑪ṭṛ · ⑫ṭhṛ · ⑬ḍṛ · ⑭ḍhṛ · ⑮ṇṛ · ⑯tṛ · ⑰thṛ · ⑱dṛ · ⑲dhṛ · ⑳nṛ · ㉑pṛ · ㉒phṛ · ㉓bṛ · ㉔bhṛ · ㉕mṛ · ㉖yṛ · ㉗rṛ · ㉘lṛ · ㉙vṛ · ㉚śṛ · ㉛ṣṛ · ㉜sṛ · ㉝hṛ · ㉞kṣṛ 등 총 34자가 만들어 진다. 이 과정에서 별마다 ṛ를 反體로 여겨 체문 34자 아래에 결합되기 때문에 ki吉와 ṛ里 반체[吉里反體]라고 하였고, kṛ吉里는 일종의 涅槃音인 것이다. 따라서 34자 모두 ki吉와 ṛ里 반체[吉里反體]의 反音으로 발음함으로써 체문의 아래에 ṛ里가 합쳐져서 읽을 때에는 그 聲勢만을 취할 뿐이다. 즉 ṛ[]의 발음은 기본적으로 [ṛi]로 발음된다. 따라서 12마다의 a · ā · u · ū · e · ai · o · au 등은 근본적으로 ṛ와 결합될 근거를 잃게 되는 것이다.[1] 간혹 12마다 중에서 aṃ · aḥ자와 결합되는 경우가 있으나, 글자를 만드는 통마다 12자에 모두 적용되지 못하므로 본문에서는 다만 本字[2]만을 들어 말한 것이다.

kṛ訖里의 발음은 ki祇와 ṛ里의 합성으로서, ṛ里는 별마다 4자 중에서 ṛ里[3]이다. 따라서 제16장에서의 실제 모든 발음은 ①[kṛi] · ②[khṛi] · ③[gṛi] · ④[ghṛi] · ⑤[ṅṛi] 등으로 발음한다고 할 수 있다. 더욱이 이러한 발음은 다만 聲勢만을 나타낼 뿐임으로 실제 발음은 聽者에 따라 ①[ki] · ②[khi] · ③[gi] · ④[ghi] · ⑤[ṅi] 등으로 들릴 수 있는 것이다.

이와 같이 《실담자기》의 제16장에서는 기본적으로 五類聲 25자와 단음

[ṛ], 장음 [ṝ]의 결합의 예를 보인 장으로서, 여기에 간혹 제11마다[ṃ]와 제12마다[ḥ]가 결합되는 경우를 모두 합하면, 이 장에서는 다음과 같이 모두 136자가 만들어진다.

① kṛ kṝ kṛṃ kṛḥ

② khṛ khṝ khṛṃ khṛḥ

③ gṛ gṝ gṛṃ gṛḥ

④ ghṛ ghṝ ghṛṃ ghṛḥ

⑤ ṅṛ ṅṝ ṅṛṃ ṅṛḥ

⑥ cṛ cṝ cṛṃ cṛḥ

⑦ chṛ chṝ chṛṃ chṛḥ

⑧ jṛ jṝ jṛṃ jṛḥ

⑨ jhṛ jhṝ jhṛṃ jhṛḥ

⑩ ñṛ ñṝ ñṝṃ ñṛḥ

⑪ ṭṛ ṭṝ ṭṛṃ ṭṛḥ

⑫ ṭhṛ ṭhṝ ṭhṛṃ ṭhṛḥ

⑬ ḍṛ ḍṝ ḍṛṃ ḍṛḥ

⑭ ḍhṛ ḍhṝ ḍhṛṃ ḍhṛḥ

⑮ ṇṛ ṇṝ ṇṛṃ ṇṛḥ

⑯ tṛ tṝ tṛṃ tṛḥ

⑰ thṛ thṝ thṛṃ thṛḥ

⑱ dṛ dṝ dṛṃ dṛḥ

⑲ dhṛ dhṝ dhṛṃ dhṛḥ

⑳ nṛ nṝ nṛṃ nṛḥ

㉑ pṛ pṝ pṛṃ pṛḥ

㉒ phṛ phṝ phṛṃ phṛḥ

㉓ bṛ bṝ bṛṃ bṛḥ

㉔ bhṛ bhṝ bhṛṃ bhṛḥ

㉕ mṛ mṝ mṛṃ mṛḥ

㉖ yṛ yṝ yṛṃ yṛḥ

㉗ rṛ rṝ rṛṃ rṛḥ

㉘ lṛ lṝ lṛṃ lṛḥ

㉙ vṛ vṝ vṛṃ vṛḥ

㉚ śṛ śṝ śṛṃ śṛ

㉛ ṣṛ ṣṝ ṣṛṃ ṣṛḥ

㉜ sṛ sṝ sṛṃ sṛḥ

㉝ hṛ hṝ hṛṃ hṛḥ

㉞ kṣṛ kṣṝ kṣṛṃ kṣṛḥ

미주

1) 여기서 제외된 제3마다인 ḷ와 제4마다인 ḹ는 단음 ṛ와 장음 ṝ와의 친연성을 보이고 있으므로 이들이 ṛ□와 결합될 근거가 전혀 배제된 것은 아니다.

2) ① kṛ · kṝ · kṛṃ · kṛḥ / ⑤ khṛ · khṝ · khṛṃ · khṛḥ (…) ㉝ hṛ · hṝ · hṛṃ · hṛḥ / ㉞ kṣṛ · kṣṝ · kṣṛṃ · kṣṛḥ의 밑줄 친 , ① ⑤ 등이 본자이다.

3) 이 부분은 주의를 기울여야 할 것으로 보인다. 『실담자기』의 저자인 지광은 '別摩多' 4자에 대하여 상단에서는 '紇里(二合)等四文'으로, 하단에서는 '紇里之摩多'라고 밝히고 있다. 이 4자는 '通摩多' 12자와 구별되는 'ṛ 紇里 · ṝ 紇梨 · ḷ 里 · ḹ 梨'를 말한다. 본문의 내용과 같이 '紇里'를 '秖'로 발음함으로써, 여기에 적당한 별마다를 정하기를, 지광은 별마다 4자 중 제3자인 'ḷ 里'자라고 한 것이다. 이에 대해서 후대의 학자들마다 견해가 분분하다.

8. 실담장 제17장

8.1. 《실담자기》의 제17장

《실담자기》의 제17장은 五類聲의 글자끼리 서로 결합하여 字體를 이루고, 여기에 12전성이 결합되는 장이다. 이 장에서 字體로 쓰이는 글자의 수는 ska𑖭𑖿𑖎 등 33자로 정해져 있다.

8.1.1. 제17장 원문 및 번역

상단 원문

第十七章

用迦等字體。參互加之有三十三字。隨文受稱。謂𑖭𑖿𑖎阿索迦等。各用阿阿等韻呼之。生字三百九十有六

상단 번역

제17장

ka𑖎迦 등의 자체가 서로 어울려 쓰이는 것으로, 33자가 있다. 글자에 따라 그 명칭이 다른데, ska𑖭𑖿𑖎阿索迦 등이다. 각각 글자는 a阿·ā阿 등의 운모에 의해 발음된다. 만들어지는 글자는 396자이다.

하단 원문

第十七章

阿索迦生十二字 阿索佉已下各生十二字 阿拕伽 阿拕伽重 盎迦怛囉

阿嚩遮 阿伐車 阿伐社 阿伐闍重 阿社若

阿瑟吒 阿瑟侘 阿拕茶 阿拕茶重 阿瑟拏

阿薩多 阿薩他 阿伐拕 阿伐拕重 阿勒多薩那

阿薩波 阿薩頗 阿拕婆 阿拕婆重 阿勒叉麼

阿勒叉微耶 阿勒叉微釐耶 阿刺多 阿多迦嚩 阿吒奢 阿吒沙 阿沙訶 阿婆叉 已上一章重文讀之。皆帶阿聲連促呼之。此章亦除濫字。又合娑訶字唯三十三字。皆通十二字加麼多也。其於字母不次者。分入後章

하단 번역

제17장

ska 阿索迦(12자가 만들어진다) skha 阿索佉(이하 각각 모두 12자가 만들어진다) dga 阿拕伽 dgha 阿拕伽(重音) ṅktra 盎迦怛囉

vca 阿嚩遮 vcha 阿伐車 vja 阿伐社 vjha 阿伐闍(重音) jña 阿社若

ṣṭa 阿瑟吒 ṣṭha 阿瑟侘 dḍa 阿拕茶 dḍha 阿拕茶(重音) ṣṇa 阿瑟拏

sta 阿薩多 stha 阿薩他 vda 阿伐拕 vdha 阿伐拕(重音) rtsna

阿勒多薩那

spa 阿薩波 spha 阿薩頗 dva 阿拕婆 dbha 阿拕婆(重音)

rkṣma 阿勒叉麼

rkṣvya 阿勒叉微耶 rkṣvrya 阿勒叉微釐耶 lta 阿剌多 tkva 阿多迦嚩 ṭśa (絮)阿吒奢 ṭṣa 阿吒沙 ṭha (sha 의 誤記)阿沙訶 vkṣa 阿婆叉

이상의 한 장은 중복된 체문을 읽는 것으로 여기에는 모두 a阿의 발음이 붙어있어서 이 a阿를 연속하여 빨리 끝닿게 발음한다. 이 장에서도 llaṃ 濫자는 제외된다. 또한 sa 娑자와 ha 訶자가 합해졌으므로 체문의 수는 오직 33자이다. 이들은 모두 12자에 맞게 마다를 더한다. 이 자모의 순서에 따르지 않는 것은 구분하여 뒤의 장[제18장]에서 다룬다.

8.1.2. 《실담자기》의 제17장 해설

《실담자기》의 제17장은 ka 迦 등의 字體가 서로 결합하고, sa 娑자와 ha 訶자가 한 자로 합해지고[㉜], llaṃ 濫자가 제외되었으므로 오직 33자의 체문만이 12전성에 따라 발음함을 보여주는 장이다. 제17장 체문의 결합 순서는, sa+①ka · ②kha, da+③ga · ④gha, ⑤ṅa+ktra, va+⑥ca · ⑦cha · ⑧ja · ⑨jha, ja+⑩ña, ṣa+⑪ṭa · ⑫ṭha, da+⑬ḍa · ⑭ḍha, ṣa+⑮ṇaṃ, sa+⑯ta · ⑰tha, va+⑱da · ⑲dha, ra +t⑳sna, sa+㉑pa · ㉒pha, da+㉓ba · ㉔bha, ra +㉕kṣma · ㉖kṣvya · ㉗vrya, ㉘la+ta, ta+㉙kva, ṭa+㉚śa ·

㉛ṣa, ㉜sa+ha, va+㉝kṣa이다.

그리고 이 장은 결합되어지는 글자에 따라 명칭이 각각 다르지만, 맨 첫 글자인 ska阿索迦를 들어 후대에는 '阿索迦章'이라고도 부른다. 결합된 각각의 글자 33자는 a阿·ā阿 등의 12전성에 의해 발음됨으로써, 《실담자기》의 제17장에서 만들어지는 글자는 각각의 本字에 12전성된 글자를 합하면 다음과 같이 모두 396자이다.

① ska skā ski skī sku skū
ske skai sko skau skaṃ skaḥ

② skha skhā skhi skhī skhu skhū
skhe skhai skho skhau skhaṃ skhaḥ

③ dga dgā dgi dgī dgu dgū
dge dgai dgo dgau dgaṃ dgaḥ

④ dgha dghā dghi dghī dghu dghū
dghe dghai dgho dghau dghaṃ dghaḥ

⑤ ṅktra ṅktrā ṅktri ṅktrī ṅktru ṅktrū
ṅktre ṅktrai ṅktro ṅktrau ṅktraṃ ṅktraḥ

⑥ vca vcā vci vcī vcu vcū
vce vcai vco vcau vcaṃ vcaḥ

⑦ vcha vchā vchi vchī vchu vchū
vche vchai vcho vchau vchaṃ vchaḥ

⑧ vja vjā vji vjī vju vjū

vje vjai vjo vjau vjaṃ vjaḥ

⑨ vjha vjhā vjhi vjhī vjhu vjhū

vjhe vjhai vjho vjhau vjhaṃ vjhaḥ

⑩ jña jñā jñi jñī jñu jñū

jñe jñai jño jñau jñaṃ jñaḥ

⑪ ṣṭa ṣṭā ṣṭi ṣṭī ṣṭu ṣṭū

ṣṭe ṣṭai ṣṭo ṣṭau ṣṭaṃ ṣṭaḥ

⑫ ṣṭha ṣṭhā ṣṭhi ṣṭhī ṣṭhu ṣṭhū

ṣṭhe ṣṭhai ṣṭho ṣṭhau ṣṭhaṃ ṣṭhaḥ

⑬ dḍa dḍā dḍi dḍī dḍu dḍū

dḍe dḍai dḍo dḍau dḍaṃ dḍaḥ

⑭ dḍha dḍhā dḍhi dḍhī dḍhu dḍhū

dḍhe dḍhai dḍho dḍhau dḍhaṃ dḍhaḥ

⑮ ṣṇa ṣṇā ṣṇi ṣṇī ṣṇu ṣṇū

ṣṇe ṣṇai ṣṇo ṣṇau ṣṇaṃ ṣṇaḥ

⑯ sta stā sti stī stu stū

ste stai sto stau staṃ staḥ

⑰ stha sthā sthi sthī sthu sthū

sthe sthai stho sthau sthaṃ sthaḥ

⑱ vda vdā vdi vdī vdu vdū

vde vdai vdo vdau vdaṃ vdaḥ

⑲ vdha vdhā vdhi vdhī vdhu vdhū

vdhe vdhai vdho vdhau vdhaṃ vdhaḥ

⑳ rtsna rtsnā rtsni rtsnī rtsnu rtsnū

rtsne rtsnai rtsno rtsnau rtsnaṃ rtsnaḥ

㉑ spa spā spi spī spu spū

spe spai spo spau spaṃ spaḥ

㉒ spha sphā sphi sphī sphu sphū

sphe sphai spho sphau sphaṃ sphaḥ

㉓ dva dvā dvi dvī dvu dvū

dve dvai dvo dvau dvaṃ dvaḥ

㉔ dbha dbhā dbhi dbhī dbhu dbhū

dbhe dbhai dbho dbhau dbhaṃ dbhaḥ

㉕ rkṣma rkṣmā rkṣmi rkṣmī rkṣmu rkṣmū

rkṣme rkṣmai rkṣmo rkṣmau rkṣmaṃ rkṣmaḥ

㉖ rkṣvya rkṣvyā rkṣvyi rkṣvyī rkṣvyu rkṣvyū

rkṣvye rkṣvyai rkṣvyo rkṣvyau rkṣvyaṃ rkṣvyaḥ

㉗ rkṣvrya rkṣvryā rkṣvryi rkṣvryī rkṣvryu rkṣvryū

rkṣvrye rkṣvryai rkṣvryo rkṣvryau rkṣvryaṃ rkṣvryaḥ

㉘ lta ltā lti ltī ltu ltū

lte ltai lto ltau ltaṃ ltaḥ

㉙ tkva tkvā tkvi tkvī tkvu tkvū

tkve tkvai tkvo tkvau tkvaṃ tkvaḥ

㉚ ṭśa ( ) ṭśā ṭśi ṭśī ṭśu ṭśū

ṭśe ṭśai ṭśo ṭśau ṭśaṃ ṭśaḥ

㉛ ṭṣa ṭṣā ṭṣi ṭṣī ṭṣu ṭṣū

ṭṣe ṭṣai ṭṣo ṭṣau ṭṣaṃ ṭṣaḥ

㉜ sha shā shi shī shu shū

she shai sho shau shaṃ shaḥ

㉝ vkṣa vkṣā vkṣi vkṣī vkṣu vkṣū

vkṣe vkṣai vkṣo vkṣau vkṣaṃ vkṣaḥ

9. 실담장 제18장

9.1. 《실담자기》의 제18장

《실담자기》의 제18장은 앞에서 살펴본 일정한 규칙에 의거하여 기술되었던 제1장으로부터 제17장까지와는 다른 구성을 보여줌으로써, 제17장까지의 음운적 결합의 규칙에서 벗어난 예외적이고도 특별한 장이라고 할 수 있다. 이 장에서도 상단과 하단의 형식으로 기술되어 있지만 상단이 하단보다 오히려 더 자세하게 설명되어 있고 그 조항 자체도 많은 것이 특징이라고 할 수 있다. 즉 상단에서는 15가지의 예외적인 결합의 예를 들고 있는 반면에 하단은 상단의 15가지 중에서 7가지의 예만을 설명하고 있을 뿐이며 그 순서 또한 상단의 순서에 맞게 서술되어 있지 않다.

9.1.1. 제18장 원문 및 번역

상단 원문

第十八章

正章之外有孤合之文 或當體兩字重之但依字大呼謂多闍吒拏等字各有重成也。或異體字重之即連聲合呼謂悉多羅等是也。或不具通麼多。止爲孤合之文即瑟吒羅等字。有通三五麼多也。或雖生十二之文。而字源不次其猶之孤即阿悉多羅等也。或雖異重不必依重以呼之此五句之末字。加其句之初。即名盎迦等屬前章也。或兩字聯聲。文形其後聲彰其前如麼盎迦三合等字。似云莽迦等也。或字一而名分如沙字有沙孚(府珂反)二音猶假借也。或用麼多之文。重增其麼多。而音必兼之如部林二合字。從裒(菩侯反)婁(力鉤反)與第十一摩多也。或形非麼多獨爲嚴字之文如字之上有仰月之畫也。或有所成而異其名謂數字重成一字。而其下必正呼。中上連合短呼之。不必正其音。如上娑下迦稱阿索迦等也。或有其聲而無其形此即阿索迦章等字字則無阿。讀之皆帶其音也。或不從字生。獨爲半體之文如怛達祗耶等用則有之字體無也。或字有所闕。則加怛達之文。而音掣呼之如迦佉等字下有達畫則云秸(吉八反)稧(苦八反)等也。或源由字生增于異形如室梨字猶有奢羅之象。錯成印文。若篆籀也。或考之其生。異之其形訖里俱羅俱婁等從迦之省。及胡盧等文。麼多之異猶艸隸也。

斯則梵書之大觀焉

상단 번역

제18장

이와 같은 正章 이외에 孤合의 글자가 있다. ①같은 글자 각각을 중복하여 다만 큰 소리로 발음한다. 예를 들어 tta 多·jja 闍·ṭṭa 吒·ṇṇa 拏 등이 있다. ②다른 글자를 중복하고 連聲하여 함께 발음한다. stra 悉多羅 등이 있다. ③간혹 통마다 모두를 갖추지 못한 고합의 글자가 있다. ṣṭra 瑟吒羅[1] 등은 제3·제5마다에만 적용된다. ④비록 12전성의 12글자를 만들기는 하나, 그 글자가 원래 순차에 따르지 않고 홀로 있는 예, 즉 astra 阿悉多羅 등이 있다. ⑤비록 다른 글자가 중복되어도 그 중복된 글자의 발음을 따르지 않고 다르게 발음한다. 이는 5句의 마지막 자에 첫 자를 붙이는 것으로, 곧 ṅka 盎迦 등이 속하는 앞의 장[제15장]을 말한다. ⑥혹은 두 글자가 連聲한 문자는 그 뒤 모양의 소리로 인해 앞의 소리가 더욱 분명해지는 것으로서, mṅka 麼盎迦(三合) 등의 글자가 mṅka 莽迦 등으로 발음되는 것과 유사하다. ⑦글자는 한 자이나 호칭이 둘이 되는 것으로, ṣa 沙자는 ṣa 沙와 pa 孚(府珂反)의 두 가지 음이 假借되어 발음되는 것과 같다. ⑧마다가 있는 글자에 마다를 거듭 더하는 것으로, 그 두 마다의 음은 반드시 함께한다. 예를 들면, bhrūṃ 部林(二合)자는 bhu 裒(菩侯反)와 ru 婁(力鉤反), ū□ 및 제11마다[aṃ]가 합쳐진 것이다. ⑨간혹 글자의 모양은 마다가 아니지만 홀로 장엄되어 있는 글자의 예로서, 글자 위에 仰月形의 그림이 있는 경우가 있다. ⑩글자가 만들어질 때 그 명칭이 달라지는 경우로서, 이를테면, 여러 글자가 중복되어 한 글자로 될 경우 반드시 가장 아래의 글자가 정음이고, 위와 중간의 글자는 서로 합하여 그것을 짧게 소리를 내므로, 그 음은 절대 정음이 아니다. 예를 들면, sa 沙·ka 迦가 결합할 때는 ska 阿索迦로 부르는 것을 말한다. ⑪음성은 있으나, 그 글자가 없는 경우로서, 이는 곧 阿索迦章[제17장] 등의 글자로서, 글자인 a阿는 없으나, 그것을 읽을 때는 모든 글자에 a阿의 음이 붙어 있는 것이다. ⑫간혹 글자의 생성에 관여하지 않고 홀로 반체의 글자로 있는 것도 있는데, 怛達· 祇耶 등으로 쓰이지만, 그 字體는 없는 글자이다. ⑬글자의 일부가 없어지고 怛達의 글자가 붙으면 음을 억제하여 발음한다. 예를 들어 ka 迦·kha 佉 등의 글자 아래에 達畫[]를 붙이면, 각각 kat 秸(吉八反)·khat 楔(苦八反)로 발음되는 것을 말한다. ⑭원래의 글자에서 다른 형태의 글자가 부가된 것으로서, 예를 들면, śrī室梨자는 śra奢羅의 모양과 비슷하여, 착오로 印文으로 쓰게 된 것이다. 또한 이를 篆籀[篆字]라고 한다. ⑮글자가 만들어질 때와는 달리 이후에 그 모양이 달라진 것으로, kṛ訖里·kra倶羅·kru倶婁 등은 ka迦로부터 나왔지만 그 일부가 생략된 글자이다. 또한 hu胡·ru盧 등은 마다의 변형된 형태를 보이는데, 이는 草書와 隸書의 서체와 비슷하다. 이는 곧 범자 서법의 대강이다.

하단 원문

第十八章孤合之文

阿跛多阿吒迦阿娜薩嚩阿吒瑟車囉

右此章字類流派無盡。或通三五麼多讀之並同上章。當體重兩多社吒拏那等字並依本字大呼多。則不得云多多也 聯聲字上麼下盎迦。後字之聲入於前。似云莽迦也。用此章字皆然 兩重麼多字部林去齒林去吽已上字有第六及第十一麼多讀之皆帶兩聲也。此是第六麼多分布於傍也 半體文多達又作皆同也秖耶當是耶字。之省也 印文字是室梨字西域爲印也。此類甚多略出其狀也。前敍云囉於生字不應遍諸章。謂第二第四五六七章用之。其字則屬第八章也。若第三及第八章用之成當體重。非此章字也。若第九已下四章用之。則更重重全非字也。其囉字當體重。及重章中當體重。書者至此但存一重字。不須生十二也。雖或有用處亦通三五麼多。非遍能生故不入此生字之內。緣存一當體重字故。云容之勿生也。後第十八云或當體兩字重之。但依字大呼。謂多闍吒拏等。各有重成也。等者等餘字母。並有重成之用也。但大呼之。不得言多多囉囉等也

悉曇字記

제18장고합지문

②pta 阿跛多 ṭka 阿吒迦 dmva 阿娜薩嚩 ṭṣchra 阿吒瑟車囉

이 장[②]의 글자가 합성되는 예는 헤아릴 수 없이 많다. ③혹은 통마다 제3·제5로만 읽는 것이 위의 장[제17장]과 같다. ①같은 글자 두 자가 결합된 tta 多, jja 社, ṭṭa 吒, ṇṇa 拏, nna 那 등의 글자로서, ta 多자를 크게 소리 내는 것이지 tata多多로 읽는 것은 아니다. ⑥연성한 글자 mṅka 로서, 위의 ma麼와 아래의 ṅka盎迦가 결합할 때, 뒷글자의 소리가 앞의 글자 아래에 붙어 발음됨으로써, mṅka莽迦[mangka]로 되는 것이다. 이 장[⑥]의 글자는 모두 이와 같다. ⑧마다가 중복된 글자 bhrūṃ 部林(去聲), chrūṃ 齒林(去聲), hūṃ 吽자는 제6·제11마다가 같이 있어서, 읽을 때 이 두 마다를 함께 읽는다. ū ( )는 제6마다의 부분으로서, 문자의 곁에 붙인다. ⑫半體文 tathat 多達은 또한 과도 같이 쓰인다. ya 祇耶는 ya 耶자의 생략형이다. ⑭印文字[印鑑] śrī 室棃는 서역에서는 印(鑑)으로 쓰인다. 이와 같은 孤合之文의 예는 무수히 많지만 간략히 나타내었다.

③상술하였듯이, ra囉와 관련된 글자의 결합은 모든 장에 적용되지 않는다고 하였다. 곧 제2장과 제4·5·6·7장에 적용되는데, 이 글자는 제8장에 속하는 글자이다. 만약 제3장과 제8장에 적용하면 같은 글자가 중복이 되어 제2장 등의 글자와는 달라지고, 제9장 이하 제10·11·12·13장에 적용시키면 이 ra囉자가 이중으로 중복되어 올바른 글자가 되지 않는다. 이 ra囉자는 같은 글자의 중복이면서 重章 중의

當體重字로 쓴 것이다. 이에 따르면, 다만 한 중자만 있을 뿐 12전성을 따르지 않는다. 비록 그 쓰이는 바가 있기는 하나 제3·5마다에만 통할 뿐 두루 적용되지 않기 때문에 글자를 만드는 원리에 포함될 수 없다. 한 당체중자만 있을 뿐이므로 글자를 만드는 원리에 포함시키지 않는 것이다. ①제18장에서 말하는 '같은 글자 각각을 중복하여 다만 큰 소리로 발음한다. 예를 들어 tta 多·jja闍·ṭṭa吒·ṇṇa拏 등이 있다.'라고 한 부분에서, 等이란 나머지 자모로서, 이들 또한 같은 글자를 중복하더라도 크게 발음할 뿐 tata多多, rara囉囉 등으로 발음하지는 않는다.

실담자기.

9.1.2. 《실담자기》의 제18장 해설

이상의 正章, 즉 제1장[初章]으로부터 제17장까지의 결합의 규칙 어디에도 적용되지 않고 단독으로 있는 글자[孤合之文]가 있다. 다시 말하면 일반적인 실담범자의 결합원리를 벗어난 예외적인 결합의 예를 보이는 경우를 말하는 것이다. 제18장을 '孤合章'이라고도 하는 이유가 바로 여기에 있다. 이 예외적인 결합의 예는 모두 15가지가 있다. 상단에는 15가지의 경우를 모두 기술하고 있지만, 하단에는 상단의 15가지 중에서 7가지의 실례를 들어 보충하여 설명하고 있다.

다음은 상단과 하단 총 15가지의 예를 합하여 해설하였다.[2)]

(1) 같은 글자[當體字] 두 자가 결합하는 경우, 예컨대 ta와 ta의 결

합인 tta 多, ja와 ja의 결합인 jja闍,[3] ṭa와 ṭa의 결합인 ṭṭa吒, ṇa와 ṇa의 결합인 ṇṇa拏 등은 tata 내지 ṇaṇa 등으로 읽지 않고 tta 내지 ṇṇa 등으로 그 글자를 크게 읽는다는 고합의 예를 보여준다. 즉 하단의 '같은 글자 각각을 중복하여 다만 큰 소리로 발음한다. 예를 들어 tta 多·jja闍·ṭṭa吒·ṇṇa拏 등이 있다.'라고 한 부분에서의 '等'이란 나머지 글자도 또한 같은 글자를 중복할 수 있으며, 이 경우 tata多多, rara囉囉 등으로 발음하지 않고 tta多, rra囉 등으로 발음한다는 것이다. 따라서 이러한 二合 외에도 ddha, ccha 등과 rtta, rvva 등 三合 이상의 결합 안에 있는 dd, cc, tt, vv 등도 이 규정을 적용해야 한다.

(2) 다른 글자[異體字] 두 자가 결합하면 함께 連聲하여 발음한다. 가장 일반적인 예로서, stra悉多羅를 들 수 있다. stra는 sa와 ta, 그리고 ra가 결합된 三合의 글자이다. 즉 satara薩多羅가 stra悉多羅로 발음되는 것이다. 이러한 連聲의 예는 범자를 읽기 위한 한자독음의 발음과 표기에 관한 사항으로,[4] 범어에 대한 원래의 발음인 麤顯聲의 stra悉多羅를 satara 薩多羅의 耎密聲으로 발음하고 표기한 것이다. 이러한 현상은 특히 진언에서 많이 볼 수 있다. 예컨대 진언의 마지막 찬탄구의 svāhā薩嚩賀가 savāhā私婆呵[5] 등으로 독음되는 것이 바로 연밀성이다. 마찬가지로 pta 阿跛多[⇦ pata], ṭka阿吒迦[⇦ ṭaka], dsva阿娜薩嚩[⇦ dasava], ṭṣchra 阿吒瑟車囉[⇦ ṭaṣachara] 등의 예도 범어에 대한 한자독음의 유연성이라고 할 수 있다.

(3) 통마다 12자 모두와 결합하지 못하는 고합의 글자가 있다. 다름 아닌 ṣṭra瑟吒囉 등은 3·5마다에만 적용된다. 즉 통마다 3의 i와 5의 u

로만 읽는 규정으로서, 이 ṣṭra瑟吒囉에는 두 가지의 정장과는 다른 예를 보여주고 있다. 먼저 ṣṭra瑟吒囉는 "원래 세 유형으로 발음된다. 첫째는 字體 운모에 의해 발음하는 ṣaṭara灑吒囉, 둘째는 제3마다에 의한 발음인 ṣiṭara瑟吒囉, 셋째는 제5마다에의 발음인 ṣuṭara瑟吒囉이다."[6)]라고 하는 제1음절에서의 발음상의 규정이 있고, 다음으로 마지막 음절에서 ra囉의 당체중자에 관해서, "이러한 囉자가 중복하여 글자가 만들어지는 출처는 모두 세 곳이다. 첫째는 제3장, 둘째는 제8장, 그리고 셋째는 제18장이다. 이 한 자는 12전성 모두에 적용되지 않는다. 그러나 간혹 제3과 제5마다에서 사용되어지지만 글자를 만드는 과정에 두루 관여하지 못한다고 《실담자기》에서는 말한다. (…) 간혹 3·5마다와는 통하여 그것을 읽는 것은 앞장의 예와 같다고 하였다. 여기서 말하는 3·5마다란 rra를 읽을 때 rri와 rru로 읽는 것이 앞에서의 二合의 글자와 같은 것이다."[7)]라고 한 규정이 있다. 따라서 ṣṭrra·ṣṭrri·ṣṭrru 등과 ṣaṭara·ṣiṭara·ṣuṭara 등의 발음만이 가능하여 이들 6가지 이외에는 만들어질 수 있는 문자가 없다고 할 수 있다.[8)]

(4) 비록 12전성의 문자를 만들기는 하지만, 그 글자가 원래의 순서인 12전성에 따르지 않고 홀로 있는 stra阿悉多羅 등의 예가 있다. 즉 12전성의 원래의 순서는 a로부터 aḥ까지의 순서를 말한다. "stra가 비록 a성과 결합하여 12전성을 나타낼 수 있지만, 체문의 순서를 따르지 않는다. 예를 들어 sa의 경우, sa 앞뒤의 ṣa와 ha를 가리키는 것으로, sa의 앞인 ṣtra의 12전성은 있으나, sa의 뒤인 htra는 없다. 마찬가지로 ta의 앞인 ṇa는 ṇtra는 있으나, thtra는 없다. 비록 tra, ktra 등의 글자가 있지만, htra 등은 없는 글자이다. 그래서 stra悉多羅는 체문의 순서에 따르지 않는 고립의 글자라고 할 수 있다."[9)] 따라서 34체문의 순서

를 따르지 않는 글자인 stra𑖭𑖿𑖝𑖿𑖨悉多羅는 제17장에서 만들어지는 글자 이외의 고합의 글자를 말하는 것이다.

(5) 비록 다른 글자가 중복되더라도 반드시 그 중복된 글자의 발음을 따르지 않고 발음하는 것으로, 五類聲 각각의 마지막 글자에 처음의 글자를 붙여 ṅka𑖒𑖿𑖎盎迦 등으로 발음하는 제15장의 경우를 말한다. 지광은 제15장에서 만들어지는 글자에 대해서, “제15장의 두 글자가 중복하더라도 그 글자의 원래 발음에 의하지 않는 것이 나머지 장과 다르기 때문에 異章이라고 한다. 하지만 ṅa盎 또는 ña安 등은 장차 읽을 때 드러나지 않으며, 뒤의 글자 앞에 숨어서 붙어있는 그 음 또한 분명하지 않으므로 ṅa𑖒盎·ña𑖗安이라고 부르는 것이다.”[10]라고 하였다. 따라서 ṅka𑖒𑖿𑖎盎迦에서 ṅa盎은 [ʔɑŋ(阿黨反)]으로 발음되고, ñca𑖗𑖿𑖓安者에서 ña安은 [ʔɑn(阿壇反)]으로 발음된다. 그리고 mpa𑖦𑖿𑖢唵跛에서 m唵은 [ʔAm(阿感反)]으로 발음된다는 것을 말하고 있다.

(6) 두 글자가 연달아 발음될 때, 뒤의 글자의 발음으로 인해 앞 글자의 발음이 더욱 분명해지는 경우가 있다. 三合인 mṅka𑖦𑖿𑖒𑖿𑖎麽盎迦 등의 글자가 莽迦[mangka] 등으로 발음되는 경우이다. 즉 ṅka𑖒𑖿𑖎盎迦 등의 앞에 ma𑖦가 결합함으로써 mṅka𑖦𑖿𑖒𑖿𑖎가 될 때, 그 발음이 莽迦[mangka]와 같이 뒤의 발음[ṅka]으로 인해 앞의 발음[ma]이 크고 분명해지는 경우를 말한다. 따라서 이 6항이 위 5항과의 차이점이라고 한다면, 5항의 ṅka𑖒𑖿𑖎盎迦는 뒤의 글자인 ka迦발음에 앞 글자인 ṅa盎이 흡수되어 그 발음이 드러나지 않는데 비해, 본 6항은 mṅka𑖦𑖿𑖒𑖿𑖎麽盎迦가 되는 것처럼, 뒤의 ṅka盎迦로 인하여 앞의 ma麽가 더욱 麽盎[mang]이 되어 ma麽의 발음이 더욱 드러나게 되는 차이

가 있다.

(7) 비록 글자는 한 자이나 두 가지의 발음이 있는 글자로서, ṣa沙자는 ṣa沙와 pa孚의 두 가지로 발음되는 경우가 있는데, 이들은 서로 假借字의 관계에 있다. 假借字란 글자의 모양이나 발음이 비슷한 글자를 차용하여 발음하는 것으로, ṣa자와 pa자가 모양이 비슷하여 이 두 글자가 서로 혼용되었던 것이다. 이와는 다른 비슷한 발음에 의한 가차의 예로 "va와 ba의 두 발음이 서로 호환되는 경우처럼, 이것은 중국 唐代 六書 가운데 가차의 예와 같은 것이다."[11]라고 하였다. 따라서 ṣa자의 원음은 ṣa이지만 경우에 따라서 비슷한 모양의 pa로도 읽거나 쓰는 경우가 있었음을 말하고 있다.

(8) 간혹 이미 마다가 결합되어 있는 글자에 또 다른 마다를 부가하여 만든 글자로서, 그 발음은 반드시 함께 발음한다. 예를 들면, bhrūṃ部林자는 bhu裒(菩侯反)와 ru婁(力鉤反)에 ū[, □] 및 제11마다[aṃ]가 결합되어 정확하게는 部嚕吽[bhurūaṃ]이지만, 部林[bhuriṃ]으로 발음되는 글자이다. chrūṃ齒林자 또한 cha와 ra자, 그리고 ū 점과 제11마다[aṃ]가 결합하여 이루어진 글자이다. 즉 bhrūṃ자는 bha와 ra의 이합에 ū점 ū□ 또는 ū를 더한 bhrū, 그리고 여기에 제11마다[aṃ]를 더한 것으로, 정확하게는 三合의 部嚕吽[bhurūaṃ]이다. 이를 어떤 문헌에서 다만 二合의 部林[bhuriṃ]이라고만 하였는데, u와 ū 두 자의 음이 정해지지 않아 優[u] 또는 優(ū)로서, 二合의 部流[bhuru]로 하고, 여기에 空點[aṃ]을 부가하여 部林이 된 것이다. chrūṃ齒林자 또한 cha와 ra자의 이합에 ū점을 붙인 輸嚕[shurū]에 공점을 붙이면, 정확하게

는 三合의 輸嚕吽[shurūaṃ]이나, 二合의 齒林[chiriṃ]으로 부르게 된 것이다.[12] 또한 ha자와 ū의 二合인 hū자에 [aṃ]이 결합하여 hūṃ吽이 됨으로써, 이들 모두는 기본적으로 제6마다와 제11마다가 함께 결합된 예를 보이고 있는데, 이 중 제6마다인 ū는 결합된 글자 옆에 마지막으로 결합함을 보여주고 있다.[13]

(9) 그 모양은 12마다의 어디에도 속하지 않지만 독특하게 장식된 글자의 예로서, 글자와 비슷한 모양 위에 달을 떠받드는 모양[仰月形]의 그림이 있다. 즉 일반적인 12마다의 모양이 아닌 독특한 그림으로 장엄된 유사문자를 말하는 것으로, 글자 위에 위치하는 空點(, anusvara)의 다른 형태인 (仰月點, chandra-vindu)을 말한다. 예를 들면, aṃ·oṃ·kaṃ·vaṃ 등에 있는 기호[]를 말한다. 이 문양은 [ṃ]음을 나타내기 위해서 공점 밑에 반월형태의 기호[]를 부가하여 장식하였다고 할 수 있다. 이 기호 중 는 ma의 생략된 형태이며,[14] 엄밀하게 말하면, 이 기호는 마다에 속하지 않는다.

(10) 두 글자 이상이 결합하여 다른 글자가 만들어질 때 그 명칭이 달라지는 경우를 말한다. 즉 여러 글자가 중복하여 한 글자로 결합되었을 때는 가장 아래의 글자에 원래의 음이 남아 있고, 맨 위 또는 중간의 글자는 서로 결합되면서 짧게 소리를 내게 되므로 그 음은 원래의 음과는 거리가 있게 된다. 예를 들면, sa(沙[15])·ka迦가 결합하여 aska阿索迦로 발음될 때 중간의 글자인 沙가 索[16]로 바뀐 예를 말한다.[17] 이 10항의 내용은 이미 제17장[阿索迦(aska)章 또는 異章]에서 논의된 내용이며, 범자의 체문이 서로 결합할 경우 발음상의 가장 기본적인 규칙이기도 하다. 하지만 여

기서는 원래 체문의 성모가 二合 이상으로 결합하게 될 경우 앞의 체문[上字]이 원래의 발음과는 다르게 합성되고 뒤의 체문[下字]은 원래의 발음을 유지한다는 예를 보여주고 있다.

(11) 발음에는 포함되어 있으나 글자의 형태가 없는 경우로서, 이는 제17장 aska阿索迦에서 글자인 a阿는 표기하지 않지만 aska를 읽을 때는 글자 앞에 a阿의 발음이 붙는 것을 말한다. 이 예는 모든 범자에 근본적으로 a阿聲이 포함되어 있음을 말하는 것으로서, ska索迦 앞에 a阿聲을 붙여 aska阿索迦라고 하는 것이다.[18)]

(12) 간혹 글자를 만드는 데에는 관여하지 않고 홀로 반쪽 형태(半體, half-consonant)로 있는 글자가 있다. 즉 怛達[tathat]· 祇耶[kiya] 등으로 글자의 결합에는 쓰이나, 그 字體는 없는 글자이다. 반체의 글자는 원래의 글자에서 일부가 생략되어 원래의 글자와 비슷하거나 완전히 다른 모양의 글자가 된 경우를 말한다. ka에서 또는 나 등이 모두 반체이고, 怛達, 祇耶 등 또한 마찬가지이다. 여기서 "는 ṭha의 생략형이고, 는 ya의 생략형이다."[19)] 그리고 怛達[tathat]은 체문 아래에 부가하여 모음을 탈락시키는 역할을 하는데, 이를 halanta(ending in a consonant) 또는 virama(sunset, stop)라고 한다. 예를 들면 진언에 등장하는 hūṃphaṭ 중에서 ṭ가 있다.[20)] 즉 ṭa에 가 붙음으로써 ṭa의 a음이 탈락되고 ṭ만 남은 것이다. 이를 'halanta ṭ'라고 일컫는다.

(13) 체문의 일부를 생략하고 그 글자 아래에 怛達 글자가 붙으면 마다를 탈락시키고 체문만을 발음하는 경우를 말하는데, 淨嚴(1639-1702)의

《三密鈔》에서는 이에 대해 다음과 같이 해설하고 있다.

> 13항에서 글자의 일부가 없어졌다는 것은 곧 글자[체문] 위의 가로획을 말하는데, 그 글자 아래에 怛達文이 붙으면 음을 억제[掣]하여 발음하라고 하였다. 여기서 掣는 [tɕhiæi(尺制切)][21]이다. 王弼은 이를 滯隔不進이라고 하였다.[22] 여기에 내가 주를 달아 말한다면, 迦와 佉 등의 글자 아래에 達晝이 붙어서 秸(吉八反)과 稧(苦八反) 등과 같이 된다. 그러므로 晝이 같이 있는 글자는 반드시 半音으로 발음해야 한다. 반음은 入聲과 같다"[23]

예를 들어 ka 迦·kha 佉 등 체문 위의 가로획을 제거한 글자 아래에 [tathat]글자를 붙이면 각각 kat 秸[kæt(吉八反)][24]·khat 稧[khæt(苦八反)]로 발음되는 것을 말한다. 이러한 kat 秸·khat 稧 등은 반드시 入聲으로 발음해야 하는데, 이들의 실제 발음은 [ka]와 [kha]를 入聲으로 빨리 끝 닫게 발음해야 한다. 따라서 이 13항은 ka 迦·kha 佉 등 반체로 된 체문을 입성과 같이 발음하기 위한 표기상의 고합지문이라고 할 수 있다.

(14) 결합되어진 원래의 글자에 다른 모양이 부가된 글자이다. 예를 들어 śrī 室梨자는 śṛ 室里자에 장음 ī가 부가된 글자이다. 그런데 이 śṛ 室里자는 śra 奢羅의 모양과 비슷하여 원래의 śṛ 室里를 śra 奢羅로 잘못 인식하게 되었다. 이후 śra 奢羅에 장음 ī가 부가됨으로써 śṛī 室梨로 받아들여야 할 글자가 śrī로 받아들여져 전승된 것이다. 이 śṛī 室梨자를 서역에서는 印鑑의 篆籒[篆字]로서 필체가 아름답고 상서로운 글자로 여겼다. 따라서 "이 śṛī 室梨자는 鎖子[자물쇠]의 형상으로, 서역에

서는 그것을 잘못 알고 인감으로 사용하였다. 즉 본래의 글자와는 다른 글자가 인감으로 되었기에 그것을 잘못 알았다고 하는 것이다. 이러한 인감 글자에는 오직 śrī 室梨자 뿐이다. 이처럼 두루 쓰이지 않기 때문에 孤合章에 포함되었다."[25]라고 한 것이다.

이와 같이 śrī 室梨자는 원래의 글자인 śṛ 室里에 장식[장음 ī□]을 부가함으로써 좌우의 균형감을 주었고, 서역에서는 이를 본 따서 인감으로 사용하였던 것이다. 이와 같은 글자는 蟲書, 篆籀에서 두루 사용하였는데, 이는 주로 미관상 글씨나 그림을 부가한 것이라고 할 수 있다.[26] 따라서 현재 각종 진언·다라니 등에서 주로 사용되고 있는 śrī[27]는 śṛ 室里에 장음 ī□를 붙여 결합된 śrī 室梨[28]의 와전된 글자라고 할 수 있다.[29]

(15) 글자가 결합되는 과정에서 그 모양이 달라지는 글자가 있다. 예컨대 kṛ 訖里·kra 俱羅·kru 俱婁 등에서 또는 는 ka 迦에서 가 생략된 글자이다. 이와 더불어 는 ka 迦에서 가 생략된 경우이다. 그리고 와 또한 ra 의 생략형이다. 또한 hu 胡·ru 盧 등은 마다의 변형된 형태를 보이는데, 12마다에서 제5·6마다[u ·ū]의 모양이 체문과 합성되는 과정에서 u 는 ·· 등으로, ū 는 ··· 등으로 그 모양이 크게 변한 경우를 볼 수 있다. 이는 중국의 六書 가운데 草書와 隸書의 서체와 비슷한 것이다.

이상의 범자 서법에 대한 대강과 함께, 모든 실담범자에 대한 이론과 실제는 800년 전후 중국 당대 회계지방의 산음에서 사문 지광이 반야보리로부터 전수받은 실담을 《실담자기》로 편찬한 것이다. 이 책의 끝부분에 지광은 다시 한번 悉曇字記라고 쓰고 있다.

미주

1) 羅의 당체중자를 나타내는 rra囉의 誤記로 보인다.

2) 이하의 15가지 내용은 '강대현 2015, 〈《悉曇字記》의 第18章 孤合之文 연구〉(《불교학연구》 45, 불교학연구회)'에 발표한 내용을 수정·보완한 것이다.

3) 제18장 하단에는 '社'로 상단과는 다르게 표기하고 있다.

4) 이를 麤顯聲 및 耎密聲이라고 한다. 즉 추현성은 원래 범자의 발음인 stra이고, 연밀성은 satara로 변형된 발음을 말한다. 不空譯의 《金剛頂一切如來眞實攝大乘現證大教王經》(《대정장》 T. 19, No. 874, 321b5-6)에 나타나는 "(…) 摩賀 鉢囉(二合) 惹拏(二合) 播囉弭哆(…)[mahāprajñāpāramitā]"에서 추현성인 鉢囉惹拏[prajñā]를 연밀성으로 발음하면 般若[panña]가 된다. 여기서 囉[r]와 惹[j]음은 나타나지 않는 것과 같이, 한자독음이 변형되는 경우 또한 연밀성이라고 한다.

5) sahā莎訶 또한 svāhā薩嚩賀의 연밀성의 일종이라고 할 수 있다.

6) 安然撰, 《悉曇藏》(《대정장》 T. 84, No. 2702, 404b10-13), "此中瑟吒囉字自有三呼 一依母字體聲呼云灑吒囉 二以第三麼多之聲呼云瑟(所律反)吒囉 三以第五麼多聲呼云瑟(所忽反)吒囉."

7) 安然撰, 《悉曇藏》(《대정장》 T. 84, No. 2702, 403c26-404a4), "乃知囉字當體重成則出三處一出第三章 二出第八章 三出第十八章也 皆存一字不生十二 而言或有用處亦通三五麼多非遍能生等者此即紀云 右此章字類流派無盡 或通三五麼多讀之並同上章之類例也 言三五麼多者於讀於讀意同前來二合文也."

8) 이 부분에 대해서 Saroj Kumar Chaudhuri(1998: 37)는 "지광이 《실담자기》에서 말하는 결합이 [ṣṭṛ]로 추정해야 그의 주장이 제대로 설명될 수 있을 것이다. [ṣṭṛ]는

[ṣṭa]와 [ṛ]모음의 조합이다. 오리사(Orissa)주와 마하라스트라(Maharastra)주에서는 모음자 [ṛ]은 일반적으로 [ru]와 같이 읽고, 다른 주에서는 [ri]로 읽는 것이 서로 다른 것이다. 이러한 현상이 그 당시에도 그렇지 않았을까?"라고 하면서 지광의《실담자기》는 물론 안연의《실담장》, 그리고 了尊의《悉曇略圖抄》(《대정장》84, No. 2709)에서의 연구마저도 의구심을 보이고 있다.

9) 楊毓華 主編 2013,《持松大師全集》3, 新北: 震曜出版社, p.1274.

10) 智廣撰,《悉曇字記》(《대정장》T. 54, No. 2132, 1189b22-24), "右此章字兩字重成不得依字呼之 異於諸章故云異章 然盎安等將讀之際 潛帶其音亦不分明稱盎安也."

11) 楊毓華 主編 2013,《持松大師全集》3, 新北: 震曜出版社, p.1274.

12) 杲寶 述·賢寶 補,《字記創學抄》12, pp.12-13.

13) 准提眞言의 부림[bhrūṃ 部林], 護身眞言의 치림[chrūṃ 齒林]은 원칙적으로 [bha+rū+aṃ], [cha+rū+aṃ]의 결합이다. 이들은 이중모음자가 원래의 모음인 [ū]가 [i]로 발음된 결과를 나타내고 있으며, 또한 ū와 aṃ, 즉 모음이 이중으로 연접한 경우를 보여주고 있다. 이는 일반적인 범어문법의 연성법과는 다른 양상으로, 그것을 해명하기 위해 제18장인 고합장에서 다룬 것이라고 할 수 있다. 진언구의 마지막 구로 주로 쓰이는 훔[hūṃ 吽] 또한 모음이 이중으로 연접하고 있다.

14) 楊毓華 主編 2013,《持松大師全集》3, 新北: 震曜出版社, p.1274.

15)《실담자기》원문에 근거하면, 沙자는 [ʃɐ(沙下反)] 또는 [ʃɑ(沙可反)]로 발음하는 거성인 ṣa 沙자를 말한다. 만일 aska 阿索迦에 의하면 상성인 sa 娑로 표기되어야 한다. 따라서 제18장 상단의 원문 '如上娑下迦稱阿索迦等也'의 沙자는 娑로 표기되어야 한다.

16)《설문해자》에서의 '索'는 [siɑk(蘇各切)],《용감수감》에서는 [siɑk(桑各反)]으로 되어있다.

17) 따라서 이 부분은 'sa 娑·ka 迦가 결합하여 aska 阿索迦로 발음될 때 중간의 글자인 상성의 娑가 거성인 索로 바뀐 예를 말한다.'가 올바른 표기이다.

18) 이에 대해서 一行의《대일경소》에서는, "일체의 법 중에서 조작을 떠나 있기에 迦자의 모습으로 나타난다. 이는 곧 오직 阿자의 가르침을 밝히기 위함이다.

그리하여 일체법의 本來無作임을 밝히려고 迦자로 나타난다. 그러므로 이 迦자는 곧 阿자의 이치를 밝히는 것이다. 迦자에서와 같이 만일 그 위에 가로획을 긋지 않으면 迦자의 소리가 완성되지 않는다. 그 이유는 바로 迦에서 阿聲이 빠졌기 때문이다. 이 迦자의 윗부분에 阿形[橫畫]이 있어야 한다. 따라서 모든 자[百字]가 그러함을 알아야 한다. (…) 만일 阿聲이 그 안에 없다면, 입을 열 수도 없고, 처음부터 소리도 있을 수 없는 것이다."라고 하였다[一行記, 《大毘盧遮那成佛經疏》(《대정장》 T. 39, No. 1796, 774b9-15)].

19) 了尊撰, 《悉曇略圖抄》(《대정장》 T. 84, No. 2709, 677a28-29), "其 者 字之省 者耶字之省."

20) 한국의 '42수진언' 중 첫 번째인 '관세음보살여의주수진언'은 [옴 바슥라 바다라 훔 바탁; Oṃvajrāvatara hūṃphaṭ]이다. 여기서 '탁'의 'ṭ'는 결국 입성의 성조와 비슷하다고 할 수 있다.

21) 《경전석문》에서의 '掣'는 [tɕhiæi(昌世反)] 등이고, 《용감수감》에서는 [tɕhiæi(昌制反)]이다.

22) 淨嚴(1639-1702)은 《周易》을 주석한 王弼(226-249)이 쓴 《周易註》의 「六三見輿曳其牛掣其人天且劓无初有終」의 해설로서 '掣'에 관한 '滯隔不進'을 언급하고 있는데, '掣'란 '滯隔不進'으로서 '앞이 막히고 장애가 있어 더 이상 나아가지 못함'을 뜻한다. 丁若鏞(1762-1836)의 《周易四箋》 卷5(《與猶堂全書》 第2集, p.7에서도 "王弼云掣滯隔不進也亦非矣掣者制手也."라는 내용이 보인다.

23) 淨嚴撰, 《 三密鈔》(《대정장》 T. 84, No. 2710, 779b5-9), "字記十三或釋云 或字有所闕(即首橫畫)則加 怛達之文而音掣呼之(掣尺制切 王弼云滯隔不進也) 又自註云 如 迦 佉等字下有 達畫則云秸(吉八反)稧(苦八反)等也(已上)故帶 畫之字必半音呼 半音者如入聲也."

24) 《경전석문》에서의 '秸'은 [kæt(居八反)] 등이고, 《설문해자》에서는 [kIem(古點切)]이며, 《용감수감》에서는 [kæt(古八反)]이다.

25) 安然撰, 《悉曇藏》(《대정장》 T. 84, No. 2702, 406a3-13), "此室梨字形象鎖子 西域錯之以爲印文 (…) 成印文故云錯之 此印文字唯室梨字 非遍用故屬孤合章."

26) 楊毓華 主編 2013, 《持松大師全集》 3, 新北: 震曜出版社, p.1275.

27) '스리이'(śrī)는 사람이나 책이름 앞에서 존경을 의미하는 접두어로 사용되기도

하며 '성스러움과 경모(敬慕)' 등을 나타내기 위해 2번이나 3번 또는 4번 반복되기도 한다. 따라서 '수리수리'의 의미는 '아름다움이여! 아름다움이여!'가 된다(임근동 2003, 「국내 실담문자(Siddhāmātikā)를 통한 천수진언의 산스크리트 의미해석」(《인도철학》 13, 인도철학회, p.304).

28) to crush, rend, break, to kill, to be crushed or broken or rent or shattered, to fall out or off, to be worn out, decay, wither, fade(M·Monier-Williams 1995: 1088).

29) 이 부분은 蒙隱 編 1784, 開刊《秘密教》(동국대학교도서관소장, D212·19-몽68ㅁ) 중 「淨口業眞言」의 진언구에 대한 객관적 근거자료가 될 것으로 보인다. 同書의 p.30에서 "白衣大悲五印心陀羅尼經 淨口業眞言 白衣大悲五印心陀羅尼經 淨口業眞言(此呪本無唵字待彌勒降生後安此唵字)[云何最上經中出也安慰諸帥呪各三遍一切呪通 𑖫𑖺𑖨𑖰𑖫𑖺𑖨𑖰슈리슈리 𑖦𑖮𑖯𑖫𑖺𑖨𑖰마하슈리 𑖫𑖺𑖫𑖺𑖨𑖰슈슈리 𑖭𑖿𑖪𑖯𑖮𑖯스바하]."이 진언구를 로마나이즈 해보면, [shori(ṛi)shori(ṛi) mahāshori(ṛi) shoshori(ṛi) svāhā]가 된다. 즉 遍口聲 [r]의 12전성 중 제3마다인 [ri]와 別摩多[助音] 중 [ṛ]이 같이 쓰였다는 것을 알 수 있는데, 실제로 開刊《秘密教》의 悉曇章(p.3)에서는 별마다 𑖅[ṛ]를 [上聲, 里]로 표기하고 있다. 따라서 한국 진언집류 등에서 나타나고 있는 [ri]와 [ṛ]의 구별은 쉽지 않으며, 비록 범자 50자문의 원리에는 부합되지는 않지만, 이들 둘 모두가 혼용되었다고 할 수 있다.

1186a04: 悉曇字記南天竺般若菩提悉曇
1186a05: 大唐山陰沙門智廣撰
1186a06: 悉曇天竺文字也。西域記云。梵王所製。原始
1186a07: 垂則四十七言。寓物合成隨事轉用。流演支
1186a08: 派其源浸廣。因地隨人微有改變。而中天竺
1186a09: 特爲詳正。邊裔殊俗兼習訛文。語其大較本
1186a10: 源莫異。斯梗概也。頃嘗誦陀羅尼。訪求音旨
1186a11: 多所差舛。會南天竺沙門般若菩提。齎陀羅
1186a12: 尼梵挾。自南海而謁五臺寓于山房。因從受
1186a13: 焉。與唐書舊翻兼詳中天音韻。不無差反。考
1186a14: 覈源濫所歸悉曇。梵僧自云。少字學於先
1186a15: 師般若瞿沙。聲明文轍將盡微致。南天祖承
1186a16: 摩醯首羅之文。此其是也。而中天兼以龍宮
1186a17: 之文。有與南天少異。而綱骨必同。健馱羅國
1186a18: 喜多迦文獨將尤異。而字之由皆悉曇也。因
1186a19: 請其所出研審翻註。即其杼軸科以成章。音
1186a20: 雖少殊文軌斯在。効絶域之典弗尚詭異。以
1186a21: 眞言唐書召梵語彷彿而已。豈若觀其本文
1186a22: 哉。俾學者不逾信宿而懸通梵音。字餘七千
1186a23: 功少用要。懿夫聖人利物之智也。總持一文
1186a24: 理含衆徳其在玆乎。雖未具觀彼史誥之流
1186a25: 別。而内經運用固亦備矣。然五天之音或若
1186a26: 楚夏矣。中土學者方審詳正。竊書簡牘以記
1186a27: 遺文 古謂梵書曰胡文者。案西域記。其閻浮地之南五天之境。楚人居焉。地周九萬餘里。三垂大海
1186a28: 北背雪山。時無輪王膺運。中分七十餘國。其總曰五天竺。亦曰身毒。或云印度。有

曰大夏是也。人遠承梵王。雖
1186a29: 大分四姓。通謂之婆羅門國。佛現於其中。非胡土也。而雪山之北傍臨葱嶺。即胡人居焉。其字元製有異。良以境
1186b01: 隣天竺文字參涉。所來經論咸依梵挾。而風俗則効習其文粗有增損。自古求請佛經多。於彼獲之。魚魯渾淆直
1186b02: 曰胡文謬也。其始曰悉曇。而韻有六。長短兩分字十
1186b03: 有二。將冠下章之首。對聲呼而發韻。聲合韻
1186b04: 而字生焉。即𑖀阿上聲短呼𑖁阿平聲長呼等是也。其
1186b05: 中有𑖅紇里二合等四文。悉曇有之非生字所
1186b06: 用今略也。其次體文三十有五。通前悉曇四
1186b07: 十七言明矣。聲之所發則牙齒舌喉脣等合
1186b08: 于宮商。其文各五。遍口之聲文有十。此中[illegible]
1186b09: 囉曷力遐三聲合也。於生字不應遍諸章諸章用之多屬第八及成當體重或
1186b10: 不成字如後具論也。𑖨羅聲全闕生用。則初章通羅除之
1186b11: 一除羅字羅鑒反。餘單章除之二除囉羅二字。即第二第三及第八第九第十章也。字
1186b12: 非重成簡於第一。故云餘單章也。重章除之三重成也。即第四五六七及第十一已下四章
1186b13: 也。異章句末為他所用。兼下除之六即盎迦章字牙齒舌
1186b14: 等句末之第五字。為上四字所用。亦不可更自重故除之也。自除之餘。各遍能生
1186b15: 即𑖎迦𑖏佉等是也。生字之章一十有七。各
1186b16: 生字殆將四百。則梵文彰焉。正章之外有孤
1186b17: 合之文連字重成即字名也。有十一摩多。囉
1186b18: 此猶點畫。兩箇半體兼合成文阿阿等韻生字用十摩多。後字傍
1186b19: 點名毘灑勒沙尼此云去聲。非為摩多。訖里章用一別摩多。里耶半體。用祇耶兼半體囉也
1186b20: 初章
1186b21: 將前三十四文。對阿阿等十二韻呼之。增以
1186b22: 摩多。生字四百有八。即𑖎迦上𑖎𑖯迦平等是
1186b23: 也。迦之聲下十有二文。並用迦為字體。以阿
1186b24: 阿等韻呼之增其摩多。合于聲韻各成形也
1186b25: 𑖏佉𑖐伽等聲下例之。以成于一章。次下十
1186b26: 有四章。並用初章為字體。各隨其所增。將阿
1186b27: 阿等韻對所合聲字呼之。後增其摩多。遇當
1186b28: 體兩字將合。則容之勿生。謂第四章中重𑖨

1186c01: 羅。第五重嚩房柯反第六重麼。第七重那
1186c02: 等是也。十一已下四章。如次同上之四章同
1186c03: 之除
1186c04: 第二章
1186c05: 將半體中狪祇耶。合於初章迦迦等字之下。
1186c06: 名枳也枳耶。生字三百九十有六枳字幾爾反。
1186c07: 今詳祇耶當是耶字之省也。若然亦同除重。唯有三百八十四。先書字體三百九十六。
然將祇耶合之後加摩多。夫
1186c08: 重成之字。下者皆省除頭也。已下並同也
1186c09: 第三章
1186c10: 將囉字。合於初章迦迦等字之下。名
1186c11: 迦上略上迦平略平生字三百九十有六上略
1186c12: 力價反。下略力迦反。上迦下迦並同略之平上取聲他皆効之也
1186c13: 第四章
1186c14: 將攞字。合初章字之下。名迦攞迦攞。
1186c15: 生字三百八十有四攞字洛可反
1186c16: 第五章
1186c17: 將嚩字。合初章字之下。名迦嚩上
1186c18: 迦嚩平生字三百八十有四嚩字房可反
1186c19: 第六章
1186c20: 將麼字。合初章字之下。名迦麼迦麼。
1186c21: 生字三百八十有四
1186c22: 第七章
1186c23: 將曩字。合初章字之下。名迦那迦那。
1186c24: 生字三百八十有四
1186c25: 第八章
1186c26: 將半體囉。加初初章字之上。名阿勒迦
1186c27: 阿勒迦。生字三百九十有六勒字力德反下同
1186c28: 第九章
1186c29: 將半體囉。加第二章字之上。名阿勒枳
1187a01: 耶阿勒枳耶。生字三百八十有四若祇耶是耶省亦同
1187a02: 除重
1187a03: 第十章
1187a04: 將半體囉。加第三章字之上。名阿勒迦

1187a05: 略阿勒迦略。生字三百九十有六略平上
1187a06: 第十一章
1187a07: 將半體囉。加第四章字之上。名阿勒迦
1187a08: 羅阿勒迦羅。生字三百八十有四
1187a09: 第十二章
1187a10: 將半體囉。加第五章字之上。名阿勒迦
1187a11: 囀阿勒迦囀。生字三百八十有四
1187a12: 第十三章
1187a13: 將半體囉。加第六章字之上。名阿勒迦
1187a14: 麼輿阿勒迦麼。生字三百八十有四
1187a15: 第十四章
1187a16: 將半體囉。加第七章字之上。名阿勒迦
1187a17: 那。阿勒迦那。生字三百八十有四
1187a18: 第十五章
1187a19: 以迦遮吒多波等句末之。第五
1187a20: 字。各加於當句前四字之上。及初句末字。加
1187a21: 後耶等九字之上。名盎迦安遮安吒
1187a22: 安多唵波盎耶等。其必不自重。唯二十
1187a23: 九字。不由韻合名爲異章。各用阿阿等韻呼
1187a24: 之。生字三百四十有八盎字阿黨反。安字並阿亶反。唵字阿感反
1187a25: 第十六章
1187a26: 用迦等字體。以別摩多合之。謂之訖里。
1187a27: 成字三十有四或有加前麼多得成字用。非遍能生。且據本字之。今詳訖里之麼多祇是
1187a28: 悉曇中里字也
1187a29: 第十七章
1187b01: 用迦等字體。參互加之有三十三字。隨文受
1187b02: 稱。謂阿索迦等。各用阿阿等韻呼之。生字
1187b03: 三百九十有六
1187b04: 第十八章
1187b05: 正章之外有孤合之文或當體兩字重之但依
1187b06: 字大呼謂多闍吒拏等字各有重成也。或異體字重之即連聲合
1187b07: 呼謂悉多羅等是也。或不具通麼多。止爲孤合之文即瑟吒羅
1187b08: 等字。有通三五麼多也。或雖生十二之文。而字源不次其

1187b09: 猶之孤即阿悉多羅等也。或雖異重不必依重以呼之此五
1187b10: 句之末字。加其句之初。即名盎迦等屬前章也。或兩字聯聲。文形其後聲
1187b11: 彰其前如麼盎迦三合等字。似云莽迦等也。或字一而名分如沙字有
1187b12: 沙孚(府珂反)二音猶假借也。或用麼多之文。重增其麼多。而音
1187b13: 必秉之如部林二合字。從裒(菩侯反)婁(力鉤反)與第十一摩多也。或形非麼多
1187b14: 獨爲嚴字之文如字之上有仰月之畫也。或有所成而異其名
1187b15: 謂數字重成一字。而其下必正呼。中上連合短呼之。不必正其音。如上娑下迦稱阿索迦等也。或有其
1187b16: 聲而無其形此即阿索迦章等字字則無阿。讀之皆帶其音也。或不從字生。
1187b17: 獨爲半體之文如怛達祇耶等用則有之字體無也。或字有所闕。則
1187b18: 加怛達之文。而音掣呼之如迦佉等字下有達畫則云秸(吉八反)稧(苦八
1187b19: 反)等也 或源由字生增于異形如室梨字猶有奢羅之象。錯成印文。若篆籒
1187b20: 也。或考之其生。異之其形訖里俱羅俱婁等從迦之省。及胡盧等文。麼多之
1187b21: 異猶艸隸也 斯則梵書之大觀焉
1187b22: 悉曇字記
1187b23: 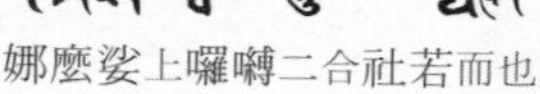
1187b24: 娜麼娑上囉嚩二合社若而也反二合也悉
1187b25: 
1187b26: 曇去聲已上題目悉曇
1187c01: 短阿字上聲短呼音近惡引
1187c02: 長阿字依聲長呼別體作
1187c03: 短伊字上聲聲近於翼反別體作
1187c04: 長伊字依字長呼別體作
1187c05: 短甌字上聲聲近屋別體作
1187c06: 長甌字長呼別體作
1187c07: 短藹字去聲聲近櫻係反
1187c08: 長藹字近於界反
1187c09: 短奧字去聲近汚別體作
1187c10: 長奧字依字長呼別體作
1187c11: 短暗字去聲聲近於鑒反別體作
1187c12: 長痾字去聲近惡
1187c13: 義淨三藏云。上之三對上短上長。下三對
1187c14: 上長下短
1187c15: 右悉曇十二字爲後章之韻。如用迦字之聲。

1187c16: 對阿伊甌等十二韻呼之。則生得下迦機鉤
1187c17: 矩侯反等十二字。次用佉字之聲。則生得佉欺丘
1187c18: 區侯反等十二字。次生伽其求瞿侯反等十二字。已
1187c19: 下例然。且先書短迦字一十二文。從第二字
1187c20: 已下加其麼多。即字形別也。用悉曇韻呼之。
1187c21: 則識其字名也。佉伽已下至叉字例然。以成
1187c22: 一章。舊云十四音者。即於悉曇十二字中甌
1187c23: 字之下。次有𑖊紇里𑖋紇梨𑖌里𑖍梨四字。
1187c24: 即除前悉曇中最後兩字。謂之界畔字也餘
1187c25: 則爲十四音。今約生字除紇里等四字也
1187c26: 體文亦曰字母
1187c27: 𑖎迦字居下反音近姜可反
1188a01: 𑖏佉字去下反音近去可反
1188a02: 𑖐迦字渠下反輕音音近其下反。餘國有音疑可反
1188a03: 𑖑伽字重音渠我反
1188a04: 𑖒哦字魚下反音近魚可反。餘國有音𑖒講反。別體作𑖒加麼多
1188a05: 已上五字牙聲
1188a06: 𑖓者字止下反音近作可反
1188a07: 𑖔車字昌下反音近倉可反。別體作𑖔
1188a08: 𑖕社字杓下反輕音音近作可反。餘國有音而下反別體作𑖕
1188a09: 𑖖社字重音音近昨我反
1188a10: 𑖗若字而下反音近若我反。餘國有音壤。別體作𑖗
1188a11: 已上五字齒聲
1188a12: 𑖘吒字卓下反音近卓我反。別體作𑖘加麼多
1188a13: 𑖙侘字拆下反音近折我反別體作𑖙
1188a14: 𑖚荼字宅下反輕音。餘國有音搦下反
1188a15: 𑖛荼字重音音近幢我反
1188a16: 𑖜拏字搦下反音近搦我反。餘國有音拏講反別體作𑖜加麼多
1188a17: 已上五字舌聲
1188a18: 𑖝多字怛下反音近多可反。別體作𑖝
1188a19: 𑖞他字他下反音近他可反
1188a20: 𑖟陀字大下反輕音餘國有音陀可反
1188a21: 𑖠陀字重音音近陀可反
1188a22: 𑖡那字捺下反音近那可反。餘國有音音囊。別體作𑖡

1188a23: 已上五字喉聲
1188a24: 波字盔下反音近波我反
1188a25: 頗字破下反音近破我反
1188b01: 婆字罷下反輕音。餘國有音麼字下不尖異後
1188b02: 婆字重音薄我反
1188b03: 麼字莫下反音近莫可反。餘國有音莽
1188b04: 已上五字脣聲
1188b05: 也字藥下反音近藥可反又音祇也反譌也
1188b06: 囉字曷力下反三合。卷舌呼囉
1188b07: 羅字洛下反音近洛可反
1188b08: 嚩字房下反音近房可反。舊又音和。一云字下尖
1188b09: 奢字舍下反音近舍可反
1188b10: 沙字沙下反音近沙可反。一音府下反
1188b11: 娑字娑下反音近娑可反
1188b12: 訶字許下反音近許可反。一本音賀
1188b13: 濫字力陷反音近郎紺反
1188b14: 叉字楚下反音近楚可反
1188b15: 已上十字遍口聲
1188b16: 右字體三十五字。後章用三十四字爲體。唯
1188b17: 濫字全不能生。餘隨所生。具如常章論之
1188b18: 第一章
1188b19: 迦迦
1188b20: 右初章生字四百有八。先於字母中。每字平
1188b21: 書一十二文。次將麼多如次點之。則字形別
1188b22: 也。用悉曇韻呼之。則識其字名也。其麼多有
1188b23: 別體者。任逐便用之。皆通。此初章爲後相次
1188b24: 六章之體。先書此章字。但除重及囉羅三字。
1188b25: 合三十二字。所生三百八十四字。即將也
1188b26: 等字。如次於下合之。後加麼多則字字別也。
1188b27: 將悉曇十二韻相對呼之。則識其字名也。恐
1188c01: 未曉悟。更每章頭書一二數字。以爲規準。後
1188c02: 皆効此
1188c03: 第二章
1188c04: 己也二合紀耶二合紀以二合紀夷二

1188c05: 合矩庾二合矩兪二合枳曳二合枳櫓

1188c06: 與蓋反句兪二合句曜庾告反矩焔迦上夜

1188c07: 已上第二章初字所生一十二文。後皆効此。讀者連帶。轉聲調韻呼之

1188c08: 第三章

1188c09: 迦上略上迦平平呼己里機釐苟淒

1188c10: 鉤婁呂鉤反餘同上

1188c11: 第四章

1188c12: 迦攞上迦攞平

1188c13: 第五章

1188c14: 迦嚩上迦嚩平

1188c15: 第六章

1188c16: 迦麼迦摩

1188c17: 第七章

1188c18: 迦娜迦娜

1188c19: 第八章

1188c20: 阿勒迦上阿勒迦平伊上力紀伊力

1188c21: 機歐鹿苟上歐鹿鉤平醫力薊醫

1188c22: 力介阿勒勾阿勒憍脚號反阿勒劍阿

1188c23: 勒迦去

1188c24: 右第八章字同初章。但用半體 ̄囉。加諸

1188c25: 字上。後點麼多也。又此章爲後相次六章字

1188c26: 體。同前第二已下也。但加半體 ̄囉也

1188c27: 第九章

1188c28: 阿勒已也阿勒枳耶

1188c29: 第十章

1189a01: 阿勒迦略上阿勒迦囉

1189a02: 第十一章

1189a03: 阿勒迦攞阿勒迦攞

1189a04: 第十二章

1189a05: 阿勒迦嚩上阿勒迦嚩平

1189a06: 第十三章

1189a07: 阿勒迦麼阿勒迦摩

1189a08: 第十四章

1189a09: 阿勒迦娜阿勒迦娜

1189a10: 第十五章
1189a11: 盎迦上盎迦平應上紀應機蓊苟
1189a12: 俱口反蓊鉤俱候反蘡於項反荊蘡介擁句
1189a13: 擁憍脚傲反盎鑑盎迦去已上伽字上用盎字。冠之生十二字
1189a14: 盎佉上盎佉平生十二字同上迦字用麼多及呼字轉聲法。下同
1189a15: 盎伽上盎佉平生十二字同上
1189a16: 盎伽上聲盎佉平重生十二字同上
1189a17: 字並將冠上四字之首。不復自重。後皆効此。已上牙聲之字。皆用盎聲
1189a18: 安者安遮生十二字同上此是字之省
1189a19: 安車上安車生十二字
1189a20: 安社安闍生十二字
1189a21: 安社重安闍重生十二字
1189a22: 字爲上四字所用。不可更自重。已上齒聲之字同用安音阿亶反
1189a23: 安吒上安吒平生十二安字
1189a24: 安侘上丑加反安侘生十二字
1189a25: 安茶上安茶生十二字
1189a26: 安茶上重安茶重音生十二字
1189b01: 字爲上四字所用。不可更自重。此字有自重者便屬別章則大呼。拏音非盎拏也。餘並同此也。已上
1189b02: 舌聲之字同用安聲
1189b03: 安多上安多生十二字
1189b04: 安他上安他生十二字
1189b05: 安拕上安拕生十二字
1189b06: 安陀上重安陀重音生十二字
1189b07: 字爲上四字所用。不可更自重。若重屬別章。已上喉聲之字同用安聲
1189b08: 唵跛唵跛生十二字
1189b09: 唵頗上唵頗平生十二字
1189b10: 唵婆上唵婆生十二字
1189b11: 唵婆上重音唵婆重生十二字
1189b12: 字爲上四字所用。不更自重。已上脣聲之字同用唵聲
1189b13: 盎也盎耶生十二字
1189b14: 盎攞上盎囉生十二字
1189b15: 盎攞上盎攞生十二字
1189b16: 盎嚩上盎嚩平生十二字

1189b17: 盎捨盎奢生十二字
1189b18: 盎灑盎沙生十二字
1189b19: 盎娑上盎娑平生十二字
1189b20: 盎訶上盎訶生十二字
1189b21: 盎叉上盎叉生十二字
1189b22: 右此章字兩字重成不得依字呼之。異於諸
1189b23: 章故云異章。然盎安等將讀之際。潛帶其音
1189b24: 亦不分明稱盎安也
1189b25: 第十六章
1189c01: 訖里乞里佉里佉里重音齕里
1189c02: 齒里質里實里實里重音日里
1189c03: 已下並同吉里反。但用於下合之。讀者取其聲勢。亦有用麼多得重成字用。非遍能生也
1189c04: 第十七章
1189c05: 阿索迦生十二字阿索佉已下各生十二字阿拕伽
1189c06: 阿拕伽重盎迦怛囉
1189c07: 阿嚩遮阿伐車阿伐社阿伐闍重
1189c08: 阿社若
1189c09: 阿瑟吒阿瑟侘阿拕荼阿拕荼重
1189c10: 阿瑟拏
1189c11: 阿薩多阿薩他阿伐拕阿伐拕重
1189c12: 阿勒多薩那
1189c13: 阿薩波阿薩頗阿拕婆阿拕婆重
1189c14: 阿勒叉麼
1189c15: 阿勒叉微耶阿勒叉微釐耶阿剌多
1189c16: 阿多迦嚩阿吒奢阿吒沙阿沙訶
1189c17: 阿婆叉已上一章重文讀之。皆帶阿聲連促呼之。此章亦除濫字。又合娑訶字唯三十三字。皆通十二
1189c18: 字加麼多也。其於字母不次者。分入後章
1189c19: 第十八章孤合之文
1189c20: 阿跛多阿吒迦阿娜薩嚩阿吒瑟車
1189c21: 囉
1189c22: 右此章字類流派無盡。或通三五麼多讀之
1189c23: 並同上章。當體重兩多社吒拏

1189c24: 那等字並依本字大呼多。則不得云多多也 聯聲字上麼下盎迦。後字之聲入

1189c25: 於前。似云莽迦也。用此章字皆然 兩重麼多字部林去齒林

1189c26: 去吽已上字有第六及第十一麼多讀之皆帶兩聲也。此是第六麼多分布於傍也
半體文

1189c27: 多達又作皆同也秖耶當是耶字。之省也 印文字

1189c28: 是室梨字西域爲印也。此類甚多略出其状也。前敍云

1190a01: 囉於生字不應遍諸章。謂第二第四五六七

1190a02: 章用之。其字則屬第八章也。若第三及第八

1190a03: 章用之成當體重。非此章字也。若第九已下

1190a04: 四章用之。則更重重全非字也。其囉字當體

1190a05: 重。及重章中當體重。書者至此但存一重字。

1190a06: 不須生十二也。雖或有用處亦通三五麼多。

1190a07: 非遍能生故不入此生字之内。緣存一當體

1190a08: 重字故。云容之勿生也。後第十八云或當體

1190a09: 兩字重之。但依字大呼。謂多闍吒拏等。各有

1190a10: 重成也。等者等餘字母。並有重成之用也。但

1190a11: 大呼之。不得言多多囉囉等也

1190a12: 悉曇字記

1190a13:

참고 문헌

1. 경전류

佛陀耶舍譯·竺佛念譯,《四分律》(T. 22, No. 1428)
龍樹造·鳩摩羅什譯,《大智度論》(T. 25, No. 1509)
堅意造·道泰譯,《入大乘論》(T. 32, No. 1634)
吉藏撰,《維摩經義疏》(T. 38, No. 1781)
志磐撰,《佛祖統紀》(T. 49, No. 2035)
賛寧等撰,《宋高僧傳》(T. 50, No. 2061)
玄奘撰,《大唐西域記》(T. 51, No. 2087)
法雲編,《翻譯名義集》(T. 54, No. 2131)
智廣撰,《悉曇字記》(T. 54, No. 2132)
圓照集,《大唐貞元續開元釋教録》(T. 55, No. 2156)
安澄撰,《中論疏記》(T. 65, No. 2255)
空海撰,《梵字悉曇字母釋義》(T. 84, No. 2701)
安然撰,《悉曇藏》(T. 84, No. 2702)
安然記,《悉曇十二例》(T. 84, No. 2703)
玄昭撰,《悉曇略記》(T. 84, No. 2704)
淳祐集,《悉曇集記》(T. 84, No, 2705)
明覺撰,《悉曇要訣》(T. 84, No. 2706)
信範撰,《悉曇祕傳記》(T. 84, No. 2708)
了尊撰,《悉曇輪略圖抄》(T. 84, No. 2709)
淨嚴撰,《𑖭𑖰𑖟𑖿𑖠𑖽三密鈔》(T. 84, No. 2710)
圓仁記,《在唐記》(佛書刊行會編纂 1978,《大日本佛敎全書》第30冊,〈悉曇具書〉, 東京: 名著普及會)

2. 자전 및 사전류

許愼 撰·徐鉉 增釋 100,《說文解字》1上-15下(《欽定四庫全書》經部)

行均 撰 997,《龍龕手鑑》1上-4下(早稲田大学図書館 所藏本)
陸德明 撰,《經典釋文》1-30(《欽定四庫全書薈要》經部 卷3196-3225)
張玉書·陳廷敬 等 編 1716,《康熙字典》(同文書局原版, 1958), 香港: 中華書局香港分局
張其成 主編 1992,《易學大辭典》(北京: 華夏出版社)
慈怡 主編 1985,《佛光大辭典》(台灣: 佛光出版社)

3.《실담자기》 영인본 및 논서

沼本克明 2001,《悉曇字紀元永本》(高山寺典籍文書綜合調査團,《高山寺悉曇資料》,《高山寺資料叢書》第21冊, 東京: 東京大學出版會)
松本光隆 2001,《悉曇字記文治本》(高山寺典籍文書綜合調査團,《高山寺悉曇資料》,《高山寺資料叢書》第21冊, 東京: 東京大學出版會)
沼本克明·松浦陽子 2001,《悉曇大抵》(高山寺典籍文書綜合調査團,《高山寺悉曇資料》,《高山寺資料叢書》第21冊, 東京: 東京大學出版會)
庄司淺水·吉村善太郎 1984,《目でみる本の歷史》(東京: 出版ニュース社)
信範 著,《悉曇字記明了房記》全8卷
宥快 記,《悉曇字記聞書》全6卷
杲寶 述·賢寶 補,《帆裓字記創學抄》全12卷
淨嚴 述·智龍 寫,《悉曇字記講述》全6劵
宗叡 著,《悉曇字記林記》全1冊

4. 단행본

VAN GULIK, R. H. 1980, *SIDDHAM*, Delhi: Jayyed Press.
John Stevens 1981, *Scared Calligraphy of the East*, Boulder & London: SHAMBHALA.
Yamasaki, Taikō 1988, *Shingon: Japanese Esoteric Buddhism*, Boston & London: SHAMBHALA.
Chaudhuri, Saroj Kumar 1998, "*Siddham in China and Japan*", Sino-Platonic Papers No. 88, Philadelphia: Department of East Asian Language and Civilizations University of Pennsylvania.
張世祿 1965,《中國音韻學史》(《中國文化史叢書》32, 新北: 臺灣商務印書館)
周祖謨 編 1983,《唐五代韻書集序》, 北京: 中華書局出版
陸志韋 1947,《古音說略》, 北平: 哈佛燕京學社
楊毓華 主編 2013,《持松大師全集》3, 新北: 震曜出版社
馬淵和夫 2006,《悉曇章の研究》, 東京: 勉誠出版
周廣榮 2004,《梵語'悉曇章'在中國的傳播與影响》, 北京: 宗教文化出版社

兒玉義隆 1997,《梵字必攜》, 大阪: 朱鷺書房
靜 慈圓 1997,《梵字悉曇》, 大阪: 朱鷺書房
種智院大學密教學會 編 1983,《梵字大鑑》, 東京: 名著普及會
權浩淵 1987,《實用簡明中國語文法》, 진명출판사
林光明 1999,《梵字悉曇入門》, 台北: 嘉豊出版社
이태승·최성규 2008,《실담범자입문》, 정우서적
손종섭 지음, 1999,《우리말의 고저장단》(《겨레 밝히는 책들》 16, 정신세계사)
최영애 2000,《中國語音韻學》, 통나무
이재돈 2007,《中國語音韻學》, 學古房
심소희 2013,《한자 정음관의 통시적 연구》, 이화여자대학교출판부

5. 논문류

Teng, Wei-Jen(鄧偉仁) 2014, "Medieval Chinese Buddhist Exegesis and Chinese Grammatical Studies",《臺大佛學研究》28期(臺北: 臺灣大學文學院佛學研究中心)
渡邊英明 1933, 〈悉曇梵語初學者の爲めに〉(一)(《密教研究》 50, 和歌山: 高野山大學密教研究會)
________ 1938, 〈本邦傳流諸悉曇章異本小攷〉(《密教研究》 65, 和歌山: 高野山大學密教研究會)
渡邊英明 1939, 〈悉曇字記摩多體文意義淺攷〉(《密教研究》 68, 和歌山: 高野山大學密教研究會)
篠田禪隆 1979, 〈悉曇章の異稱に就て〉(叡山學會 編,《安然和尚の研究》, 京都: 同朋舍)
伊藤智ゆき 2007, 〈朝鮮語真言·陀羅尼転写音の音韻論的研究〉(《朝鮮学報》 203, 奈良: 朝鮮学会)
강대현 2013, 〈《悉曇字記》에 나타난 12摩多와 그 音의 長短에 대하여〉(《불교학연구》 37, 불교학연구회)
______ 2014, 〈眞言敎法의 성립에 관한 一考察〉(《불교학연구》 39, 불교학연구회)
______ 2014, 〈悉曇字母와 관련된 眞言[修行]의 理論과 實際에 대한 考察-安然의《悉曇藏》 卷第6 〈字義入門〉을 중심으로〉(《선문화연구》 16, 한국불교선리연구원)
______ 2015, 〈《悉曇字記》의 第18章 孤合之文 연구〉(《불교학연구》 45, 불교학연구회)
______ 2015, 〈卍字形 圖像의 寶篋陀羅尼 연구〉(《동아시아불교문화》 24, 동아시아불교문화학회)
______ 2015, 〈吳音 일본전파설과 관련된 신라 金禮信에 대한 논의〉, (《한국사상사학》 51, 한국사상사학회)
______ 2016, 〈安然의《悉曇藏》에 나타난 慧均의《大乘四論玄義記》 卷第11 〈十四

音義〉-〈十四音義〉의 복원을 위한 序說〉(《한국불교학》 77, 한국불교학회)
______ 2016, 〈《대승사론현의기》에 나타난 혜균의 실담장(悉曇章)〉(《인문논총》 73-4, 서울대학교 인문학연구원)
______ 2017, 〈《고려대장경》을 통해 본 悉曇章의 세 측면〉(《민족문화연구》 75, 고려대학교 민족문화연구원)
______ 2017, 〈조선시대 진언집 실담장의 범자음운 및 사상의 체계〉(《규장각》 50, 서울대학교 규장각한국한연구원)
김현정 2001, 〈《經典釋文》 反切 硏究〉(박사학위논문, 연세대학교 대학원)
이태승 2000, 〈중국에서의 悉曇學形成에 대하여〉(《密敎學報》 2, 위덕대학교 밀교문화연구원)
______ 2001, 〈智廣의 悉曇字記 연구〉(《密敎學報》 3, 위덕대학교 밀교문화연구원)
임근동 2003, 〈국내 실담문자(Siddhāmātikā)를 통한 천수진언의 산스크리트 의미해석〉(《인도철학》 13, 인도철학회)

6. 기타

· http://21dzk.l.u-tokyo.ac.jp/SAT/ddb-bdk-sat2.php
· http://repo.komazawa-u.ac.jp
· http://dict2.variants.moe.edu.tw
· http://buddhaspace.org
· http://ctext.org
· https://archive.org/details/universallibrary?and%5B%5D=subject%3A%22%E5%B0%8F%E5%AD%B8%E9%A1%9E%22&sort=-downloads&page=2
· http://www.eastling.org
· http://kanji.zinbun.kyoto-u.ac.jp
· http://www.kanripo.org
· http://basel.nijl.ac.jp
· http://blog.xuite.net
· http://koco.skku.edu
· http://www.bl.uk

《실담자기》 역해(譯解)를 마치며

현장이 645년 장안(長安)으로 돌아온 이후 인도 불전에 대한 한역(漢譯) 작업이 더욱 가속화되었다. 이 시기를 기점으로 하여 한역 경전을 구역(舊譯)과 신역(新譯)으로 구분하는 것이 일반적이다. 구역은 주로 범어를 모국어로 한 수행자들이 한어(漢語)를 습득한 이후에 번역하면서 중국 현지인들의 도움을 받아 한역하였고, 신역은 중국인들이 범어를 습득한 이후 한역하였으므로 신역이 구역보다 좀 더 중국적인 언어문화와 친밀하였을 것이다. 이처럼 현장이 귀국 후 당(唐) 조정의 지원을 받아 인도 불전을 대량으로 한역하기 시작함으로써, 당대(唐代)의 불교는 중국불교의 최성기를 맞이한 것이다.

한자지상주의(漢字至上主義)에 입각하여, 중요 불교 개념마저도 근사음(近似音)의 한자로 표기하는데 만족하였던 초기의 역경가(譯經家)들에 비해, 불공(不空, 705-774)을 위시한 밀교 수행승들은 여법한 진언다라니 염송을 위해 정확한 범자의 발음을 필요로 하는 상황을 자주 접하게 됨으로써, 정확한 범음(梵音)을 숙지하여 사자상승(師資相承)할 필요가 있었을 것이다. 지광이 《실담자기》의 〈서〉에서, '문득 다라니를 염송하다가 그 원음을 찾아보았더니 많은 차이가 있었다.'라고 하는 구절에서도 알 수 있듯이, 초기 역경가들이 번역한 한역 경전에서의 한자 발음으로는 범자의 원음을 알 수 없는 지경에 이르게 된 것이다. 아마도 당시 대부분의 밀교 수행승들은 지광과 같이 진언다라니의 원음에 궁금증을 품고 있었을 것으로 생각된다.

이에 지광은 대략 800년 전후 《실담자기》를 쓰게 되는데, 반야보리에게 '청하여 받은 실담을 꼼꼼히 살펴보니 곧 씨줄·날실·베로서 장을 이루고 있었고, 각각의 음마다 약간씩 다른 것은 문자의 규칙에 맞게 천축의 법을 그대로 밝혔을 뿐 다른 어떤 것도 더하지 않았다. 진언을 쓴 한자로써 범어를 비슷하게 안다면 어떻게 그 본문을 조금이라도 이해할 수 있겠는가? 배우는 자로 하여금 이틀 밤도 채 걸리지 않아 범음에 통할 수 있는데 칠천 여자의 한자가 무슨 소용이 있겠는가? 무릇 범왕께서 만물에 준 지혜를 찬탄하노라. 다라니 한 자의 도리에 많은 덕이 함축되어 들어있느니라. 비록 저 역사에 대해서는 잘 알 수 없지만 불전 안에서의 쓰임새를 알기에는 부족함이 없을 것이다.'라고 함으로써 《실담자기》의 대강을 통한 실담범자의 효용을 스스로 칭송하기에 이른 것이다.

이처럼 《실담자기》는 실담범자의 기본음운 숙지를 통하여 정확한 진언다라니의 발음을 위한 매우 긴요한 자료였을 것이며, 동시에 당시 실담범자 양상 파악을 위한 중요한 문헌적 가치를 지니고 있다고 할 수 있다. 더욱이 한자독음을 통하여 본다면, 중국 중고기(中古期) 한자 운도(韻圖)와의 비교를 통한 중국 음운론의 파악을 위해서도 그 중요성이 더하다고 할 수 있을 것이다. 그것은 범자의 음운이 한자의 음운학에 끼친 영향은 적지 않기 때문이다.

이제 한국의 실담장과 관련하여, 고대 한국으로부터 현재까지 한국에 전승되고 있는 실담범자에 관한 자료는 주로 15세기 이후에 편찬된 진언집

류 등이 전부라고 해도 과언이 아니다. 비록 12세기 이후 고려 시대에 대량으로 간행되었던 만자형(卍字形) 보협다라니(寶篋陀羅尼) 도상 및 보협다라니탑 도상 등과 금강계만다라 도상의 실담범자 등이 낱장으로 전해오고 있지만, 고려 시대 이전의 실담범자에 대한 자료는 매우 드문 것이 현실이다.

따라서 지광이 편찬한 《실담자기》로부터 고려 시대까지 약 600년 이상의 기간은 한국 실담장의 공백기라고 할 수 있다. 이 기간은 이웃 일본의 실담학 개창과는 너무나 비교되는 기간이기도 하다. 비록 《고려대장경》에 당시 통용되었던 것으로 보이는 실담범자가 보이고, 최근 13세기 이후에 간행되었던 《밀교대장(密敎大藏)》이 발견되고, 고려인의 저술인 《법계도기총수록(法界圖記叢髓錄)》 등에서 실담장 사상이 부분적으로 거론되고 있기는 하지만 일본의 실담학과는 비교하기 힘들 정도로 자료가 미미하기 때문이다. 국교를 불교로 하였던 고려 시대를 감안한다면 실담범자로 써진 불전류는 분명 존재하였을 것이기 때문에 더욱 아쉬울 수밖에 없다.

그러므로 본서 《실담자기》 역해본은 언젠가는 우리 앞에 나타나게 될 고대 한국 내지 고려 시대 실담장 문헌의 기초적 이해를 위한 이론서이면서, 현전하는 조선 시대 《진언집》 등의 실담장 파악에 조금이나마 도움이 되었으면 하는 바람에서 시작한 작업이라고 할 수 있다. 바라건대 번역이나 해설 과정에서 다소 미비한 부분에 대해서는 독자제위의 질정을 바라며, 본서를 시작으로 《고려대장경》 내지 《신수대장경》 등의 실담장 관련 문헌에 대한 역해 또한 박차를 가하고자 한다.

부 록

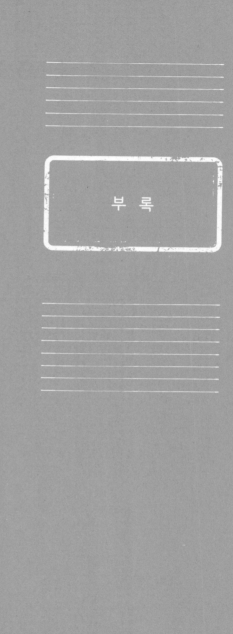

부록 1. 국제음성부호표

조음방식 \ 조음위치			雙脣	脣齒	舌尖前	舌尖中	舌尖後	舌葉	舌面前	舌面中	舌根	喉
塞音	清	不送氣	p			t	ʈ			c	k	ʔ
		送氣	ph			th	ʈh			ch	kh	
	濁	不送氣	b			d	ɖ			ɟ	g	
		送氣	bh			dh	ɖh			ɟh	gh	
塞擦音	清	不送氣			ts		tʂ	tʃ	tɕ			
		送氣			tsh		tʂh	tʃh	tɕh			
	濁	不送氣			dz		dʐ	ʤ	ʥ			
		送氣			dzh		dʐh	ʤh	ʥh			
鼻音	濁			ɱ		n	ɳ			ɲ	ŋ	
邊音	清					ɬ						
	濁					l						
擦音	清		ɸ	f	s		ʂ	ʃ		ç	x	h
	濁		β	v	z		ʐ	ʒ		(j)	ɣ	ɦ
	濁					r	ɽ					
半元音						ɻ				j, ɥ	(w)	

혀 높이 \ 모음 종류 / 혀의 전후 / 입술 모양 / 구강 개폐		舌尖母音				舌面母音					
		前		後		前		中央		後	
		不圓	圓	不圓	圓	不圓	圓	不圓	圓	不圓	圓
高	高 閉	ɿ	ɥ	ʅ		i	y	ɨ	ʉ	ɯ	u
						I					U
	半高 半閉					e	ø			ɤ	o
中						E		a			
	半低 半閉			ər		ɛ	œ			ʌ	ɔ
						æ		ɐ			
低	低 閉					a		A		ɑ	ɒ

출처 : 이재돈 2007, 《中國語音韻學》, p.347.

부록 2. 한어병음과 주음부호 비교표

성모

	한어병음자모	주음부호	국제음성부호
쌍순음	b	ㄅ	[p]
	p	ㄆ	[pʻ]
	m	ㄇ	[m]
순치음	f	ㄈ	[f]
설첨음	d	ㄉ	[t]
	t	ㄊ	[tʻ]
	n	ㄋ	[n]
	l	ㄌ	[l]
설근음	g	ㄍ	[k]
	k	ㄎ	[kʻ]
	h	ㄏ	[x]
설면음	j	ㄐ	[tɕ]
	q	ㄑ	[tɕʻ]
	x	ㄒ	[ɕ]
설첨후음	zh	ㄓ	[tʂ]
	ch	ㄔ	[tʂʻ]
	sh	ㄕ	[ʂ]
	r	ㄖ	[ʐ]
설첨전음	z	ㄗ	[ts]
	c	ㄘ	[tsʻ]
	s	ㄙ	[s]

운모

	한어병음자모	주음부호	국제음성부호
단운모	a	ㄚ	[A]
	o	ㄛ	[o]
	e	ㄜ	[ɤ]
	e	ㄝ	[e]
	yi(i)	ㄧ (一)	[i]
	wu(u)	ㄨ	[u]
	yu(ü)	ㄩ	[y]
복운모	ai	ㄞ	[ai]
	ei	ㄟ	[ei]
	ao	ㄠ	[au]
	ou	ㄡ	[ou]
부성운모	an	ㄢ	[an]
	en	ㄣ	[ən]
	ang	ㄤ	[aŋ]
	eng	ㄥ	[əŋ]
권설운모	er	ㄦ	[ər]

결합운모		한어병음자모	주음부호	국제음성부호
결합운모	제치	ya(ia)	ㄧㄚ	[ia]
		ye(ie)	ㄧㄝ	[ie]
		yao(iao)	ㄧㄠ	[iau]
		you(iu)	ㄧㄡ	[iou]
		yan(ian)	ㄧㄢ	[iɛn]
		yin(in)	ㄧㄣ	[in]
		yang(iang)	ㄧㄤ	[iaŋ]
		ying(ing)	ㄧㄥ	[iŋ]
	합구	wa(ua)	ㄨㄚ	[ua]
		wo(uo)	ㄨㄛ	[uo]
		wai(uai)	ㄨㄞ	[uai]
		wei(ui)	ㄨㄟ	[uei]
		wan(uan)	ㄨㄢ	[uan]
		wen(un)	ㄨㄣ	[uən]
		wang(uang)	ㄨㄤ	[uaŋ]
		weng(ung)	ㄨㄥ	[uəŋ]
	촬구	yue(üe)	ㄩㄝ	[ye]
		yuan(üan)	ㄩㄢ	[yɛn]
		yun(ün)	ㄩㄣ	[yn]
		yong(iong)	ㄩㄥ	[yŋ]

출처 : 이재돈 2007, 《中國語音韻學》, pp.349-350.

부록 3. 모음과 혀의 위치

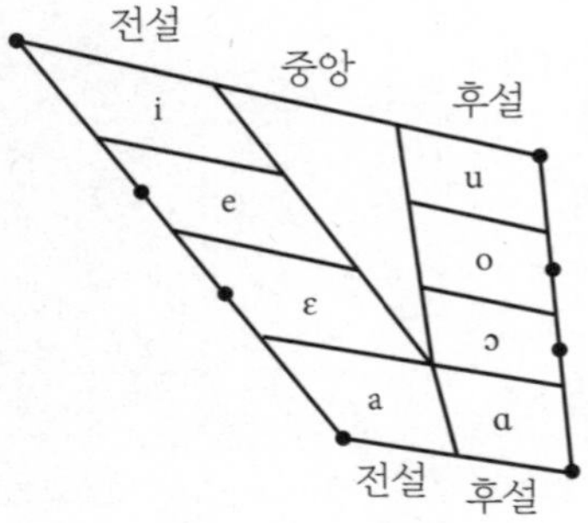

그림 1. 제1차 기본 모음

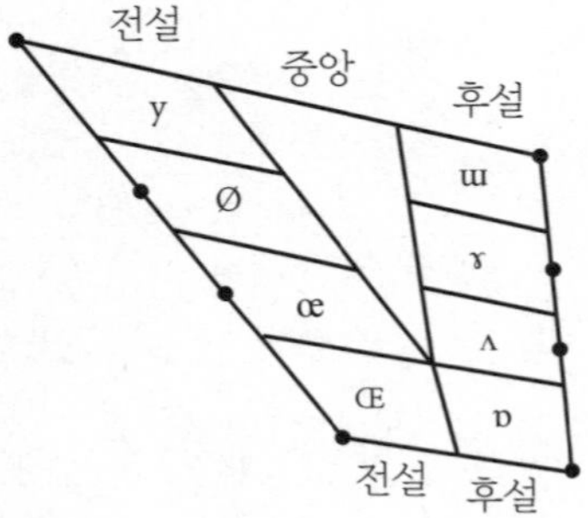

그림2. 제2차 기본 모음

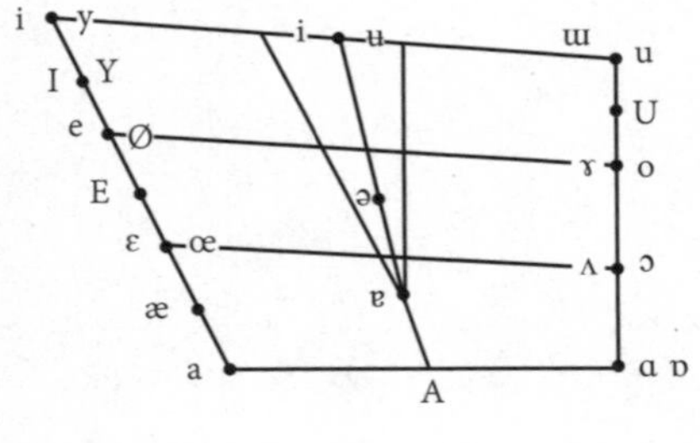

그림3.

출처 : 이재돈 2007, 《中國語音韻學》, pp.36-37.

부록 4. 中古音聲母表

清濁		全淸		次淸		全濁		次濁		全淸		全濁	
脣音		幫p	博	滂pʻ	善	並b	浦	明m	莫				
			方		芳		符		武				
舌音	舌頭	端t	都	透tʻ	他	定d	徒	泥n	奴				
	舌上	知ʈ	陟	撤ʈ	丑	澄ɖ	直	娘	女				
牙音		見k	古	溪kʻ	苦	君g		疑ŋ	五				
			居		去		渠		魚				
齒音	齒頭	精t	作	淸tsʻ	倉	從dz	昨			心s	蘇	邪z	
			子		七		疾				息		徐
	正齒	莊tʂ	側	初tʂʻ	初	崇dʒ	士			生ʂ	所	俟ʐ	俟
		章tɕ	之	昌tɕʻ	昌	船dʑ	食			書ɕ	式	常ʑ	時
喉音		影ʔ	烏	曉x	呼	匣ɣ	胡						
			於		許			喩ɣj	于				
								喩四ø	以				
半舌音								來l	盧				
									力				
半齒音								日ɳ	而				

출처 : 최영애 2000,《中國語音韻學》, p.243.

부록 5. 수당 음계의 성모와 그 추측 음가

	全清	次清	全濁	次濁	又次清	又次濁
脣音	幫[p]	滂[ph]	並[b]	明[m]		
舌頭音	端[t]	透[th]	定[d]	泥[n]		
舌上音	知[ʈ]	撤[ʈh]	澄[ɖ]			
齒頭頭	精[ts]	清[tsh]	從[dz]		心[s]	邪[z]
正齒音(照二)	莊[tʃ]	初[tʃh]	崇[dʒ]		生[ʃ]	俟[ʒ]
正齒音(照三)	章[tɕ]	昌[tɕh]	船[dʑ]		書[ɕ]	常[ʑ]
牙音	見[k]	溪[kh]	羣[g]	疑[ŋ]		
喉音	影[ʔ]			喩[o]	曉[x]	匣[ɣ]
半舌音				來[l]		
半齒音				日[ŋʑ]		

출처 : 이재돈 2007,《中國語音韻學》, p.146.

부록 6. 中古音韻母表

攝	開合	一等	二等	三等				四等
				純三等	普通三等	重紐三等	重紐四等	
通	獨韻	東uŋ			東iuŋ			
	獨韻	冬uoŋ			鍾iuoŋ			
江	獨韻		江ɔŋ					
止	開			微iəi	之i	支ie	支je	
	合			微iwəi		支iwe	支jwe	
	開					脂iei	脂jei	
	合					脂iwei	脂jwei	
遇	獨韻				魚io			
	獨韻	模uo			虞iuo			
蟹	開	泰ɑi	佳ai			祭iæi	祭jæi	齊ei
	合	泰wɑi	佳wai			祭iwæi	祭jwæi	齊wei
	開	咍ɒi	皆ɐi	廢iɐi				
	合	灰wɒi	皆wɐi	廢iwɐi				
	開		夬əi					
	合		夬wəi					
臻	開	痕ən		欣iən		眞(臻)ien	眞jen	
	合	魂wən		文iwən		眞(諄)iwen	眞(諄)jwen	
山	開	寒ɑn	刪an			仙iæn	仙jæn	先en
	合	寒(桓)wɑn	刪wan			仙iwæn	仙jwæn	先wen
	開		山ɐn	元iɐn				
	合		山wɐn	元iwɐn				
效	獨韻	豪ɑu	肴au			宵iæu	宵jæu	蕭eu
果	開	歌ɑ			歌(戈)iɑ			
	合	歌(戈)wɑ			歌(戈)iwɑ			
假	開		麻a		麻ia			
	合		麻ua					
宕	開	唐ɑŋ			陽iɑŋ			
	合	唐wɑŋ			陽iwɑŋ			
梗	開		康aŋ		康iaŋ			
	合		康waŋ		康iwaŋ			
	開		耕ɐŋ		淸iæŋ			靑eŋ
	合		耕wɐŋ		淸iwæŋ			靑weŋ
曾	開	登əŋ			蒸iəŋ			
	合	登wəŋ			蒸iwəŋ			
流	獨韻	侯əu			尤iəu		幽ieu	
深	獨韻					侵iem	侵jem	
咸	開	談ɑm	銜am			鹽iæm	鹽jæm	添em
	開	覃ɒm	咸ɐm	嚴iɐm				
	合			凡iwɐm				

출처 : 최영애 2000, 《中國語音韻學》, pp.286-287.

부록 7. 수당 시기 운모에 대한 음가 추측 결과

開口				合口			
一等	二等	三等	四等	一等	二等	三等	四等
東 oŋ 屋 ok		東 ioŋ 屋 iok		東 uɔŋ 沃 uɔk		種 iuɔŋ 燭 iuɔk	
	江 ɔŋ 覺 ɔk						
唐 ɑŋ 鐸 ɑk		陽 iɑŋ 藥 iɑk		唐 uɑŋ 鐸 uɑk		陽 iuɑŋ 藥 iuɑk	
	庚 ɐŋ 陌 ɐk 耕 æŋ 麥 æŋ	庚 iɐŋ 陌 iɐk 淸 iɛŋ 昔 iæk	淸 Ieŋ 錫 Iek	庚 uɐŋ 陌 uɐk 耕 uæŋ 麥 uæk	庚 iuɐŋ 陌 iuɐk 淸 iuæŋ 昔 iuæk	靑 iueŋ 錫 iuek	
登 əŋ 德 ək		蒸 iəŋ 識 iək		登 uəŋ 德 uək			
寒 ɑŋ 末 ək	刪 an 鎋 at 山 æn 黠 æt	元 iən 月 iət 仙 iæn 蘖 iæt	先 Iɛn 屑 Iɛt	寒 uɑn 末 uɑt 黠 uæt	刪 uan 鎋 uat 山 uæn	元 iuɐn 月 iuɐt 仙 iuæn 薛 iuæt	先 Iuɛn 屑 Iuɛt
痕 ɐn 沒 ɐt	臻 en 櫛 et	眞 ien 質 iet 殷 iən 迄 iət		魂 uɐn 沒 uɐt		眞 iuen 質 iuet 文 iuən 物 iuət	
		侵 iəm 緝 iəp					
談 ɑm 盍 ɑp 覃 Am 合 Ap	銜 am 狎 ap 咸 ɐm 洽 ɐp	鹽 iɛm 葉 iɛp 嚴 iɐm 業 iɐp	添 Iem 帖 Iep			凡 iuɐm 乏 iuɐp	
歌 ɑ		戈 ia		歌 uɑ		戈 iua	
	麻 ɐ	麻 iɐ			麻 uɐ		
豪 ɑo	肴 ɔo	宵 iɔo	蕭 Ieo				
侯 o		尤 io 幽 iɤ					
		魚 iɔ		模 uɔ		虞 iuɔ	
泰 ɑi 咍 ɐi	夬 ai 皆 æi 佳 æ	廢 iɐi 祭 iæi	齊 Iɛi	泰 uɑi 灰 uɐi 佳 uæ	夬 uai 皆 uæi	廢 iuɐi 祭 iuæi	齊 Iuɛi
		支 iɛ 脂 iei 之 iə 微 iəi				支 iuɛ 脂 iuei 微 iuəi	

출처 : 이재돈 2007, 《中國語音韻學》, pp.162-163.

실담자기역해

悉曇字記譯解

중국 당대 실담자모의 음운론

초판 2017년 12월 6일
지은이 강대현
펴낸이 오종욱
펴낸곳 올리브그린
경기도 과천시 별양상가1로 18, 910호(별양동)
olivegreen_p@naver.com
전화 070-6238-8991 / 팩스 0505-116-8991

값 18,000원
ISBN 978-89-98938-21-5 93700

이 도서의 국립중앙도서관 출판예정도서목록(CIP)은 서지정보유통지원시스템 홈페이지(http://seoji.nl.go.kr)와 국가자료공동목록시스템(http://www.nl.go.kr/kolisnet)에서 이용하실 수 있습니다.(CIP제어번호: CIP2017031551)